훔볼트 세계사
自然史 혁명

A World History of Alexander von Humboldt

이종찬

훔볼트 세계사 — 自然史 혁명

초판 1쇄 발행 2020년 5월 1일

지은이 이종찬
펴낸이 장길수
펴낸곳 지식과감성#
출판등록 제2012-000081호

디자인 윤혜성
편집 최지희
교정 양수진
마케팅 고은빛

주소 서울시 금천구 벚꽃로298 대륭포스트타워6차 1212호
전화 070-4651-3730~4
팩스 070-4325-7006
이메일 ksbookup@naver.com
홈페이지 www.knsbookup.com

ISBN 979-11-6552-139-4(93900)
값 22,000원

ⓒ 이종찬 2020 Printed in Korea

잘못된 책은 구입하신 곳에서 바꾸어 드립니다.
이 책의 전부 또는 일부 내용을 재사용하려면 사전에 저작권자와 펴낸곳의 동의를 받아야 합니다.

이 도서의 국립중앙도서관 출판예정도서목록(CIP)은 서지정보유통지원시스템
홈페이지(http://seoji.nl.go.kr)와 국가자료공동목록시스템(http://www.nl.go.kr/kolisnet)에서
이용하실 수 있습니다. (CIP제어번호: CIP2020016423)

홈페이지 바로가기

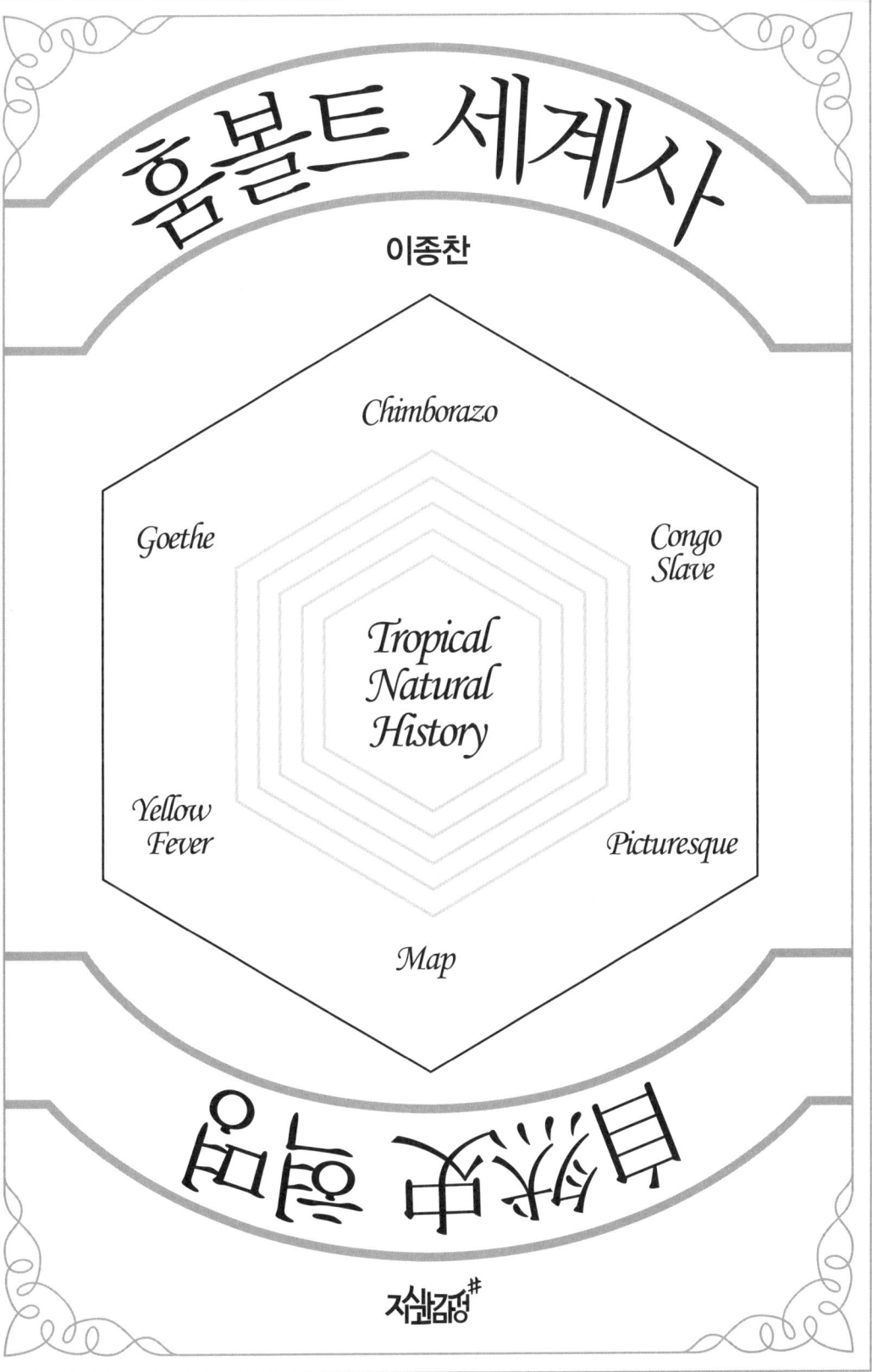

통일과 융합의 한반도를 개척해 나갈 미래세대에게
이 책을 바칩니다

열대가 나의 정체성을 형성하고 있다.
— 알렉산더 훔볼트

18세기 말에 이르러 감성이라는 새로운 힘이
이성의 건축물을 쓰러뜨렸다.
— 옥타비오 파스

훔볼트는 어떤 특정 분야로 분류할 수 없는 인물이다.
— 에릭 홉스봄

목 차

책머리에 : 왜? 훔볼트 세계사인가 —— 11
감사의 글 —— 22
그림 / 지도 / 표 목록 —— 26
Contents for Foreign Readers —— 28
Preface for Foreign Readers —— 32

1장 한국에서 훔볼트는 어떻게 환생하는가 —— 45

왜 훔볼트인가? —— 47
열대 자연, 제국의 욕망과 충족을 위한 공간 —— 52
'홍어 장수'와 조선 실학자의 열대 인식 —— 55
세계사와 세계지리의 상관성 —— 60
기술과 과학의 관계 —— 64
한국의 훔볼트 풍경 —— 67
독일 중심적 '과학 영웅' 만들기 —— 71
현대 독일 문학 비평 —— 76
언어의 분류와 서구 석학들의 혼돈 —— 78
학문의 분수령을 넘다 —— 82
환생을 위한 다섯 가지 문턱 —— 85
훔볼트 세계사를 어떻게 쓸 것인가 —— 91

2장 융합 교육과 유럽 여행 —— 99

어머니의 일생과 자녀 교육 —— 101
광업의 낭만주의적 상상력 —— 102
열대 自然史 탐험의 전환점에 서다 —— 107
런던, '열대 식물원 네트워크'의 허브 —— 110
파리, 유럽 과학의 수도 —— 111
베를린식물원의 열대 용혈수 —— 112
괴테의 자연 탐구 —— 114
나폴레옹의 이집트학사원 설립 —— 117
부르봉 왕실의 특별 여권 —— 119
에스파냐의 열대 自然史 탐험대 —— 122
아메리카 탐험의 목적과 측정 기구 —— 128
아메리카 自然史를 둘러싼 유럽의 논쟁 —— 131

3장 콩고-아이티 노예혁명: 헤겔의 은폐 —— 137

'열대 自然史 전쟁'과 식민화의 지정학 —— 139
아프리카에서 아메리카로의 디아스포라 —— 144
플랜테이션 공장형 농업 —— 147
왜 '콩고-아이티 노예혁명'이라고 부르는가 —— 153
보두교, 해방과 치유의 영성 —— 156
혁명과 '인종'에 대한 훔볼트의 인식 —— 163

프랑스혁명의 역설 —— 179
황열의 自然史혁명 —— 187
헤겔의 침묵, 훔볼트의 비판 —— 195
독일 '역사주의'의 발흥: 열대 自然史의 은폐 —— 201

4장 열대 아메리카 탐험과 문화융합 —— 205

《열대 아메리카 여행기》의 글쓰기 전략 —— 207
아바나, 18세기 대서양 최대 무역항 —— 210
오리노코 강에서 전기뱀장어와 사투를 벌이다 —— 212
호세 무티스의 왕립 自然史 탐험대 —— 215
'크리오요'의 정치적 독립 의지 —— 221
식민적 문화융합 —— 224
침보라소와 코토팍시, 훔볼트 自然史의 백미 —— 229
해양공간의 '발명': '南洋'인가 '태평양'인가 —— 232
멕시코시티에 평생 살고 싶었다, 왜? —— 234
미국 대통령 4명에 혼신의 정열을 쏟다 —— 236

5장 '훔볼트과학'에서 '열대 自然史혁명'으로 —— 241

훔볼트는 과학혁명을 어떻게 이해했을까 —— 243
훔볼트과학의 스펙트럼: 세 층위 —— 245
멘델스존의 '훔볼트 칸타타' —— 250

'열대성': 자연의 상관 —— 255

아름다움, 숭고함, 픽처레스크 —— 259

훔볼트과학과 낭만주의 풍경화의 공명 —— 262

공간의 제국적 시각화 —— 268

괴테 풍경화에 대한 역사지질학적 도상해석 —— 271

근대 공간의 발명 —— 278

열대 自然史혁명의 선구자들 —— 282

부록 1. 훔볼트 연보 —— 286

부록 2. 훔볼트 저서 분류 —— 290

참고문헌 —— 292

찾아보기 —— 332

책머리에

왜? 훔볼트 세계사인가

Ⅰ. 지식의 경계를 遊牧하라

콩고 노예의 노동력 ― 유럽의 해양무역 시장 ―
카리브 해의 플랜테이션,
청년 훔볼트는 세상이 이 세 가지 힘의 결합으로
돌아간다는 사실을 깨달았다.
놀라운 세계사적 시민 의식이다.
코즈모폴리턴은 이렇게 태어났다.

18세기 이야기가 결코 아니다.
그럼에도 현대 한국의 초·중등학교 교과서에도,
어린이 과학위인전이나 과학탐험 동화에서도
그를 만나기가 힘들다.

정조와 순조가 통치하던 조선에서
우이도의 홍어 장수 문순득이 제주도에서 류큐를 거쳐
루손 섬까지 표류되었다.
누에바에스파냐의 아카풀코에서 마닐라에 이르는,
열대 해양무역 네트워크의 실체를 느꼈으리라.

바로 그 기간에 훔볼트는
넓디넓은 열대 아메리카의 自然史를 탐험했다.
우주를 꿈꾸던 청년이 어떻게 한 대학에서만 다닐 수 있었겠는가.
더더욱 하나의 학문만 전공할 수 있었을까.
프로이센이 좁다 하고 여러 대학에서 공부했다.
예나에서 괴테, 실러와 교류했다.

제임스 쿡 함장의 2차 탐험에
自然史학자인 동시에 미술가로 참여했던,
게오르크 포르스터와 함께 유럽의 몇몇 도시를 함께 여행을 하면서
남태평양의 자연과 사람 사는 이야기를 들었다.
"조르주 뷔퐁을 공부하라!"

런던의 최장수 왕립학회장, 잉글랜드 동인도회사 총재,
왕립식물원장, 제임스 쿡의 1차 탐험을 기획했고 직접 참여했던
自然史학자 조셉 뱅크스.
그가 만들어 갔던 '전 지구적 열대 식물원 네트워크'의 위용 앞에서
청년 훔볼트는 꿈과 의지를 다졌다.

프랑스혁명의 파리에서 식물학자이면서 해군 군의관인
에메 봉플랑을 만나
열대 自然史 탐험을 같이 하기로 약속했다.

급격하게 진행되고 있는 인구절벽 때문만은 아니다.
한국의 대학들은 패러다임이 종말을 고했음을 알고 있음에도
언제까지 버틸 것인가.
그렇지 않아도 삼면이 바다인 데다가
북쪽까지 가로막혀 있는 나라에서,
입학한 대학에서만 졸업해야 하다니.
이런 지식의 감옥도 없다.
한국의 미래세대여, 지식의 경계를 유목하라.

II. 세계를 探險하라

"아프리카, 아메리카, 아시아가 유럽을 지탱해 주고 있다."
네덜란드의 군사전문가 존 스테드만이
시인이며 화가인 윌리엄 블레이크의 지원을 받아
그림으로 형상화했다.
훔볼트는 열대 아메리카의 自然史 탐험을 통해
당대 세계사의 이런 진실을 읽어 내었다.

대서양은 푸르지 않다. 검다.
1억 2천만 명 이상의 아프리카인들이
약 350년에 걸쳐서

노예무역으로 팔려 갔다.

콩고-아이티 노예혁명.
세계 최초로 노예가 주도한 혁명이 일어났다.
콩고 왕국에서 어릴 때부터 터득했던
열대 自然史에 뿌리를 둔 영성적인 힘으로,
50만 명의 노예들이 뭉쳐서 플랜테이션의 식민체제를 전복했다.
아메리카 전역에 거쳐서 독립혁명의 메아리가 울려 퍼졌다.

콩고에서 온 마카야가 혁명의 지도자가 되어
세계의 역사학자들을 향해 외친다.
"나는 모든 흑인들의 주인인 콩고 왕의 신민(臣民)인 동시에
아버지를 대변하는 프랑스 왕,
어머니를 대변하는 에스파냐 왕의 신민이다!"

'인종'은 서구 노예무역에 의해 발명된 개념이다.
참다운 인간이라면 이 용어가 아닌, '종족'을 사용해야 한다.
검은 대서양의 노예제에 뿌리를 내리고 있는,
다른 민족과 종족에 대한 서구의 차별주의는
근대성의 형성에 깊이 내면화되어 왔고 지금도 그렇다.

서구 문명의 표상, 루브르 박물관에 전시된
《해방 노예 장-바티스트 벨레》를 감상하자.
서양미술사에서 '해방 노예'가

작품의 전면에 등장한 경우가 또 있던가.

프랑스혁명을 계몽사상의 정점으로 파악했던
헤겔은 그 이름조차 언급하지 않을 정도로 은폐했지만,
'보두 신앙'은 아프리카 自然史의 식물적 우주관이다.

'황열' 앞에서 수만 명의 프랑스와 영국의 군인들이 쓰러져 갔다.
훔볼트는 이 무서운 전염병이 카리브 해의 열대 自然史를
혁명적으로 바꿔 놓고 있음을 체험했다.
유럽에서 배운 自然史 지식이 틀렸음을 깨달았다.
열대 自然史와 분리된 醫史學은
황열의 自然史혁명을 꿰뚫어 볼 수 있는 혜안이 결핍되어 있다.

플랜테이션, 보두교, 황열이 삼위일체가 된
콩고-아이티 노예들의 혁명이야말로,
프랑스혁명을 추동시킨 역사적 원동력이다.

카리브 해에서 신화처럼 전해져 오는
막캉달과 마카야의 혁명 정신을
한국인들도 온몸으로 실천했다.
제국의 사기꾼에게 속아 자신의 백성들이
태평양을 건너 멕시코의 에네켄 열대 농장으로
팔려 가는 줄도 몰랐다.

쿠바로 삶의 터전을 옮긴 무지렁이 임천택의 아들 헤로니모 임.
콩고에서도 항쟁했던 체 게바라와 함께 쿠바혁명에 앞장섰다.
그의 세계사는 한국의 역사 교과서 어디에 있는가.

잉글랜드와의 7년 전쟁에서 패한 부르봉 왕조는
아메리카 식민지에서 세금을 더 확보하기 위해
경제적으로 유용한 식물과 광물을 찾아야 했다.
이런 과업을 수행하라고 훔볼트와 봉플랑에게
특별 여권까지 부여했다.

'식민적 문화융합'이다.
훔볼트는 현지 토착 自然史학자와의 협력이 절박했다.
에스파냐 사람과 다를 바 없는
계몽주의 교육을 받은 크리오요를 포함해서
물라토, 메스티소, 삼보 사람들이
훔볼트와 봉플랑을 도와주지 않았다면,
침보라소와 코토팍시 산을 중심으로 한
식물지리학에 관한 거대한 실험은 결코 성공할 수 없었다.

1년에 어떻게 3천 통이나 서신을 교환할 수 있을까.
아메리카에서 自然史 탐험을 하면서도,
유럽의 수많은 학자, 무역가, 예술가, 외교관, 정치인들과
편지를 나누면서, 세상의 흐름을 예의 주시했다.

고등학교에서 뛰어난 수재들이 광업학교로 진학했던 사회와
광물 산업이 백성의 마음을 어지럽게 한다고 원천 차단했던 사회는
무엇이 어떻게 다를까.

훔볼트는 누에바에스파냐에서 광물의 지리적 분포를 조사하면서
세계적인 광업 아카데미를
멕시코시티에 설립하려는 평생의 꿈을 가졌다.
프랑스 화폐로 2백만 프랑을 어디에서 마련할 것인가.

누에바에스파냐의 모든 통계 자료에 눈독을 들였던
토머스 제퍼슨 대통령을 만나러 수도 워싱턴으로 향했다.
한 달간 담판에도 불구하고, 훔볼트는 빈손으로 보르도로 떠났다.
돌아와서도 그의 집념은 꺼질 줄 몰랐다.
제임스 매디슨, 제임스 먼로, 존 퀸시 애덤스에 이르기까지
네 명의 미국 대통령에 혼신의 정열을 쏟았다.
하지만 멕시코를 향한 꿈은 실현되지 않았다.

III. 自然史를 革命하라

정확한 측정, 실용적인 지도 제작, 예술적 감성.
'훔볼트과학'은 이 세 가지 차원이

서로 유기적으로 융합됨으로써 만들어졌다.
유럽에서 가장 앞선 自然史 지식을 모두 활용해서,
아메리카 자연을 측정했다.
이런 지식을 보여주려면
등온선과 같은 독창적인 지도를 발명해야 했다.

훔볼트의 위대한 학문적 성취는,
17세기 과학혁명에서는 찾을 수 없는,
열대 自然史 탐험에 기초한 식물지리학과 광물학을
근대 과학의 핵심적인 층위로 만들었다는 데 있다.

유럽 풍경화는 워낙 식물적 우주를 지향하면서 발달했다.
훔볼트는 풍경화가 독일의 초기 낭만주의 형성에서
중요한 위상을 차지하는 데 주목했다.
'픽처레스크'를 적극적으로 활용함으로써
아메리카 탐험에서 마주친 역사지질학적 풍경을
1천 2백여 장의 동판화로 제작했다.

레오나르도 다빈치에서 백남준에 이르기까지
융합예술가의 계보를 찾아가는 과정에서
훔볼트가 남긴 동판화와
지도 작품을 어떻게 자리매김할 것인가.

"내 고향은 베를린이 아니라 파리다."
아메리카를 탐험하고 돌아온 후로
20년 이상 유럽 과학과 예술의 수도에 살면서
훔볼트의 문제의식은 세 가지로 압축되었다.

누가 열대 식물을 재배하는가,
열대 自然史의 풍경화는 어떻게 생산되는가,
낭만주의는 열대 아메리카에서 어떻게 촉발되는가.

말년에 남긴 대작 《코스모스》에서 말했다.
열대 식물의 재배, 열대 自然史의 풍경화,
그리고 열대가 촉발시키는 낭만주의적 언어의 힘.
자연의 상관(像觀)은 이 세 가지 힘에 의해 형성된다.

열대 공간은 원주민들에게 전체적인 구조가 없는 장소에 불과하다.
그 장소는 열대 특유의 다양한 식물과
숲, 강, 습지, 산, 암석, 초원, 동물들로 오밀조밀하게 짜여 있는,
自然史의 망이다.
훔볼트는 이 공간을 선, 각, 숫자, 지도, 지자기로 이루어진,
근대적 공간으로 발명했다.

수학자 프리드리히 가우스는 훔볼트에게 말했다.
"발명하기 전의 공간과 후의 그것은 다르다."

수만 년간 원주민들이 호흡해 왔던 존재론적 열대와
서구적 근대에 의해 발명된 인식론적 열대의 분기점이다.
식민통치의 방법은 훔볼트과학에 기초해서
더욱 정교하게 발달하면서
제국의 욕망을 충족시켰다.

"동생은 단 한 번도 행복한 적이 없었다." 형 빌헬름이 말했다.
그를 저세상에서 만날 수만 있다면,
"自然史 탐험, 훔볼트과학, 낭만주의를 주춧돌로 삼아,
훔볼트는 열대 아메리카 自然史를 혁명했노라."
유럽과 미국의 수많은 식물원과 自然史박물관은 물론이거니와
멕시코시티, 아바나, 보고타, 키토, 쿠스코, 리마를 직접 조사하면서,
한반도에서의 훔볼트의 환생을 학수고대하는 어느 삼라만상 학자의
이런 역사적 평가에 대해 어떻게 생각하는지를 감히 묻고 싶다.

클로드 레비-스트로스의 '슬픈 열대'로는
열대 自然史를 탐구하지 못하거늘,
"나는 생각한다, 존재한다."의 데카르트를 넘어,
아프리카를 세계사의 바깥으로 밀어내면서
동물을 식물과 광물보다 상위의 유기체적 존재로 간주했던,
헤겔을 넘어
"나는 느낀다, 존재한다."의 헤르더로부터
괴테의 직관적 통찰력을 통해

훔볼트의 명제 "自然史는 인류사와 공명한다."로 이어지는,
아프리카, 아메리카 自然史와의 진정한 문화융합을 향해
'열대 自然史혁명'을 위한 통합의 공간을 같이 만들어 나가자.

감사의 글

'책머리에: 왜? 훔볼트 세계사인가'를 읽으면 알 수 있듯이, 《훔볼트 세계사》는 그의 탄생 250주년을 단순히 기념하기 위해 쓴 평전이 결코 아니다. 학자들이 보통 작업하는 것처럼 연구실에만 앉아서 쓴 책도 아니다. 훔볼트만큼은 아니지만, 생명의 위기를 넘기면서 현장을 찾아다녔다. 훔볼트가 탐험 과정에서 목격했던, 아이티에서 발생했던 혁명의 주체가 콩고 왕국의 노예들이라는 사실을 알았을 때, 그동안 물밑에서 이루어졌던 콩고 연구가 수면 위로 올라오는, 강력한 충격에 휩싸였다.

한국에서 훔볼트를 연구한다는 것은 '돈키호테'와 같은 행위임에 틀림없다. 무엇보다도, 한국연구재단의 지원에 마음을 다하여 고마움을 표한다. 그렇지 않았다면 유럽과 아메리카를 어떻게 정열만으로 다닐 수 있었겠는가. 훔볼트에 대한 발표와 토론을 할 수 있도록 기회를 준, 한국과학사학회, 한국서양사학회, 한국지리학회와 한국문화역사지리학회, 부산경남사학회, 한국괴테학회, 한국사회사학회의 모든 동료 학자들께 경의를 표한다.

열대학 연구에 대해 큰 그림을 가져야 한다고 항상 격려를 해주시는 서영수 원장께 무한한 감사를 드린다. 또한 어려운 일이 있을 때마다 아낌없는 조언과 격려를 해주시는 홍연표 교수께도 고마움을 표한다. 의학의 거울 이미지에 해당하는 법학을 융합적인 지평에서 교양 공부를 하고 있는 노순일 변호사와 기술공학의 사회정의를 위해 노력하고 있는 이원영 교수의 우정도 잊을 수 없다.

고향은 아니지만, 해양 도시 부산 지역에 거주하는 학자들과의 인연을 언급하지 않을 수 없다. 사회학자 한석정 총장, 중국사 하세봉 교수, 독문학 손호은 교수, 지리학 김기혁 교수, 동남아시아 조흥국 교수 등은 훔볼트의 삶을 한국의 미래 세대와 공유할 수 있도록 배려를 해주었다. 신순식 교수는 이십여 년 이상 한의학에 관해 조언을 해주었다. 또한 독문학 장희창 교수는 괴테 연구자들과 교류를 하는 데 적극 도와주었다. 부산에서 힘찬 인문학 시민운동을 전개하는 김수우 시인은 쿠바 전문가로 아바나 탐사에 대한 편의를 제공해 주었다. 중남미 전공의 임상래, 구경모 교수와의 지적인 공유를 할 수 있었다는 것은 얼마나 다행인가.

의사학, 과학사, 과학철학에서 후학의 길을 열어주셨던, 송상용 선생님, 김영식 교수, 황상익 성신학원 이사장, 조인래 교수 등의 애정과 격려에 깊이 감사드린다. 한국사회사학회에서 맺은 인연이 무척 깊다. 신용하 선생님과 박명규, 김필동, 정수복, 정근식, 김백영 교수 등의 후의에 무한한 감사를 드린다. 서양사의 최갑수, 이진일, 김기봉, 김덕수 교수, 조선 실학의 조성을 교수, 한국과학사 김호 교수, 한국경제사 이헌창 교수, 중국사 하원수 교수 등 이루 말할 수 없을 정도로 역사학자들의 도움을 받았다. 미국외교사 권용립 교수는 말로 표현할 수 없을 정도로 세상을 바라보는 이치에 대해 크게 배웠다. 문화지리학자 진종헌 교수와 독일 철학 강학순 교수의 도움을 어떻게 갚을지 모르겠다. 영문학의 김준환, 신문수, 신두호 교수와 교류하면서 열대의 예술적, 문학적 상상력에 대해 큰 도움을 받았다.

인류학과 보건학을 공부한 이원재 연구원은 열대학연구소를 본 궤도에 올리는데 혁혁한 공헌을 했다. 수사적인 표현이 아니다. 글을 쓰다가 상상력이 고갈될 때마다 이 친구와 대화를 나누다보면 다시 영감이 떠올랐다. 기묘한 조화라고 할 수밖에 달리 표현할 길이 없다. 그야말로 '최애' 제자이다.

해외에서는 이루 말할 수 없을 정도로 여러 문화권의 많은 전문가들이 도와주었다. 여기에 그들의 이름을 모두 언급하지 않더라도 양해하기를 부탁한다. 원래 스페인 문학 비평가인 에테(Ottmar Ette) 교수는 베를린-브란덴부르크 과학아카데미(1700년 설립)의 지원을 받아 훔볼트 연구를 총괄하고 있다. 이 아카데미는 훔볼트 자신이 평생회원이었고, 아인슈타인과 막스 플랑크 등을 비롯해 약 80명의 노벨상 수상자를 배출한, 독일이 세계적으로 자랑하는 순수 연구기관이다. 이 아카데미와 파리 디드로대학에서 열린 훔볼트 콘퍼런스 초빙을 비롯해서, 에테 교수와 크라프트(Tobias Kraft) 교수는 훔볼트 연구에 관한 많은 정보들을 제공해 주었다. 그리고 훔볼트 연구에 관한 한, 세계적인 석학인 룹케(Nicolaas Rupke) 교수의 도움을 결코 잊을 수 없다. 괴팅겐대학에서 정년을 맞고 미국 수도 워싱턴에 거주하는 그는 전자우편을 통해 보내는 여러 유형의 질문에 대해 친절하게 대답을 해주었다. 쿠바에 체류하면서 훔볼트의 흔적을 깊이 탐구했던 마이클 제우스케(Michael Zeuske) 교수는 카리브 해에서의 노예혁명과 관련해서 자신만이 알고 있는 비화들을 들려주었다. 마드리드의 세루티(Cédric Cerruti) 박사는 에스파냐 국립문서보관소에 소장된, 훔볼트 관련 기록들을 보내 주는 수고를 아끼지 않았다. 보고타의 안데스대학 올아르테(Mauricio Nieto Olarte) 교수는 훔볼트와 함께 작업을 했던 크리오요 자연사학자 칼다스(Francisco José de Caldas)가 직접 제작했던 지도들을 사용할 수 있도록 허락했다. 한국어로도 번역된 《과학과 기술로 본 세계사 강의》로 세계사학회 최고 도서상을 수상한 매클렐란 3세(James E. McClellan Ⅲ) 교수는 훔볼트가 서구 역사학과 과학사 분야에서 합당한 평가를 받지 못하는 이유에 대해 이런저런 이야기를 들려주었다.

20대 청년 시절 노동야학을 했던, 한국의 수출산업 단지였던 지역에 위치한 출판사에서 《훔볼트 세계사》를 출간하게 되다니! 삼라만상의 연기(緣起)가 작용하지 않았다면 이를 뭐라고 말해야 할까. 도서출판 지식과감성#의 장길수 대표, 표지 디자이너 윤혜성 과장, 교정을 맡은 양수진 씨, 편집 담당의 최지희 씨에게 고마움을 표한다.

진실로, 훔볼트는 세계사를 온몸으로 썼다! 책이란 존재는, 함께하는 시간과 공간이, 내 몸의 절박한 역사심리적 리듬과 장단이 한판 멋지게 어우러질 때, 하나가 된다. 독자들에게 그렇게 다가가기를 간절히 기원한다.

2020년대를 시작하며
宇宙와의 合掌

그림 목록

그림 1-1. 열대 해양무역 네트워크 —— 53

그림 1-2. 열대 自然史의 세 가지 동력 —— 55

그림 1-3. 광저우 십삼행 —— 57, 165

그림 1-4. 예나의 실러, 훔볼트 형제, 괴테 —— 74, 166

그림 2-1. 갠지스 강가의 헤이스팅스 총독 부인 —— 111, 166

그림 2-2. 테네리페 섬의 용혈수 —— 113, 167

그림 2-3. 18세기 自然史의 복합적 층위 —— 134

그림 3-1. 축복받은 그라만 콰시 —— 146, 167

그림 3-2. 아바나의 사탕수수 플랜테이션 —— 148, 168

그림 3-3. 아프리카와 아메리카에 의해 지탱이 되는 유럽 —— 152

그림 3-4. 뱀을 부리는 여자 마술사 —— 157, 168

그림 3-5. 해방 노예 장-바티스트 벨레 —— 169, 179

그림 3-6. 열대 自然史의 융합적 층위 —— 188

그림 4-1. 《열대 아메리카 여행기》의 글쓰기 전략 —— 209

그림 4-2. 무티스 초상화 —— 170

그림 4-3. 칼다스 초상화 —— 170

그림 4-4. 침보라소와 코토팍시의 식물지리 —— 171, 226

그림 4-5. 키토에서의 훔볼트의 복장 —— 172, 231

그림 4-6. 침보라소 화산의 기슭에 있는 훔볼트와 봉플랑 —— 172, 231

그림 5-1. 열대 自然史 탐험에 기초한 훔볼트과학의 융합적 지평 —— 249

그림 5-2. 안데스 산맥의 킨디오 통과 경로 —— 173, 261

그림 5-3. '슈마드리바흐 폭포'의 원본 —— 173, 264

그림 5-4. 구세계와 신세계의 頂上(괴테 원본, 1807) —— 175, 271

그림 5-5. 구세계와 신세계의 頂上(수정본, 1813) —— 175, 272

그림 5-6. 훔볼트과학에 기초한 '근대 공간'의 발명 —— 281

지도 목록

지도 1-1. 훔볼트와 봉플랑의 아메리카 탐험 경로 —— 49

지도 1-2. 린네 제자들의 열대 탐험 —— 52, 165

지도 1-3. 문순득의 표류와 귀환 경로 —— 56

지도 1-4. 마닐라-갈레온 무역 항로 —— 58

지도 3-1. 18세기 말 아메리카의 에스파냐 부왕령 —— 143

지도 4-1. '강'의 관점에서 본 라틴아메리카 지도 —— 169, 212

지도 4-2. 누에바그라나다 지도 —— 225

지도 4-3. 칼다스의 식물지리학 —— 171, 228

지도 5-1. 열대 자연도 —— 174, 268

표 목록

표 4-1. 아바나의 인구 변화 —— 211

Contents for Foreign Readers

Chapter 1. How Will Alexander von Humboldt Be Reborn in Korean Peninsula?

Why Humboldt? / Tropical Natural History as the Space for Imperial Desire and Satisfaction / The Joseon Dynasty's Geographical Imagination of the Tropics / Connecting Global History and Geography / Relation between Technology and Science / Humboldt Landscape in Korea / Constructing A German-Oriented Hero / Contemporary German Literary Criticism / Bibliographical Classification and Western Scholars' Confusion / Beyond Academic Turning Points / Five Thresholds for Recognizing Humboldt / How to Write a World History of Humboldt

Chapter 2. An Interdisciplinary Education and Academic Tour to Europe

The Mother's Life and Children Education / Romantic Imagination in Mineralogy / Towards Tropical Natural History Exploration / London, Hub for 'Tropical Botanical Garden

Network' / Paris, Capital of Science / Tropical Dragon Tree in Berlin / Goethe's Nature Studies / Napoleon's Establishment of the Egyptian Scientific Institute / Spanish-Driven Global Natural History Exploration / Burbon Dynasty's Permission for Humboldt and Bonpland / Mission of America Exploration and Measuring Instruments / Debates on American Natural History

Chapter 3. The Congolese-Haitian Slave Revolution: Yellow Fever and Hegel

The West's War with Tropical Natural History and Geopolitics of Colonialism / Diaspora from Africa to America / The Planation Industrial Complex / Why Naming the Congolese-Haitian Slave Revolution / Believing in the Vodoo for Liberating and Healing the Slaves / Humboldt's Recognition of the Revolution and 'Race' / Paradox of the French Revolution / Yellow Fever Revolutionizing Tropical Natural History / Hegel's Silence and Humboldt's Critiques / Emergence of German Historicism: Having Hidden the Tropical Natural History

Chapter 4. Exploration to Tropical America and Colonial Transculturation

Strategy for Humboldt's Exploration Writing / Havana in the Context of the Eighteenth-century Atlantic Slave Trade / Struggling with Electric Eels in the River Orinoco / José Mutis' Royal Expedition to Nouevagranada / Political Independence Movement of the Creoles / Colonial Transculturation between Humboldt and José de Caldas / Climbing Chimborazo and Cotopaxi / Invention of Marine Space in the Tropics / Why Did Humboldt Want to Live in Mexico Permanently / A Confidential Meeting with Thomas Jefferson

Chapter 5. From the Humboldtian Science to 'Tropical Natural History Revolution'

Understanding the Scientific Revolution / Three Multiple Layers of the Humboldtian Science / Tropicality: Nature's Physiognomy / Beautiful, Sublime, Picturesque / Resonance between the Science and Romantic Landscape Painting / Imperial Visualization of Tropical Space / Historical-Geological of Iconography of Goethe's Landscape / Invention of Modern Space / Pioneers of Tropical Natural History Revolution

Preface for Foreign Readers

A World History of Alexander von Humboldt: Interconnecting Natural and Human History

LEE Jongchan

"The tropics are my element."

—— Humboldt

"Humboldt's marvelous achievements cannot be categorized as a certain type of academic discipline."

—— Eric Hobsbawm

Over the last fifteen years, I have cultivated 'Tropical Studies' as a new interdisciplinary research for investigating global interconnections between human and natural history. My previous monography, *The Tropics in the Making of Western Identity and Locating Korea in Tropical Studies*(in Korean, 2016), provided its historical and theoretical foundation for the field. Representing much more than simply the geographical zone between the Tropic of Cancer and the Tropic of Capricorn, 'the tropics' in my work refers to the complex of cultural, historical and geographical space that has been constructed by the West since the Old and New World collided. Tropical studies is focused on two central themes: first, that the Western humanities, arts and social sciences have hidden the fact that Western modernity was formed and established through its colonial transculturation with the tropics on a global scale; and second, that indigenous people and nature in the tropics are to be treated not as mere objects but as meaningful subjects in recognizing the interaction between natural and human history.

A World History of Alexander von Humboldt aims to give readers more detailed and up-to-date explanations of tropical studies by taking Alexander von Humboldt's expedition to tropical America(1799-1804) as an example. My academic interest in Humboldt may be traced back to my earlier work, *From Paris Botanical Garden to Dejima Museum*(in Korean, 2010) that was chosen as an 'excellent liberal arts book' by Korean government. When I was undertaking numerous research trips for that project to visit botanical gardens and natural history museums in Paris, London, Berlin, Madrid, Amsterdam, Rome, Leiden, Frankfurt, Venice, Montpellier, Barcelona, and Padova(2007-2008), the name of Humboldt abruptly came to my mind at the time. This led me to investigate what he really explored in tropical America and wrote back to Europe. Retracing the footsteps of his expedition to America, I journeyed through Mexico City, Havana, Caracas, Bogota, Quito, Cusco, and Lima(2014-2015). Many an interview with prominent scholars, earnest curators and average citizens proved to be highly useful for developing my ideas and arguments on the Humboldtian tropics.

Chapter One analyzes why Humboldt still matters from a perspective of world history. Just as the eighteenth-century tropics was colonized by the satisfaction of European desire, the contemporary tropics currently occupies a central place in the West's global land grab as well, reflecting a modern version of the plantation complex that was highly developed in the Caribbean Sea in the eighteenth century. Humboldt's expedition to America was born in the context of Carl Linnaeus' seventeen students' global botanical research in the tropics, Joseph Banks' formulation of the 'tropical botanical network' that was deeply associated with the English East India Company's global trade, Georges Buffon's grandiose magnum opus, *Histoire Naturelle, générale et particulière*(1749-1804), and Georg Forster's natural history-oriented ethnographic journey to the South Pacific Sea. Comparing the Western-centric and China-centered understanding of world history, I spell out how to write a world history through an interdisciplinary prism based on the Humboldtian interconnection between human and natural history. The Humboldtian world history will be inexorably suggestive for some constructive solutions to catastrophic disasters which human beings are faced with in the Anthropocene, whether they live in Asia, Africa, America or Europe.

Chapter Two examines who had enormous impacts on Humboldt's notion of tropical exploration after explaining his family background and journeys to several European cities such as Amsterdam, London, and Paris. His undergraduate education was a tremendously multifarious in showing that he pursued several disciplines while attending numerous universities. For example, he undertook cameralism-based administrative studies in Frankfurt, laboratory works in Göttingen, commerce and trade studies in Hamburg, and mineralogy and geology in Freiberg. Sharply contrasted with the present university system, this kind of diverse education must have deeply nourished Humboldt's interdisciplinary thinking about the world. As Humboldt accompanied Forster's travels to Europe for three months, he became acquainted with a variety of tropical characteristics about people and nature. Humboldt's encounter with Banks in London led to the cognizance of William Hodge's exotic tropical paintings of the Ganges.

Colossal dragon trees, dispatched from the island of Tenerife to the Berlin Botanical Garden, enticed him to undertake a natural history expedition to the tropics. After a few trials and failures that included Napoleon Bonaparte's rejection of Humboldt's and his colleague Aimé Bonpland's applications to join l'Institut Egyptien, they finally received visas from the Spanish Bourbon dynasty to set sail for America.

The first half of Chapter Three investigates the Atlantic Ocean's historical context at the turn of the nineteenth century, with an emphasis on the plantation complex-based African slaves. This is remarkably crucial in illuminating Humboldt's perception of American tropical nature and Prussian philosopher Georg Wilhelm Friedrich Hegel's idea of African history. More than five hundred thousand slaves were taken from Africa and sent to Saint-Domingue, a French colony for its sugar plantations on the Caribbean island of Hispaniola. Thus, a global tropical trade network was formed by linking African labor forces, American plantations, and European markets. However, the Congolese people's forced diaspora from their villages to the plantations in Saint-Domingue did not completely eradicate their traditional culture. To maintain their ethnic identity, they continued to perform the Voodoo rituals that had originated in West Africa, despite the French colonial suppression of the religion. As the Voodoo belief system was founded on botanical cosmology, the slaves had enough knowledge of indigenous medicinal plants to heal the physical pains and mental trauma that resulted from their terribly difficult labor. Along with Voodoo practitioners were a variety of Congolese healthcare providers that included 'hospitalières,' who were comparable to modern nurses, and 'caperlatas,' who worked for mental health of the slaves. They exerted a pivotal role in the slaves' revolution in Saint-Domingue(1791-1804). This is the very reason why the Haitian Revolution should be renamed the Congolese-Haitian Slave Revolution in order to emphasize that Congolese slaves, like Macaya, were the primary forces that drove the revolution.

In the second half of Chapter Three, set against the backdrop of the Congolese-Haitian Slave Revolution, the French Revolution is re-examined with regards to the colonial transculturation between France and Saint-Domingue. Drawing on some significant works written by Médéric Louis Élie Moreau de Saint-Méry, who served French rulers as a lawyer in Saint-Domingue, and Louis-Sébastien Mercier, who worked as a university lecturer in Bordeaux, an important French port in the Atlantic slave trade, I argue that there were reciprocal interactions and influences between these two revolutions. 'Liberté, égalité, fraternité,' the tripartite French motto that traces its origins to the French Revolution, championed virtues that had long been passed down in the Congolese ethnic community as well.

The yellow fever epidemic of 1802 that swiftly took hold in Saint-Domingue in the course of the Congolese-Haitian Slave Revolution may be considered to have dramatically changed the course of Western civilization. About thirty thousand French soldiers died during the epidemic. Napoléon had to sell the vast territory of Louisiana to Thomas Jefferson because of the deadly infectious tropical disease. Western imperial dominance over the tropical maritime trade network played an immense role in devastating the 'tropical ecological system' of the region. From the integrative perspective of natural and human history, Western colonial rule over the tropics was integral to the complete demolition of the system, which resulted in the tragic prevalence of the epidemic.

Humboldt and Bonpland paid careful attention to the revolution during their expedition. Although Humboldt wrote favorably about Congolese slaves in his diary, he never extrapolated any insight from the revolution in his abundant monographs, travelogues, etc. This is not unusual among European intellectuals at the time. For example, despite having been shocked by news of the revolution when perusing the influential magazine *Minerva*, of which Kant and Goethe were also regular readers, Hegel could never imagine that African slaves would emerge as the driving forces behind the revolution. For him, only those who were enlightened were qualified to be revolutionaries. Consequently, the Congolese-Haitian Slave Revolution was ultimately ignored in modern Western historiography.

After having returned to Europe from America, Humboldt remained deeply conscious of the rise of human history-centered 'historicism' in Prussia. An influential figure in the progress of German historicism, Wilhelm von Humboldt, Alexander's elder brother, delivered a famous lecture, "On the Historian's Task," in 1821. It had a decisive impact on Alexander's position on the relation between natural and human history. For him, human civilization could not progress if world history were incompatible with German historicism, in which natural history was excluded or hidden.

Chapter Four inquiries into the whole process by which Humboldt and Bonpland explored America's tropical nature in terms of the transculturation between the Old and New Worlds. My own research (see Figure 1) is based on the organic analysis and synthesis of Humboldt's major works, which include *Essai sur la géographie des plantes*(1805), *Ansichten der Natur*(1808), *Voyage aux régions équinoxiales du nouveau continent: fait en 1799, 1800, 1801, 1802, 1803, et 1804*(1810), *Vues des cordillères, et monumens des peuples indigènes de l'Amérique*(1810), *Essai politique sur le royaume de la Nouvelle-Espagne*(1811), *Essai politique sur l'île de Cuba*(1826), and *Kosmos*(1845-1862). A careful reading of those significant works to comprehend Humboldt's life and thoughts clearly demonstrates that his writing strategy was basically oriented toward the resonance between natural and human history.

We should also remember that the Bourbon dynasty initially dispatched Humboldt and his 'secretary' Bonpland to tropical America as part of Spain's tropical natural history expeditions, which ultimately amounted to fifty-two trips. While serving Spanish imperial interests in America, Humboldt and Bonpland were also engaged in measuring the tropical nature at their disposal. Most notably, they did not hesitate to collaborate with Spanish enlightened naturalists in their measurements, such as José Celestino Mutis, who was based in Bogota and the director of the Royal Botanical Expedition to Nuevagranada, and Fausto Elhuyar, who was in charge of the Mineralogy Academy in Mexico City. In addition, Humboldt and Bonpland actively worked together with Francisco José de Caldas and Carlos

Montúfar, two indigenous creole naturalists devoted to pursuing political independence from Spanish colonialism. This kind of dynamic and colonial transculturation between Humboldt and naturalists based in America was vital to the making of 'Humboldtian science.'

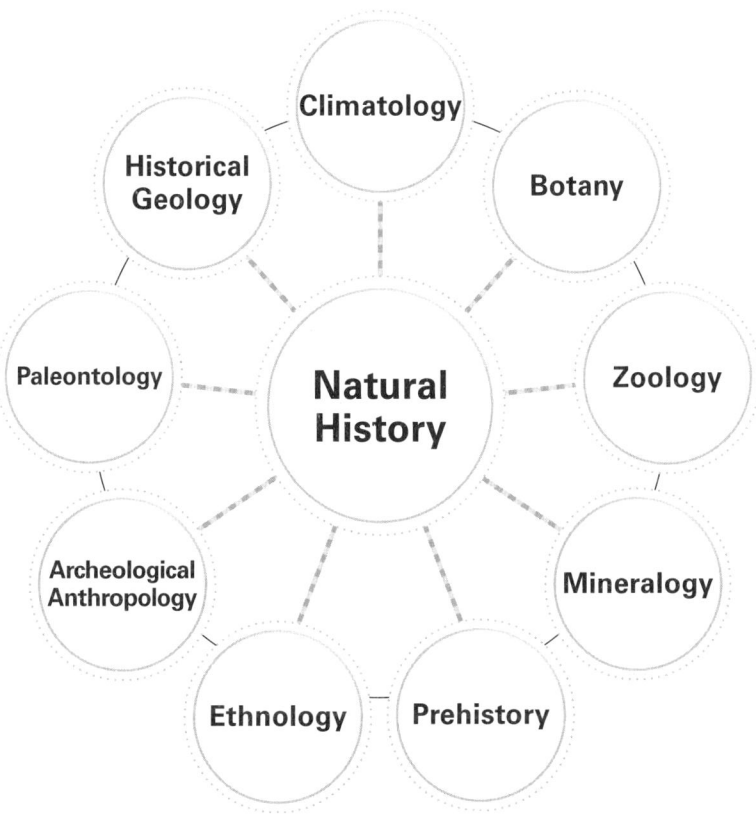

〔Figure 1. Humboldt's Interdisciplinary Idea of Natural History〕

Chapter Five delves into the Humboldtian tropical studies in which the field is transformed through the imperial visualization of tropical space into a 'Tropical Natural History Revolution.' Humboldtian science, whose name was popularized by Susan Faye Cannon, a British historian of science, consists of three dimensions: the precise measurement of nature, cartographical construction, and artistic representation. In this respect, according to *Kosmos*, Humboldtian tropicality refers to the cultivation of exotic plants, landscape painting, and the linguistic expression of tropical nature. Humboldt preferred the picturesque to the sublime or the beautiful as an artistic style of landscape painting because he considered the former to be more suitable than the latter two for portraying tropical mountains, woods, forests, and rocks. Furthermore, by taking early Romanticism into consideration to spatially visualize tropical nature, Humboldt represented the Romantic cartographical vision of Chimborazo and Cotopaxi in *Geographie des plantes equinoxiales: tableau physique des Andes et pays voisins*(1805). Inspired by Humboldt's map-making, Johann Wolfgang von Goethe, who had communicated with him since their encounter in Jena (1795), illustrated Humboldt's great accomplishments in a sort of historical-geological landscape painting, *Höhen der alten und neuen Welt*(1807), that may be regarded as a pictorial signifier of Atlantic natural history.

When British philosopher Alfred N. Whitehead proclaimed that "the greatest invention of the 19th century was the invention of the method of invention," there was no revolutionary method for the invention of tropical space like Humboldtian science. Tropical nature was invented as a modern space through which Humboldt integrated exact measurement, map-making, and a Romantic style of landscape painting in the context of colonial transculturation. This is the essence of the Tropical Natural History Revolution.

1장

한국에서 훔볼트는 어떻게 환생하는가

내 고향은 파리다. 베를린에서 다시 사는 일은 결코 없을 것이다. ─ 훔볼트

훔볼트만큼 학문의 융합적 성격을 갖춘 인물은 아직 본 적이 없다. ─ 괴테

1장
한국에서 훔볼트는 어떻게 환생하는가

왜 훔볼트인가?

'문학적 융합학'의 괴테, 철학의 칸트와 헤겔, 음악의 베토벤이 19세기를 전후해서 독일의 근대를 확립하는 데 큰 공헌을 했던 인물이라고 가정을 하자. 여기에 한 명의 인물만을 더 추가할 수 있다면, 누구를 생각할 수 있을까. 알렉산더 훔볼트![1] 괴테가 훔볼트를 어떻게 생각했는지를 알게 되면, 지금까지 그의 이름조차 들어본 적이 없는 독자들도 호기심을 갖게 될 것이다.

> 지식이라든가 살아있는 지혜에 관한 한, 그를 따라갈 사람은 없다고 해도 과언이 아니다. 게다가 학문의 융합적 성격을 훔볼트만큼 갖춘 인물도 없다. 어떤 분야이건 정통해서 사람들에게 정신적인 보물을 안겨 준다[Eckermann, 2016(1836-1848): Ⅰ: 261].

---

1 훔볼트는 사람들이 '알렉산더 폰 훔볼트'(Alexander von Humboldt)라고 부르는 것을 그다지 좋아하지 않았다. 그는 학문을 장려할 목적이 있을 때에만 이 명칭을 사용했으며, 자신을 과시하는 데 이용하지 않았다. 이 책에서 '훔볼트'라고 할 경우에는 알렉산더 훔볼트를 지칭한다. 그의 형인 빌헬름 폰 훔볼트(Wilhelm von Humboldt, 1767-1835)를 가리킬 때는 '빌헬름'이라고 표기한다.

그런데, 학문이 고도로 전문화되어 갔던 20세기의 학문 분류 방식에서는 훔볼트가 서 있을 공간이 없다. 특히 한국과 같이 문과형 지식체계와 이과형 지식체계가 확연히 갈려 있는 지식권력 사회에서는 더욱 그렇다.

自然史(natural history)[2], 예술, 기후학, 지리학, 지질학, 광물학, 식물학, 철학, 문학, 천문학, 인구학, 정치경제학을 융합·통섭한 인물을 어느 분야에 분류할 수 있을까? 한국연구재단의 학문 분류 목록을 아무리 뒤져 봐도 훔볼트의 학문 세계를 분류할 방도가 없다.

특정 분야에 얽매이지 않는 인물을 상상하기가 어려운 까닭은 무엇일까? 왕조 국가 중심의 제왕적 지식권력 문화에 의해 내면화된 한국인들은 서울 중심의 위계적 질서에 순응되어 왔다. 이런 제왕적 공간에서는 '서울대학교'를 정점으로 전국의 모든 대학과 학과들의 서열 매기기에 의한 위계적 질서를 자연스럽게 받아들인다. 이런 제왕적 '말과 사물'의 질서가 한국인의 의식과 제도를 휘감고 있는 지형도에서, 융합적 세계관을 전 지구적으로 실천했던 훔볼트와 같은 인물이 어떻게 환생할 수 있을까?

훔볼트는 1769년에 태어나 1859년에 세상을 떠났다. 당시의 평

---

[2] 라틴어 'naturalis historiae'는 포르투갈어로 'história natural', 에스파냐어로 'historia natural', 네덜란드어로 'natuurlijke geschiedenis', 프랑스어로 'histoire naturelle', 영어로 'natural history', 독일어로 'naturgeschichte'로 각각 표기된다. 이 용어는 한자문화권으로 넘어오면서 일본어로 '博物學', 중국어로 '自然歷史'(自然历史)로 각각 번역되었다[이종찬, 2014b].

균 수명으로는 상당히 장수한 셈이다. 〖지도 1-1. 훔볼트와 봉플랑의 아메리카 탐험 경로〗가 보여주듯이, 평생의 동료였던 봉플랑(Aimé Bonpland)과 함께 아메리카의 自然史를 탐구했다. 탐험을 마친 그들은 바로 귀국하지 않고 미국 수도 워싱턴에서 토머스 제퍼슨(Thomas Jefferson, 1743-1826) 대통령을 만난 다음에 1804년 8월에 프랑스 보르도로 돌아왔다. 그리고 훔볼트는 베를린에 머물다가 파리로 돌아가 22년간 생활했다. 1827년에 훔볼트는 베를린으로 다시 돌아왔다. 1829년에는 시베리아 탐험에 나섰다. 그는 베를린에 거주할 때도 여러 차례 외교관 신분으로 유럽을 다니면서 수개월 또는 1년 이상 체류하기도 했다.

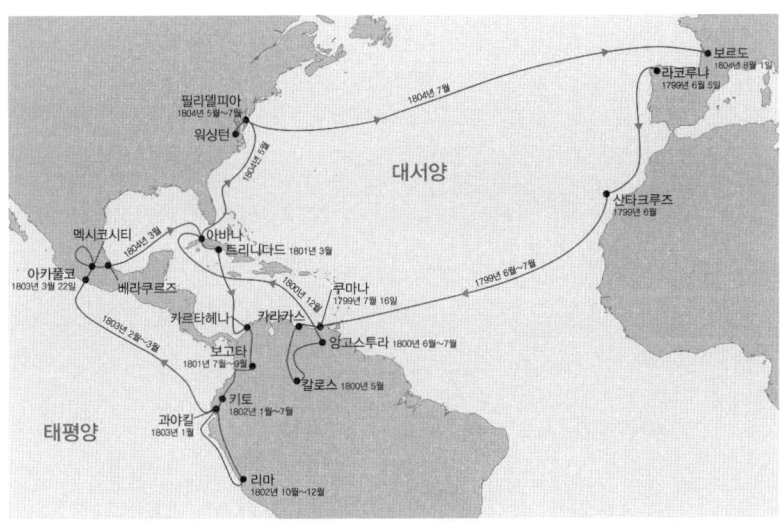

〖지도 1-1. 훔볼트와 봉플랑의 아메리카 탐험 경로〗

한국에서 훔볼트는 어떻게 환생하는가 49

훔볼트가 살았던 시기가 대단히 절묘하다. 그는 이 시기 유럽 문명의 열매를 향유하면서도 그것이 초래했던 부정적인 측면도 인식했다. 몇 가지 층위들이 어우러진다. 우선, 프로이센의 귀족 가문이라는 신분은 그가 유럽의 수많은 自然史학자와 과학자, 정치가와 외교관, 문학예술가와 사상가, 무역가, 군인, 과학자, 교육자들과 교류하는 데 자산이 되었다. 훔볼트는 스무 살이나 많은 괴테와 실러(Friedrich von Schiller), 부유한 은행가 가문의 작곡가 멘델스존, 영국의 왕립학회 회장과 동인도회사 총재와 큐식물원 원장을 맡았던 조셉 뱅크스(Joseph Banks), 프랑스 自然史 분야에서 권위자로 군림했던 조르주 퀴비에(Georges Cuvier) 등 이루 말할 수 없는 유럽 최고의 인물들과 자유로이 교류했다. 훔볼트의 열대 아메리카 탐험이 파리와 베를린에서 꽃을 피울 수 있었던 것도 유럽의 저명한 인물들과의 광범위한 소통이 있었기에 가능했다. 이런 소통의 힘은 온갖 유형의 SNS가 발달된 한국의 학자들도 따라 하기에 쉽지 않다.

인류사의 지평에서 볼 때 훔볼트가 살았던 시기는 서구가 미국 독립(1776)과 프랑스혁명(1789)을 거치면서 국민국가를 본격적으로 만들어 갔던 기간과 대체로 일치한다. 청년 훔볼트는 파리를 여행하면서 프랑스혁명이 향후 자신의 삶과 유럽에 미칠 영향에 대해 심사숙고했다. 또한 프로이센이 나폴레옹 지배의 프랑스와의 전쟁을 거치면서 근대국가로 발돋움했던 시대를 살면서, 그는 '국민 주권'의 시대가 시작되었음을 직관적으로 느꼈다.

훔볼트는 아메리카에서 무엇을 체험했는가? 그는 네덜란드, 영국, 프랑스를 여행하면서 에스파냐, 프랑스, 영국, 네덜란드, 포르투갈이 아메리카를 식민화하기 위해 열대의 곳곳에서 전쟁을 하고 있음을 알았다. 3장에서 설명하듯이, 그는 세계 최초로 아프리카의 노예가 주도했던 혁명, 즉 '콩고-아이티 노예혁명'(1791-1804)이 일어났던, 프랑스 식민지인 생도맹그(Saint-Domingue)를 직접 탐사하지는 않았다. 하지만 이 혁명의 현장에 있었던 노예, 무역상인, 플랜테이션(plantation) 소유주 등을 만났으므로, 훔볼트는 혁명에 관한 이런저런 소식을 접했다. 하지만, 그는 혁명을 '은폐'했다. 이는 그 자신의 선택이기도 하거니와 이런 은폐를 할 수밖에 없었던 19세기 전반기 유럽의 상황을 반영한다. 훔볼트는 이런 '불편한 진실'의 시대를 살았다.

지구에 존재하는 어떤 지리적 공간도 어느 날 하늘에서 뚝 떨어지지도 땅에서 불쑥 솟아오르지도 않았다. 현재 한국인들이 알고 있는 아메리카, 대서양, 아프리카, 인도양, 동남아시아, 태평양은 아랍, 서구, 러시아의 탐험가들에 의해 촉발되어 '발명된 공간'이다. '발견'은 애당초 없었다. 오래전부터 열대에서 살고 있었던 원주민들이 서구의 탐험가들과 조우했을 때, 누가 누구를 발견했다고 말할 수 있겠는가. '콜럼버스의 신세계 발견'은 서구 중심적 역사의식에서 비롯된 것이다.

훔볼트가 살았던 18세기 말부터 19세기 초에 본격적으로 이루어졌던, 열대에 대한 서구의 自然史 탐험은 지도 만들기로 이어졌다. "지도는 지도가 구축한 역사에 깊이 투영되어 있다."[Wood, 1992: 28-47]. 서구는 열대 탐험과 지도 만들기에 근거하여 열대 공간을 발명하면서 제국적 욕망을 충족시켰다.

열대 자연, 제국의 욕망과 충족을 위한 공간

훔볼트가 태어났던 18세기 유럽에서는 무슨 일이 일어났을까? 에 둘러 말하지 않겠다. 포르투갈, 에스파냐, 네덜란드, 프랑스, 영국을 중심으로 '새로운 신세계인 열대'를 차지하려는 공간과의 경쟁이 유럽에서 본격화되었다. 아프리카 역사학의 권위자인 필립 커틴(Philip D. Curtin)이 말했듯이, 18세기 유럽인들에게 열대는 콜럼버스가 발견했던 신세계와는 전혀 다른 의미로 다가왔다[Curtin, 1964: Ⅰ: 58]. 18세기 유럽은 열대의 식물, 동물, 광물에서 경제적 가치를 발견했다. 열대 자연은 유럽이 자연에 관해 전 지구적인 의식을 형성하는 데 중심적인 위상을 차지했다[Pratt, 2008: 15; Bewell, 2017: 26]. 이와 관련된 여행기와 문학작품을 비롯해서 수많은 책들이 봇물처럼 쏟아져 나왔다[Stepan, 2001: 43].

18세기 말부터 유럽 나라들은 경제적 부와 군사적 힘을 결합하여 열대 탐험에 경쟁적으로 나섰다. 유럽의 해양력과 군사력이 이런 탐험을 전폭적으로 뒷받침하고 활용하면서, 〖그림 1-1. 열대 해양무역 네트워크〗가 보여주듯이, '열대 해양무역 네트워크'가 전 지구적으로 형성되었다[이종찬, 2016b: 3장]. 이것이 서구적 근대의 본질이다. 서구 중심주의 역사학의 극복은 열대 自然史가 세계사에서 핵심적인 위상을 차지한다는 것을 인식할 때 비로소 가능해진다.

무엇보다도 훔볼트는 서구와 러시아가 전 지구적으로 열대 탐험을 가장 활발하게 실행했던 시기를 살았다. 〖지도 1-2. 린네 제자들의 열대 탐험〗(165쪽 볼 것)을 먼저 살펴본다. 한국에서 칼 린네(Carl

Linnaeus)는 기껏해야 '식물 분류'와 관련될 때만 언급된다. 역사학자들조차도 린네의 열일곱 제자들이 만들어 갔던 열대 탐험에는 별로 관심이 없다.

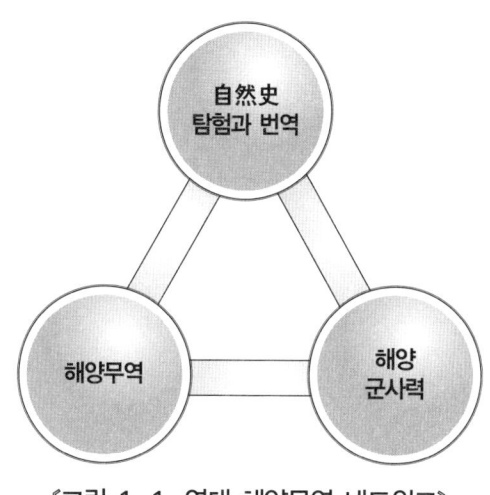

《그림 1-1. 열대 해양무역 네트워크》

그러나, 린네 제자들의 탐험이 18세기 이후 세계사의 향방에 상당히 중요한 영향을 미쳤음을 안다면, 사태는 달라진다. 이 지도가 보여주듯이, 그의 제자들은 아프리카, 아메리카, 동남아시아를 비롯하여 인도양, 대서양, 태평양의 섬들을 돌아다니며 각 열대 지역의 自然史에 대해 조사했다.

제자들 중에서, 칼 페테르 툰베리(Carl Peter Thunberg)는 네덜란드 동인도회사의 무역선을 타고 나가사키-데지마에 도착했다[이종찬, 2014a: 156-158]. 약 2년간 일본의 自然史를 조사한 그는 귀국 후에 《일본의 식물상》(1784)을 출간했다. 제자들은 중국과 일본에서는 自然史 조사를 했으면서도, 조선은 비켜 갔다.

이 시기 스웨덴에 린네가 있었다면, 에스파냐에는 불세출의 탐험가인 알레산드로 말라스피나(Alessandro Malaspina, 1754-1810), 영국에는 제임스 쿡(James Cook) 함장의 1차 탐험을 기획하고 참여했던 조셉 뱅크스, 훔볼트의 아메리카 탐험보다 뒤에 이루어졌던 찰스 다윈의 비글호 항해, 프랑스에는 루이-앙투안 드 부갱빌(Louis Antoine de Bougainville)의 남태평양 탐험에 참여했던 필리베르 코메르송(Philibert Commerçon), 정조 때 제주도와 울릉도 인근을 지나갔던 장프랑수아 라페루즈 백작(Jean-François de Galaup, Comte de Lapérouse), 독일에는 제임스 쿡의 2차 항해에 참여했던 포르스터(Forster) 부자, 러시아에는 태평양 항해를 주도했던 오토 코체부(Otto von Kotzebue) 등 이루 헤아릴 수 없을 정도로 많은 탐험가와 自然史학자들이 있었다. 수많은 여행기와 탐험기가 서구의 서점들에 쏟아져 나왔다. 유럽인들은 이 책들을 읽으면서 열대를 어떻게 이해했을까? 18세기 유럽의 열대 탐험은 어떤 역사적 의미를 말해 주는가? 이에 대해서는 《열대의 서구, 朝鮮의 열대》에서 이미 설명을 했지만, 관련된 내용을 언급하기로 한다.

〖그림 1-2. 열대 自然史의 세 가지 동력〗이 보여주듯이, 열대 탐험은 서구에 의한 열대의 식민화를 가속화하였을 뿐만 아니라 서구의 낭만주의적 감성을 촉발시켰다. 열대 자연은 서구의 제국적 욕망을 충족시키기 위한 공간으로 작용했다. 설탕, 차, 커피, 담배가 주요

한 무역 상품으로 부각되었다. 서구는 열대 自然史에서 경제적 효용성[De Vos, 2007; Bleichmar, 2008 & 2012]을 발견했고, 이를 낭만주의적 욕망을 충족하기 위한 잣대로 삼았다.

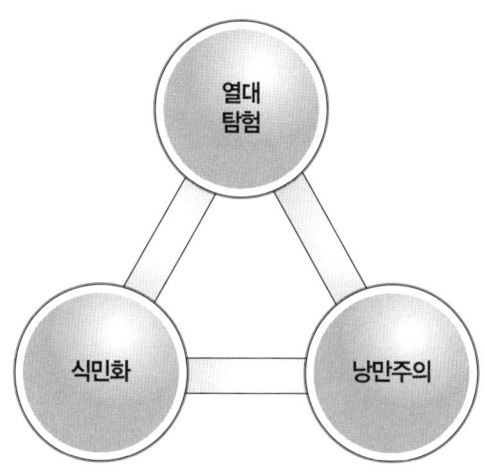

〔그림 1-2. 열대 自然史의 세 가지 동력〕

'홍어 장수'와 조선 실학자의 열대 인식

훔볼트가 아메리카에서 한창 탐험을 하고 있던 시기에 조선의 인민과 사대부들은 自然史에 대해 어떤 관심을 가졌을까?[3] 홍어 장수 문순득(文淳得)을 중심으로 살펴본다. 그는 전라남도 우이도의 앞바

---

3 실학자들의 관심에 대해서는, 《열대의 서구, 朝鮮의 열대》[이종찬, 2016b: 602-609]를 볼 것.

다에서 생업에 종사하다가 표류에 휩쓸려 류큐를 거쳐서 여송(呂宋, Luzon)까지 떠내려갔다. 〔지도 1-3. 문순득의 표류와 귀환 경로〕가 보여주듯이, 그는 현재의 마카오인 오문(奧門) — 광저우 — 난징 — 옌칭을 거쳐 약 3년 만에(1801-1803) 고향으로 돌아왔다. 무엇을 보고 무엇을 느꼈을까?

〔지도 1-3. 문순득의 표류와 귀환 경로〕

문순득은 가랑이가 찢어지도록 가난한 인민은 아니었다. 가문 대대로 우이도에서 어업에 종사했기에 그런대로 먹고 살았다. 한양의 사대부처럼 성리학 공부는 제대로 못 했지만, 이 지역에 유배되어 왔던 실학자 정약전과 대화를 나눌 정도의 지혜는 있었다. 문순득은 적어도 다음의 세 지역에서 감당할 수 없을 정도로 충격적인 광경을 두 눈으로 보았다.

류큐(琉球). 문순득은 바타비아(현재의 자카르타)와 나가사키-데지마를 오가는 네덜란드 동인도회사의 무역에 대해 분명히 듣거나 봤을 것이다. 네덜란드의 무역 상선이 여기를 반드시 들렀다. 그는 여기서 붉은 머리카락을 가진 '홍모인'(紅毛人)들의 무역 활동을 인지했을 것이다. 고향으로 바로 돌아갈 것 같았지만 다시 표류에 휩쓸렸다.

필리핀 비간(Vigan)에서 문순득은 더 충격적인 광경을 체험했다. 〖지도 1-4. 마닐라-갈레온 무역 항로〗가 보여주듯이, 에스파냐 — 대서양 — 멕시코 — 태평양 — 필리핀 — 중국을 잇는 에스파냐 제국의 열대 해양 무역 네트워크[이종찬, 2016b: 3장 & 4장]에 대해선 몰랐다고 하더라도, 흑인 노예의 존재를 알면서 그의 두 눈은 휘둥그레질 수밖에 없었다. 일본인과 중국인들까지 마닐라에서 산다는 것도 알았다. 왜 그들은 자신의 나라가 아닌 곳에서 살까? 꼬리에 꼬리를 물고 물음이 이어지면서 가족 생각으로 눈물이 쏟아졌다.

〖그림 1-3. 광저우 십삼행〗(165쪽 볼 것)은 19세기 초 광저우(廣州)에서 무슨 일이 일어나고 있었는지를 보여준다. 건륭제(乾隆帝, 재위 기간: 1737-1795)는 1757년에 서구와 무역할 수 있는 한 개의 항구로 광저우를 지정하여, 소위 '광저우체제'(Canton System, 중국어로는 '一口通商')를 출범시켰다[오금성, 2003; Van Dyke, 2007;

Blussé, 2008]. 미국, 영국, 프랑스, 네덜란드, 덴마크, 스웨덴, 포르투갈 등은 무역 상관에 해당하는 '행'(行)을 광저우에 경쟁적으로 설치하면서 중국과의 교역에 나섰다.

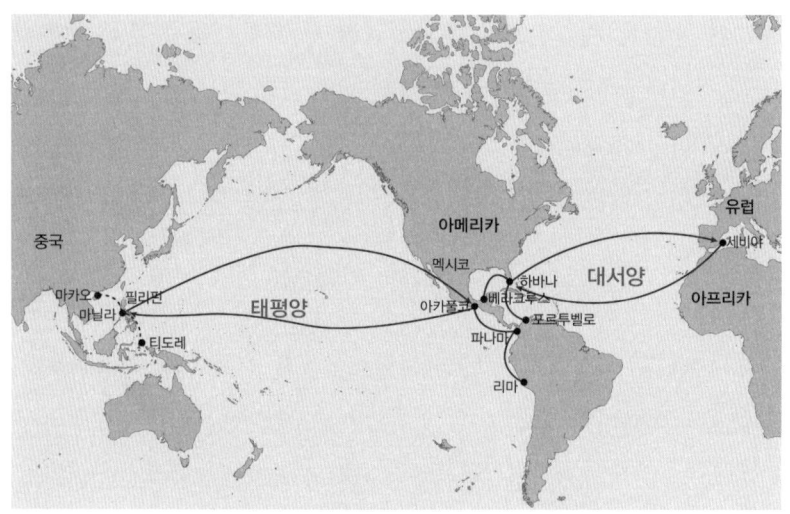

〔지도 1-4. 마닐라-갈레온 무역 항로〕

 열세 개 나라 무역회사들이 모여 있던 주강(珠江) — 또는 월강(粵江) — 연안을 직접 가보지는 못했다고 하더라도, 문순득은 광저우에서 중국과 서구 사이의 교역에 대해 들었을 것이다. 오로지 중국만 알고 있었는데 세상에 이렇게 많은 나라들이 있을 것이라고 꿈엔들 생각했겠는가. 조선 사대부들이 한결같이 '옌칭'(현재의 북경)만 쳐다보고 있었을 때, 일개 인민에 불과한 문순득은 '강남'의 무역 항구에서 기상천외한 장면을 보며 온몸에 전율이 감돌고 있음을 느꼈다. 이런 무시무시한 세상에서는 어떻게 해서든지 살아서 가족의 품으로 돌아가기를 학수고대했다.

우여곡절 끝에 조선으로 돌아온 문순득은 한양에서 관청의 심문을 받았다. 가족과 고향 산천이 눈에 아른거리는데, 류큐, 마닐라, 마카오와 광저우에서 보고 들었던 스펙터클한 이야기를 도저히 입에 담을 수 없었다. 옌칭 중심의 지리적 세계관에 갇혀 있던 사대부들이 문순득이 광저우에서 봤던 것을 어떻게 이해했겠는가. 지혜롭게 처신했던 그는 마침내 우이도로 귀환했다.

가족과 회포를 푼 문순득은 정약전에게 자신이 보고 들었던 것을 여러 날에 걸쳐서 털어놓았다. 과연 정약전은 문순득이 들려준 이야기를 어느 정도 알아들었을까? 아마도 거의 알아듣지 못했을 것이다. 왜냐하면 정약전으로서는 에스파냐의 갈레온 무역, 포르투갈의 마카오 무역 상관, 그리고 광저우의 십삼행을 담을 수 있는 성리학적 언어를 찾을 길이 없었기 때문이다. 심각한 고민에 빠진 정약전은 문순득의 체험을 기록한 《표해시말》(漂海始末)에서 다음과 같이 적었다.

> 다른 나라는 우리나라와 달라 중국, 안남, 여송의 사람들이 서로 같이 살며 짝을 지어 장사를 하는 것이 한 나라나 다름이 없다. 하물며 안남과 오문은 서로 그리 멀지 않고 함께 배를 타고 함께 장사를 하니 이상한 일이 아니다[최성환, 2012: 292].[4]

---

4 원문은 정약용의 제자인 이강회(李綱會)의 《유암총서》(柳菴叢書)에 실려 있다.

그가 교역에 대해 유일하게 언급하고 있는 구절이다. 송시열로 상징되는 노론의 사대부들은 말할 것도 없거니와, 정약전을 비롯한 실학자들도 당시 조선을 지배했던 이데올로기인 소중화(小中華)로부터 자유롭지 못했다. 사대부 정약전은 인민 문순득이 들려준 해양무역의 언어를 소중화의 언어로 각색하지 않을 수 없었다. 현재에도 거의 모든 한국인이 서구의 '눈'으로 열대 아프리카, 라틴아메리카, 동남아시아를 바라보고 있다는 점을 생각한다면, 정약전이 문순득의 이야기를 소중화의 관점에서 재구성한 것은 그다지 놀라운 일은 아니다.

훔볼트와 정약전을 비교하려는 것이 결코 아니다. 오히려 문순득과 정약전을 대비시키고 싶은 것이다. 해양무역 네트워크가 전 지구적인 열대 공간에서 역동적으로 형성된 시기에, 실학자 정약전이 어부 문순득의 해양 언어를 담아내지 못했던 시대적 상황을 말하고 싶은 것이다.

세계사와 세계지리의 상관성

대학에서 교양 과목으로 선택하거나 전공 분야인 경우를 제외하면, 고등학교 교육이 '세계 속의 한국'을 공부하는 마지막 기회이다. 열대에 관한 현대 한국인의 의식은 고등학교 과정에서 거의 형성된다. 그래서 고등학교에서 사용되는 검인정 교과서 《세계사》와 《세계지리》를, 3장에서 상세히 설명할, '열대 플랜테이션'에 초점을 맞추어 상세히 읽어 봤다. 플랜테이션은 열대에 대한 서구의 근대적 욕망을 충족하기 위한 공간이 되어 왔기 때문이다.

현재 네 개 출판사에서 발간되는 《세계사》[김덕수 외, 2017; 김형종 외, 2017; 조한욱 외, 2017; 최상욱 외, 2017]에서 18세기 말-19세기 초의 시기는 계몽사상, 프랑스혁명, 미국 혁명, 국민국가, 산업혁명의 핵심 용어를 중심으로 서술되고 있다.

철저하게 서구 중심적 관점에서 세계사가 전개되고 있어서, 생도맹그에서 일어났던 노예혁명은 은폐되어 있다. 한 출판사에서 이 혁명을 언급하고는 있지만, "생도맹그의 흑인들은 프랑스혁명의 이념을 식민지에서 더욱 적극적으로 실현했다."[조한욱 외, 2017: 239]라는, 서구 중심적 역사의식을 벗어나지 못한다. 3장에서 다시 언급할 것이다.

또한 세 출판사에서 출간한 《세계지리》[권동희 외, 2017; 김종욱 외, 2017; 위상복 외, 2017]는 열대를 기후, 플랜테이션, 기호 작물, 환경 파괴를 중심으로 설명한다. 서구 중심적 자원과 생태환경의 관점에서 열대를 설명하다 보니, 열대 自然史는 타자화되었다. 열대 自然史의 관점에서 세계지리를 탐구하는 문제의식은 결여되어 있다.

설상가상으로 두 과목 사이에서 연결 고리를 찾기 어렵다. 과거의 역사가 현재의 지리와 어떻게 맞물려 있는지를 설명하는 교과서가 없다. 일곱 권이나 되는 검인정 교과서 어디에서도, '열대 탐험'과 '지도 만들기'를 통해 이루어졌던 서구의 열대 공간 발명에 대한 역사지리적 설명을 발견할 수 없다. 이 중에서 딱 한 권만이 '새로운 세계의 탐험가들을 만나다'라는 제목으로 콜럼버스, 마젤란, 이븐 바투타, 정화(鄭和)의 항해 경로를 지도와 함께 보여준다. 하지만 이마저도

18-19세기에 전 지구적으로 이루어졌던 서구의 열대 탐험과는 거리가 멀다.

현재와 같은 고등학교 교과서가 지속되는 한, 문과 학생들이 이 두 과목을 동시에 선택한다고 하더라도 서구가 열대 공간을 어떻게 지금과 같이 발명했는지를 알 수가 없다. 다시 말해서 한국의 고등학생들은 열대 아메리카, 대서양, 아프리카, 인도양, 동남아시아, 태평양이 어떤 역사지리적 과정을 거쳐서 지금과 같은 방식으로 존재하는지를 이해하지 못한다. 문과 학생들의 경우 두 과목을 동시에 선택하는 경우는 실제로 거의 없다. 열대에 관한 자연지리적 이해를 꼭 알아야 할 이과 학생들은 선택의 기회조차 없다.

그렇다면, 한국에서 훔볼트를 인생의 모델로 삼은 고등학생 '김융합'과 '이통섭'은 어떻게 해야 할까. 이과로 진출하는 순간 세계사와 세계지리를 선택할 기회는 원천적으로 봉쇄되어 있다. 그렇다고 이 두 과목 때문에 문과를 선택하라고 권할 수도 없다. 고등학교 과정을 마치고 대학에 가서 세계사와 세계지리를 스스로 공부하는 수밖에 없다.

결국 대한민국의 고등학생들은 서구 사회가 역사지리적으로 지금과 같은 발전을 하는 데 핵심적인 위상을 차지했던 열대 공간의 발명이 무엇인지도 모르는 채로 졸업한다.

그렇다면 한국 고등학생들은 이 시기의 조선을 어떻게 알고 있을까? 이 물음 역시 고등학교 검인정 교과서 《한국사》[권희영 외, 2017; 김종수 외, 2017; 도면회 외, 2017]를 분석하면서 대답해 본다. 세 교과서의 3장 〈조선 유교 사회의 성립과 변화〉의 '조선 후기의 정치 변동과 제도 개편', '조선 후기의 사회경제적 변동', '사회 개혁론의 대두'를 아무리 두 눈 부릅뜨고 공부를 해도 '세계 속의 조선'을 이해하기란 쉽지 않다. 소위 '서양 문물의 수용과 서학(西學)의 전래'는 중국과의 관계에서만 서술하며, 천주교와 성리학적 세계관의 대립을 설명하는 것으로 그친다.

필자가 이왕에 출간한 《난학의 세계사》와 《열대의 서구, 朝鮮의 열대》에서 논의한 내용을 종합해서 설명하면, 서구와 일본의 문화융합은 서구와 조선의 대면과 본질적으로 다르다.

일본의 경우, 은(銀)의 전 지구적 교역 과정에서 서구는 일본과의 무역을 적극적으로 필요로 했다. 나가사키의 인공 섬 데지마는 바타비아에 거점을 둔 네덜란드 동인도회사의 강력한 요청에 의해 만들어졌다. 훔볼트가 살았던 바로 그 시기에, 나가사키-데지마를 통해 이루어진 일본과 네덜란드의 문화융합은 난학의 형성이라는 열매로 나타났다.

조선의 경우, 헨드릭 하멜의 사례가 보여주듯이, 서구는 '어쩌다' 조선과 만났다. 조선은 열대 동남아시아에서 네덜란드 동인도회사가 전개했던 교역의 상품과 규모는 물론이거니와, 멕시코에서 태평양을 건너 마닐라를 거쳐 중국으로 이어지는 에스파냐 해양 제국의 마닐라-갈레온 무역 항로에 대해 알고 싶은 의지도 이유도 없었다. 조선은 전 지구적으로 형성된 열대 해양무역 네트워크로부터 스스로 고립되었다. 그렇기에 중국과 조선에 들어온 천주교의 본질이 '한 손에는 성경, 다른 한 손에는 무역'을 내세운 예수회라는 전교 단체임을 알 도리도 없었다.

이렇게 볼 때, 서구가 전 지구적으로 열대 공간을 가장 활발하게 발명했던 시기에 대해, 한국의 고등학교 학생들은 한국사 교과서를 통해 세계 속의 조선을 파악하는 데 어려움을 겪는다. 그나마 '동아시아사'를 공부해야 훔볼트가 살았던 시기 조선의 세계적 위상을 어렴풋하게나마 이해할 수 있다. 고등학교 교과서《동아시아사》[손승철 외, 2017; 안병우 외, 2017; 황진상 외, 2017]를 살펴보자. 다행히도 세 책 모두 서구 — 동남아시아 — 동아시아의 교역 네트워크를 지도와 함께 설명한다.《세계사》교과서에 이런 설명이 빠져 있다는 것이 아이러니컬하다. 그렇다고 해서, 고등학생들에게 세계사 대신에 동아시아사를 선택하라고 말할 것인가.

거의 모든 20-30대 한국 청년들의 세계지리와 세계사에 대한 인식이 고등학교 교육 수준에 머물러 있음을 고려한다면, 열대에 대한 미래세대들의 이해가 기성세대와 별로 달라질 것이 없다.

기술과 과학의 관계

한국의 고등학교 교과서《세계사》의 저자들은 기술과 과학의 관계를 어떻게 파악하고 있을까. 먼저 입장이 서로 대비되는 두 출판사를 비교해 본다. 한 출판사에서는 "19세기에는 산업 혁명이 진행되고 자본주의가 성장함에 따라 새로운 기술이 필요했다. 이에 자연 과학이 눈부시게 발달했다."[최상훈 외. 2017: 208]라고 설명한다. 이에 반해 다른 출판사에서는 "기초 과학의 발달은 기술의 발전을 가져왔고, 산업 발달을 촉진했다."[김덕수 외. 2017: 236]라고 말한다. 전자는 산업 → 기술 → 과학의 방향으로, 후자는 과학 → 기술 → 산업의 방향으로, 인과 관계를 각각 규정했다. 나머지 두 출판사의 《세계사》를 세밀히 읽어 본다. 삼자 사이의 관계에 대한 분명한 설명을 찾을 수 없다. 다만, 한 출판사는 "19세기는 흔히 '과학의 세기'라고 불릴 만큼 자연 과학이 발전한 시대였다."[김형종 외. 2017: 235]라고, 다른 출판사는 "과학 혁명 이래 계속해서 발전한 과학은 19세기에 이르러 눈부시게 발달했다."[조한욱 외. 2017: 203]라고 서술했다. 두 출판사는 공히 이런 서술에 이어서 '눈부시게 발달했던 19세기 과학의 시대'를 보여주는 확실한 근거로 찰스 다윈의 진화론을 제시했다. 이처럼 고등학교 교과서 《세계사》의 저자들은 자연과학, 기술, 산업 사회의 관계에 대해 서로 다른 입장을 보여준다.

왜 이런 혼란이 일어나는 것일까? 기술과 과학의 관계에 초점을 맞춰 살펴보자. "증기기관이 과학에 진 빚보다도 과학이 증기기관에 진 빚이 더 크다." 미국과학사학회의 공동 설립자 중의 한 명인 하버드대학의 융합학자 헨더슨(Lawrence Joseph Henderson, 1878-1942)이 기술과 과학의 관계에 대해 남긴 유명한 말이다. 1769년에 제임스 와트가 증기기관을 만들었고, '열역학의 아버지'로 불리는 사디 카르노(Sadi Carnot)가 1824년에 증기기관의 과학적 이론을 정립했다. 헨더슨은 와트와 카르노의 사례를 연구한 끝에 그렇게 말한 것이다. 연대기적으로 과학혁명이 산업혁명에 앞섰다는 사실은 기술과 과학의 관계를 인식하는 데 심각한 장애가 되어 왔다.

철학자 마르틴 하이데거는 이런 장애를 예리하게 비판했다. 17세기에 과학혁명이, 18세기 말에 산업혁명이 시작되었다는 연대기적

순서 때문에, 기술이 과학의 응용과도 같다는 기만적인 허상에 빠져들었다[Heidegger, 2008: 31-32]. 기술은 '응용과학'이 아니라 과학과는 본질적으로 구분되는 독립변수이다.《과학혁명의 구조》의 저자 토머스 쿤도 "인류사에서 가장 최근의 시기를 제외하고는 지성적 발전 — 과학을 의미한다 — 과 기술의 발전 사이에는 거의 연관이 없었다."라고 주장했다. "과학혁명의 '고급 이론'은 17세기나 18세기에 경제적으로 유용한 기술에 실질적으로 직접 영향을 미치지 않았다."[이종찬, 2016b: 301].

기술과 과학에 대한 이런 관점은 마르크스주의 과학사학자인 헤센(Boris Hessen)의 논문 〈뉴턴 프린키피아의 사회적·경제적 토대〉(1931)와 그로스만(Henryk Grossmann)의 논문 〈기계론적 철학과 제조업〉(1935)에서 제시되었던 '헤센-그로스만 명제'와도 정확하게 일치한다[Hessen, 1931; Grossmann, 2009]. 이 명제는 하이데거보다도 훨씬 먼저 정립되었음에도 불구하고 서구 중심주의 과학사학자들은 이를 의도적으로 회피해 왔다. 뉴턴 역학을 과학사의 관점에서 분석한 이 명제의 핵심은 한마디로 과학은 기술적 과제를 연구함으로써 발달했다는 것이다[Hessen, 2009; Grossmann, 2009; Freudenthal & McLaughlin, 2009]. 뉴턴을 비롯한 17세기 '과학자'들은 기술이 발달하지 않았던 분야에서는 이에 상응하는 과학을 발전시키지 못했다. 여기서 '과학자'에 해당하는 영어 단어인 'scientist'는 윌리엄 휴얼(William Whewell)이 1834년에 처음으로 사용했음을 기억하자[Ross, 1962: 71]. 뉴턴이《프린키피아》를 집필했던 17세기 후반에는 열역학과 에너지 보존에 관한 사회경제적·기술적 수요가 없었기 때문에, 열역학 제1법칙인 에너지 보존의 법칙에 관심을 갖지 않았던 것이다.

고등학교 교과서 《세계사》의 저자들이 조금 더 세심했더라면, 한국어로 번역되어 있는 《과학과 기술로 본 세계사 강의》에서 다음과 같은 구절을 발견할 수 있었을 것이다. "과학혁명의 이론적 혁신이 산업혁명의 기술적 발명의 원인이었다는 신화는 (중략) 기술이 본질적으로 응용과학이라는 [잘못된] 신념에 의해 다시 고착화되고 있다."[McClellan & Dorn, 2006: 439]. 결론은 분명하다. 고등학교 교과서 《세계사》는 기술과 과학의 상관성에 대한 역사적 서술을 근본적으로 다시 검토해야 한다.

한국의 훔볼트 풍경

세 권의 훔볼트 평전이 한국어로 번역되어 있다. 가장 먼저 출간된 《훔볼트의 대륙》은 독일의 언론인이 '아마존 정글의 심장부'인 오리노코 강, '세상에서 가장 높은 산' 침보라소, 잉카 문명 유적지를 중심으로 훔볼트의 탐험을 재미있게 소개했다[Kulke, 2014(2010)]. 다음으로 영국의 대중 작가가 쓴 《자연의 발명》은 훔볼트를 '노아의 홍수 이후 가장 위대한 인물'로 설정했다[Wulff, 2015]. 저자는 괴테부터 시작해서 토머스 제퍼슨, 라틴아메리카 혁명의 선구자 시몬 볼리바르(Simón Bolívar)를 거쳐서, 찰스 다윈과 미국 自然史의 선구자 헨리 데이비드 소로, 《인간과 자연》의 저자 조지 퍼킨스 마시(George

Perkins Marsh), 생태학의 창시자로 알려진 에른스트 헤켈(Ernst Haeckel), 미국의 자연보존을 제창했던 존 뮤어(John Muir)에 이르기까지, 훔볼트가 근대 서구에 미친 영향을 폭넓게 묘사했다.

하지만 이 두 평전에서 아쉬운 점은 훔볼트의 아메리카 탐험을 적극 지원했던 에스파냐 제국과 파리에서 22년간 생활하면서 거의 모든 저작들을 남긴 훔볼트의 인생은 별로 다루지 않았다는 것이다. 또한 훔볼트가 아메리카에서 만났던 몇몇 뛰어난 '크리오요'[5] 自然史학자에 대해선 합당한 배려를 하지 않았다.

더욱 치명적인 문제점은 다음과 같다. 두 평전 모두 훔볼트를 둘러싼 모든 사건들이 '왜' 그렇게 전개되었으며 인물들이 왜 그렇게 행동을 했는지를 설명하지 않았다. 특히 훔볼트의 삶에서 중요한 전환점이 되었던 시기와 상황에서, 그가 왜 그렇게 선택하고 결정했는가에 대해서는 관심을 두지 않았다. 모든 사건들이 합목적적으로 전개된다.

《하늘과 땅의 모든 것: 훔볼트 평전》은 훔볼트 전문가가 쓴 것이다 [McCrory, 2016(2010)]. 저자는 역사의식을 갖춘 문학 비평가다. 대중적인 언어를 사용하면서도 학문적인 단단함이 논리의 전개를 받쳐 준다. 이 책의 가장 뛰어난 대목은 훔볼트를 '협력의 왕'으로 서술했다는 점이다. 훔볼트의 대작인 《코스모스》(1845-1862)의 색인을 분석한 저자는 이 책이 훔볼트 혼자만의 성과가 아니라고 말한다. 《코스모스》는 훔볼트와 다섯 부류의 전문가 집단과의 협력의 결과이

---

5 본 저서에서 크리오요란 에스파냐 식민지 아메리카에서 태어난 유럽계 백인을 뜻한다. 에스파냐어는 Criollo, 프랑스어는 Créole, 영어는 Creole이다.

다! 첫 번째 집단은 지리학, 지도학, 탐험과 측량 분야의 전문가 집단, 다음으로 지질학과 광물학의 집단, 그리고 지구물리학자와 기상학자, 네 번째는 천문학자, 마지막으로 언어학자들과의 서신 교환을 통한 소통이 있었기에 훔볼트의 《코스모스》는 탄생할 수 있었다고 설명한다. 이런 장점에도 불구하고, 이 번역서를 출간한 출판사가 원저의 목차와 내용들을 과도하게 수정하면서 저자와 번역자의 원래 의도가 다소 곡해될 여지가 있다.

이러한 대중적 평전이 아닌, 한국의 전문 학자들은 훔볼트를 어떻게 탐구하는지를 살펴보자. 인문학 내에서도 독일 문학 전공자들이 독일사와 이베로아메리카사 전공자들보다도 먼저 훔볼트의 존재를 감지했다. 그렇지만, 그들은 독일 중심적 관점에서 《자연의 관점》(1808)과 《코스모스》를 중심으로 문학적 분석에 치중했다[김미선, 2009a & 2009b; 김연신, 2014a & 2014b; 이지은, 2017a, 2017b & 2017c]. 게다가 기이한 일은, 18·19세기 '독일 문학과 자연과학의 상호 담론'을 연구하면서, 이 시기 독일 사상가와 자연과학자들을 모두 언급하면서도, 정작 훔볼트는 배제되었다[조우호, 2019].

우선, 훔볼트를 독일 문학의 틀에서만 연구하는 전공자에게 들려주고 싶은 이야기가 있다. 2016년 7월 파리에서 7차 '훔볼트-봉플랑 학제간 국제학술대회'가 열렸다. 여기서 필자는 '서구 정체성과 열대 공간'을 주제로 발표하면서 충격을 받았다. 학술대회의 공용어가 프랑스어, 에스파냐어, 영어로 한정되었다. 독일어는 제외되었다. 왜? 세 가지 중요한 역사적 사실이 여기에 내포되어 있다. 열대 아메리카 탐험을 같이 했던 동료 봉플랑이 없는 훔볼트를 상상할 수 없다. 또한 훔볼트의 거의 모든 저술 작업은 프랑스어로 출간되었다. 아울러 에스파냐의 당시 부르봉(Bourbon)⁶ 왕실의 허락과 지원이 없었다면 훔볼트는 아메리카로 떠날 수 없었다. 한국의 독일 문학 연구자들에게 중요한 교훈이 될 것이다.

설상가상으로, 한국의 독일 문학 전공자들의 학술 논문에서 치명적인 결함은 열대 탐험에 대한 이해가 거의 없다는 점이다. 훔볼트가 탐험했던 열대 아메리카 현지를 조사하지 않은 채로, 그들은 훔볼트를 독일 중심적 문학 이론의 틀 내에서 해석했다. '콩고 강'을 한 번도 탐사하지 않은 채로 조셉 콘라드(Joseph Conrad)의 《암흑의 심장》[Conrad, 2007(1899)]을 번역하거나 문학 비평을 한 영문학자들과 다를 바가 없다. 필자는 열대 콩고를 두 차례, 보르네오를 두 차례 각각 탐사하고 난 후에, 조셉 콘라드의 문학 세계를 논의했다[이종찬, 2012a; 2012b; 2014b; 2016b].

마찬가지로, 훔볼트가 탐험했던 열대 아메리카 지역인 멕시코, 쿠바, 콜롬비아, 페루, 에콰도르, 브라질 등에서 현지 조사를 하면서, 그의 융합적 세계관을 탐구했다[이종찬, 2016a; 2016b; 2016c; 2017a; 2017b]. 훔볼트는 책상에 앉아 그의 저작들을 열심히 정독한다고 해서 깊이 깨달을 수 있는 인물이 결코 아니다. 그렇기에 훔볼트의 인문학은 '지리/지질-인문학'(Geo-Humanities)으로 거듭나야 할 것이다.⁷

---

6 펠리페(Felipe) 5세(재위 기간: 1700-1724, 1724-1746)가 부르봉 왕조의 개막을 알렸다.

7 www.tropicscosmos.com을 참고할 것.

독일 중심적 '과학 영웅' 만들기

근대 독일의 역사를 통해 훔볼트만큼 독일 중심적 관점에서 '과학 영웅 만들기'가 이루어진 경우를 찾기가 힘들다. 독일어로 출간된 훔볼트에 관한 전기들은 십중팔구 이런 입장을 강력하게 취한다. 영어로 발간된 전기들도 대체로 이런 경향을 따른다. 이렇게 된 가장 큰 이유는 역사학자들이 아닌 대중 과학자나 언론인들이 주로 훔볼트 전기를 써왔기 때문이다.

훔볼트 자신은 생전에 자서전을 쓰는 것을 극도로 싫어했다. 하지만 주위에서 가만있지 않았다. 훔볼트에 관한 최초의 전기는 독일이 아닌 영국에서 발간되었다. 곤충학자 윌리엄 맥길리브레이(William MacGillivray)는 훔볼트와 봉플랑이 처음에 프랑스어로 출간한 《열대 아메리카 여행기》(1810)의 거의 축약본이라고 볼 수 있는 《훔볼트의 여행과 연구》[MacGillivray, 2009(1832)]를 출간했다. 영국을 비롯해서 서구의 여러 나라들에서 널리 판매되면서 훔볼트의 명성도 올라갔다. 훔볼트는 '모험심이 많은 여행가'로 묘사되었다.

하지만 독일은 사정이 달랐다. 《열대 아메리카 여행기》는 독일어 문화권에서는 별로 주목을 받지 못했다. 훔볼트는 자신이 쓴 프랑스 원본을 독일어로 출간한 번역판을 받아 보고는 마음에 들지 않아 했다. 그래서 새로운 독일어 번역판이 《훔볼트의 신대륙 여행기》(1859-1860)로 출간되었다. 출판사는 이 책이야말로 "독일의 가장 아름다운 금자탑"이라고 추켜세웠다.

훔볼트의 탄생 1백 주년을 전후로 독일에서 발간된 훔볼트 전기들은 《열대 아메리카 여행기》보다는 독일어로 발간된 《코스모스》에 초점을 두었다. 독일 사람들은 훔볼트가 '자유와 국가 통합'을 위해 파리에서 베를린으로 귀환했다고 믿었다. 또한 《코스모스》는 그가 베를린대학에서 77회나 강연(1827년 11월 3일-1828년 4월 27일)했던 내용을 담았다고 간주했다. 독일인들은 훔볼트가 《코스모스》의 기본 개념과 내용을 아메리카에서 고안했다는 사실은 안중에도 없었다. 그가 파리에서 프랑스어로 집필했던 많은 저작들은 《코스모스》의 그늘 속에 파묻히고 말았다.

라이프치히의 천문학자 카를 브룬스(Karl Christian Bruhns)는 독일 독자들의 이런 흐름을 파악했다. 그는 훔볼트 탄생 1백 주년을 맞아 세 명의 전문가를 선정하여 훔볼트 전기를 편찬했다. 때마침 영국이 웰링턴(1769-1852)을, 프랑스가 나폴레옹(1769-1821)과 조르주 퀴비에를 내세워 탄생 1백 주년을 기념했을 때, 훔볼트는 독일 민족의 자긍심을 충족시켜 주기에 가장 적합한 인물이었다[Rupke, 2008: 45-47]. 그래서 《훔볼트의 과학적 전기》[Löwenberg et al. 1871]가 독일어로 출간되었으며 영어로 《훔볼트의 삶》[Bruhns, 2012(1873)]으로 번역되었다. 이 책이 훔볼트를 독일 중심적 관점에서 해석한 것임은 말할 필요도 없다. 이후 훔볼트에 관한 많은 전기들이 이 책을 검증도 하지 않은 채로 인용하는 경우가 허다했다. 《훔볼트의 과학적 전기》는 지금까지도 훔볼트 전기 또는 평전 작업을 수행하는 작가들에게 교과서가 되고 있다.

독일 중심적 전기 작가들은 훔볼트의 인생 과정을 독일 내에서의 삶에 초점을 맞추어 세 단계로 구분했다. 1단계는 태어나서 프라이베르크(Freiberg) 광업학교에서 공부를 마쳤던 1792년까지이며, 2단계는 러시아-시베리아 탐사를 마치고 베를린으로 돌아왔던 1829년까지이다. 3단계는 이때부터 세상을 떠났던 1869년까지다. 그들은 훔볼트의 인생 경로를 이렇게 나눈 다음에 《코스모스》를 그의 인생에서 절정의 작품이라고 간주했다.

이런 입장을 취하면, 훔볼트가 열대 아메리카에서 自然史 탐험을 한 약 5년간(1799-1804)도, 그가 파리에서 가장 왕성한 집필 활동을 한 22년의 긴 시간(1805-1827)도 부차적인 것으로 간주된다. 독일 중심적 전기에서는, 아메리카에서 에스파냐어를 사용하면서 일기를 쓰고 파리에서 프랑스어로 수많은 글쓰기를 했던 훔볼트의 삶이 은폐된다.

훔볼트에게 직접 자신의 삶에 대해 물어본다면, 그는 필히 다음과 같이 대답했을 것이다. "내 인생의 첫 단계는 태어나서 아메리카로 향했던 1799년까지이며, 다음 단계는 파리에서 살았던 1827년까지이며, 마지막은 베를린에서 보낸 시기이다. 그리고 내가 프랑스어와 에스파냐어로 했던 글쓰기는 독일어만큼이나 소중하다."

훔볼트 탄생 1백 주년이 되던 1869년은 프로이센의 명운이 걸려 있던 때였다. 오스트리아와의 전쟁에서 이긴 '비스마르크의 프로이센'은 독일 남부 지역에 대한 영토권을 확보하기 위해 나폴레옹 3세의 프랑스와 전쟁을 벌였다. 프로이센의 승리로 독일 제국이 성립(1871)되었다.

문학이 독일의 국가 통합과 문화 창달을 위해 핵심적인 분야로 떠올랐다. 괴테와 실러가 독일 문학의 중심적 인물이 되었다. 당시 독일 사람들은 괴테가 훔볼트에 대해 극찬을 아끼지 않는다는 것을 알았다.

괴테는 아주 기분이 좋아서 흥분한 상태였다. '오늘 아침 몇 시간 훔볼트와 함께 있었네.'라고 하면서 그는 매우 활기차게 말했다. 얼마나 위대한 인물인가! 아주 오래전부터 그를 알았는데 새삼스럽게 또 경탄하게 되네. 지식과 지혜에 관한 한 그를 따라갈 사람은 없다고 해도 과언이 아니네. 게다가 훔볼트만큼 여러 분야를 꿰뚫고 있는 사람은 없어! 그는 분야에 관계없이 어떤 것에도 정통하고 있어서 사람들에게 정신적인 보물을 안겨다 주네. 말하자면 훔볼트는 많은 관을 갖고 있는 샘물과도 같아서 아무 데나 물통을 갖다 대어도 언제나 시원한 물이 쉴 새 없이 흘러나온다네. 그는 며칠간 이곳에 머무르겠지만, 나는 그사이에 몇 년이나 산 것과도 같은 기분이 될 것이라고 벌써 느껴지네 [Eckermann, 2008(1836): Ⅰ: 260-261].

괴테는 훔볼트를 독일의 위대한 작가로 만드는 데 결정적인 인물이 되었다. 독일 사회는 두 사람 사이의 개인적인 관계를, 《그림 1-4. 예나의 실러, 훔볼트 형제, 괴테》(166쪽 볼 것)[8]가 보여주듯이, 빌헬름과 알렉산더 두 형제가 예나(Jena)에서 괴테와 실러를 함께 만났던 1794년까지 거슬러 올라가서 찾아내었다.

아울러, 세 사람의 탄생 연도에 주목해서 괴테가 1749년, 실러가 1759년, 훔볼트가 1769년이라는 사실도 부각시켰다. 이와 함께 독일

---

8 독일의 역사화가 안드레아스 뮐러(Andreas Müller)가 1860년에 그린 작품(Schiller, Wilhelm und Alexander von Humboldt und Goethe in Jena)이다.

의 과학자들은 괴테가 심혈을 기울여 묘사했던 식물형태학과 훔볼트의 식물지리학을 서로 연결함으로써 과학적으로도 두 사람은 동심원적 관계에 있다고 기술했다. 괴테와 연결되어 있는 한, 훔볼트의 작품들도 독일 문화의 틀 내에서 해석되었다. 이렇게 그의 저작들은 언어, 형식, 내용 모두에 있어서 독일 정신을 극명하게 담은 작품으로 간주되었다.

2차 세계대전 이후 독일이 분단되고 난 후에, 서독과 동독 정부는 훔볼트를 각각의 이념적 틀에 적합한 인물로 만들어 갔다. 훔볼트만큼 분단으로 인한 '혜택'을 크게 입은 독일인은 없을 것이다. 국가는 분단되었는데 훔볼트는 동독과 서독 양쪽으로부터 새롭게 해석되면서 모두 '찬사'를 받았다. 동독은 훔볼트를 마르크스주의 사상가로 치켜세우면서 그가 아메리카의 反제국주의를 위해 노력했음을 부각시켰다. 아울러, 동독은 훔볼트를 노예제도에 대해서도 반대했던 마르크스주의자로 만들어 갔다. 특히 동독은 1959년이 국가 창립 10주년인 동시에 훔볼트의 서거 1백 주년이라는 점을 십분 활용하여 反제국주의적 노예 반대주의자로서의 훔볼트를 대대적으로 선전·홍보했다.

서독의 경우에는 동독과 다른 방향으로 훔볼트를 만들어 갔다. 그가 유대인과 우호적인 관계를 유지했다는 점을 부각시켜, 나치의 유대인 학살을 최대한 희석시켰다. 또한 훔볼트의 삶이 보여준 코즈모폴리턴적인 성격을 활용하여 자유주의자로서의 훔볼트를 서방 세계에 적극적으로 홍보했다. 이와 같이, 서독과 동독 모두 훔볼트를 활용하여 자신들의 국가적 이미지를 서구 사회에 심으려고 했다 [Rupke, 2008].

현대 독일 문학 비평

그렇다면 현대 독일 문학은 이런 영웅 만들기를 얼마나 극복했을까? 독일 작가 다니엘 켈만(Daniel Kehlman)이 쓴 《세계를 재다》[Kehlman, 2008(2005)]를 텍스트로 삼아 설명해 본다. 훔볼트와 수학자 카를 프리드리히 가우스(Karl Friedrich Gauss, 1777-1855)의 두 인물을 중심으로 이야기가 전개되는 이 작품은 출간되자마자 일약 국제적 관심을 받았다. 독일의 저명한 시사주간지 《슈피겔》(Spiegel)은 무려 35주간이나 베스트셀러 목록에 이 소설의 이름을 올렸다. 이 작품은 토머스 만 상(2008)을 비롯해 몇몇 도서 상을 받았고, 현재까지 한국어를 포함해 40개 이상의 외국어로 번역되었다. 이런 상황을 익히 아는 한국의 독일 문학 전공자들이 그냥 있을 리 없다. 이 소설에 관한 석사학위 논문은 물론이거니와 몇몇 학술 논문들이 계속 나오고 있다[배기정, 2009; 유봉근, 2010; 유현주, 2013, 박은주, 2015, 김연수, 2017].[9]

켈만의 작품에는 훔볼트와 봉플랑이 오리노코 강과 네그루 강에서 네 명의 뱃사공과 대화를 하는 장면이 있다. 그들의 이름은 카를로스, 가브리엘, 마리오, 훌리오이다. 켈만 스스로 말했듯이, 이 이름은

---

9 이 작품이 한국어로 번역된 후에야 학술 논문들이 발표되었다. 한국어 번역판 《세계를 재다》[박계수, 2008]는 몇몇 군데 치명적인 오역이 발견된다. 특히 작품의 핵심적인 메시지가 전개되는 117쪽과 277쪽은 더욱 그렇다. 독일어 원본, 프랑스어 번역판, 영어 번역판과 한국어 번역을 비교해 보면 이해할 수 있다.

라틴아메리카의 '마술적 사실주의'[Zamora & Faris, 1997]의 선구자들에서 그 이름을 따왔다. 그들은 《아우라》와 《라틴아메리카의 역사》를 쓴 카를로스 푸엔테스(Carlos Fuentes), 《백년의 고독》과 《콜레라 시대의 사랑》의 가브리엘 마르케스(Gabriel García Márquez), 《염소의 축제》와 《천국은 다른 곳에》의 마리오 요사(Mario Vargas Llosa), 《드러누운 밤》의 훌리오 코르타사르(Julio Cortázar)이다. 이 작품들은 한국어로 모두 번역되어 있다. 이 중에서 마르케스와 요사는 노벨문학상을 수상했다.

마술적 사실주의의 영향을 받은 켈만은 일단 독일과 라틴아메리카 사이의 문화융합적인 지평으로 나아가려는 문제의식을 보여준다. 하지만 《세계를 재다》는 크게 보면 독일 중심적인 틀 내에 머물러 있다. 첫째, 켈만은 아메리카의 지질, 지리, 기후, 식물과 광물 등에 대해 훔볼트가 수행했던 모든 '측정'이 훔볼트의 독자적인 노력에 의해 이루어졌다고 묘사했다. 켈만은 훔볼트가 아메리카의 크리오요 自然史학자들과 어떻게 협력했는지에 대해선 묘사하지 않는다. 대신에 그는 오리노코 강 유역에서 오랫동안 살고 있던 예수회 소속의 지이(Zea) 신부를 설정하여 훔볼트와 대비시킨다. 여전히 서구 중심적인 시선이다.

둘째, 켈만은 훔볼트가 22년간 파리에서 프랑스어로 어떻게 생활하며 저술 작업을 했는지에 대해 침묵했다. 작품에 등장하는 프랑스 인물은 훔볼트 이전에 아메리카 탐험을 다녀왔던 라 콩다민(Charles Marie de La Condamine)과 훔볼트가 탐험을 위해 만났던 부갱빌 정도이다. 가우스와 훔볼트가 작품의 중심인물인데, 파리를 다루게 되면 퀴비에와 같은 프랑스의 인물들을 가볍게 다룰 수 없기 때문이다. 이처럼 작가는 아메리카 — 에스파냐 — 프랑스 — 프로이센을 연결하려고 했던 훔볼트의 문화융합에 대해 깊게 들여다보려는 의지도 이유도 없다.

언어의 분류와 서구 석학들의 혼돈

괴테는 훔볼트와 서너 시간 대화를 하고 난 후에 그가 말한 내용을 충분히 이해하려면 수백 권의 책을 읽어야 한다고 말했다. 19세기 초에 이렇게 말했으니 그동안 인류 지식의 폭발적인 확대를 고려한다면, 현재는 얼마나 많이 읽어야 훔볼트의 세계를 이해할 수 있을까. 과문한 탓인지는 몰라도 전 세계적으로 어느 연구자도 훔볼트가 프랑스어, 에스파냐어, 독일어로 쓴 모든 저작의 분량과 규모를 파악하지 못한다. 훔볼트의 저작을 몇 권 읽고 그에 대해 논의하는 것은 그야말로 눈을 가리고 코끼리의 한쪽 다리를 만지는 것과 같다.

분량의 문제보다도 더 심각한 문제는 정작 다른 곳에 있다. 독일 중심적 관점에서 벗어나 훔볼트를 전 지구적인 맥락에서 탐구하려면 무엇보다도 먼저 그가 쓴 방대한 저작물들을 시기적으로 분류하는 것이 선행되어야 한다[부록 2]. 아메리카로 떠나기 전에 프로이센에서 독일어로 쓴 저술['HumA'], 아메리카 탐험 과정을 중심으로 파리에서 프랑스어로 쓴 저술['HumB'], 파리에서 베를린으로 돌아온 다음에 독일어로 쓴 저술['HumC'], 서구의 많은 인물들과 교환했던 편지와 개인 일기['HumD']는 시기도 다를뿐더러 글쓰기의 공간도 달랐다. 이 사실은 훔볼트 개인에게는 물론이거니와, 아메리카 自然史와 인류사에 대한 그의 인식, 유럽 自然史와 인류사에 대한 그의 입장과 관련하여 대단히 중요하다.

현상적으로 보면, HumA는 광업과 광물학, 생리학과 화학 등 자연과학에 대한 저술이 다수를 차지한다. HumB의 경우에는 한마디로 요약할 수 없다. 식물지리학, 쿠바와 멕시코의 정치경제학, 탐험기, 지질학 등 여러 복합적인 층위로 이루어진다. 독일 사람들이 제일 열광하는 《코스모스》는 HumC에 해당한다. 마지막으로 HumD는 지속적으로 발견되고 있지만, 아직도 얼마나 더 있을지 모른다. 문제는 훔볼트가 아메리카에 있는 동안 에스파냐어로 쓴 저술['HumE']이다. 최근 들어 라틴아메리카의 학자들이 멕시코의 국립문서보관소를 비롯해서 여러 곳에서 HumE를 발굴 중에 있다.

당시로는 긴 수명인 90년을 살았던 훔볼트의 저술 작업을 해독하는 데 가장 쉬운 것 같으면서도 가장 어려운 저술은 HumB이다. 그 이유는 뭘까? 훔볼트는 1799년부터 1804년까지 아메리카 自然史를 탐사했다. 문제는 그가 이 시기에 자신의 수첩에 기록했던 아메리카의 自然史와 인류사가 19세기 전반기를 거치면서 급격하게 변화했다는 데 있다. 가장 극명한 예를 든다면, 훔볼트는 세계 최초의 노예혁명의 현장인 생도맹그에는 없었지만, 혁명의 발발에 대해서는 익히 알았다. 하지만, 그는 혁명이 발발하고 난 후에 카리브 해를 비롯해서 아메리카 전역에 어떤 양상으로 전개되었는지를 모른 채로 귀국했다. 파리로 돌아온 후에도 훔볼트가 가장 관심을 가졌던 나라는 멕시코였다. 왜냐하면 그는 젊었을 때 공부했던 프라이베르크 광업학교보다 훨씬 규모가 큰 세계 최고의 광업학교를 멕시코에 설립하려는 원대한 꿈을 가졌기 때문이다.

서구의 석학들조차도 훔볼트의 저술 시기에 대해 주의하지 않음으로 해서 독자들은 더욱 혼란스럽다. 에스파냐 문학의 비평가인 프랫(Mary Louise Pratt)이 쓴, 한국어로도 번역된 《제국의 시선》[Pratt, 2008(1992)]은 이런 사례에 해당한다. 이 책의 〈6장 알렉산더 훔볼트와 라틴아메리카의 재발명〉은 이런 혼란을 명확히 보여준다. 프랫은 훔볼트의 저술에서 매우 중요한 《누에바에스파냐 왕국의 정치 에세이》[Humboldt, 1822(1811a)]와 《쿠바의 정치 에세이》[Humboldt, 2011(1826)]를 논의에서 제외시켰다고 말했다. 왜냐하면, 프랫에 의하면, 이 두 책은 정치경제학적 통계 분석, 인구학적 설명, 환경결정론에 근거해서 사회 분석을 했기 때문이다[Humboldt, 2008: 128]. 참으로 모순이다. 훔볼트의 탐험이 열대 아메리카 공간을 발명하는 데 크게 기여한 것이 사실이라면, 이 두 책을 분석했어야 한다. 하지만, 프랫은 문학 비평의 관점에서만 훔볼트를 탐구하려고 했기에 이 두 저작을 분석의 대상에서 제외시켰다.

찰스 다윈 연구에 대해 천착했던 하버드대학의 과학사학자 재닛 브라운(Janet Browne)도 예외가 아니다. 그가 쓴 《찰스 다윈》(1996 & 2003)에 의하면, 훔볼트의 《코스모스》는 다윈의 마음에서 거의 '신화적인 영역'으로 존재했다. 또한 《열대 아메리카 여행기》에서 훔볼트가 보여준 글쓰기 방식과 상상력, 과학적이고 예술적인 재능은 다윈이 《비글호 항해기》를 쓰는 데 깊이 영향을 미쳤다

[Browne, 2010a(1996): 759]. 하지만, 다윈이 이 두 종류의 책만 읽은 것은 아니다. 그는 훔볼트와 봉플랑이 파리에서 프랑스어로 쓴 《식물지리학: 열대 자연도》(1805)의 영어판 번역서(1807)도 이미 읽었다. 다윈은 훔볼트에게 《비글호 항해기》를 보내고 난 후에, 훔볼트로부터 격려의 편지를 받고 크게 고무되었다. 훔볼트에게 존경심을 넘어 경탄할 정도까지 된 것은 사실이다. 그렇다고 해서, 다윈이 훔볼트의 저작들 중에서 《코스모스》와 《열대 아메리카 여행기》만을 읽은 것은 아니다. 다윈이 《식물지리학》을 읽고도 훔볼트의 입장을 그대로 수용하지 않은 것은 자신이 앞으로 추구해야 할 종(種)의 이론에서 이 저작이 별로 필요하지 않다고 판단했기 때문이다.

프랫과 브라운을 포함하여 서구의 석학들과 훔볼트 연구자들은 그의 대표작 《누에바에스파냐 왕국의 정치 에세이》를 정밀하게 분석하지 않았다. 현재의 멕시코에 해당하는 누에바에스파냐는 미국과 유럽의 여러 나라들이 가장 첨예하게 충돌했던 정치경제적 공간이었다. 한 역사학자는 서구의 '아프리카 쟁탈'에 빗대어, '멕시코 쟁탈'이라고 표현했다[Weiner, 2014]. 이런 냉혹한 국제 정세를 모를 리가 없었던 훔볼트는 에스파냐의 이해관계에 충실하면서 멕시코를 '식민적 방법'으로 탐사했다. 이 저술은 훔볼트가 에스파냐 왕에게 헌정한 것으로 '에스파냐와 인디스의 왕, 가톨릭 황제 카를로스 4세에게 바침'이라고 적혀 있다. 훔볼트의 열대 탐험을 탐구하는 데 있어서 이 점을 결코 놓쳐서는 안 된다.

학문의 분수령을 넘다

누구에게나 인생의 분수령을 넘을 때가 있다. 학자도 마찬가지다. 린네의 탄생 3백 주년 기념행사가 유럽 곳곳에서 열렸던 2007년부터 필자는 유럽의 식물원과 自然史박물관을 지속적으로 탐방·조사했다. 베를린의 훔볼트대학을 들렀다. 대학 정문의 좌우에 두 동상이 서 있었다. 몸을 움직일 수가 없을 정도로, 형용할 수 없는 전율감이 온몸을 엄습했다.

모든 일정을 옆으로 제쳐두고 알렉산더에 대해 조사했다. 아! 한국에서도 들어봤던 '훔볼트재단'이 빌헬름이 아닌 알렉산더를 기념하기 위해 설립한 재단이라고 한다. 이런 놀라움은 10년에 걸쳐 훔볼트 연구를 수행하는 과정에서 몇 번이나 받았던 충격의 시작에 불과했다. 귀국해서 훔볼트재단의 한국 '지부'에 대해 알아봤다. 훔볼트재단의 지원을 받아 독일을 다녀온 한국 학자들 중에서 훔볼트 연구를 수행하는 사람이 한 사람도 없었다. 국내에서 훔볼트에 대한 탐구가 거의 전무한 상황에서 연구가 시작되었다.[10]

국내는 그렇다고 하더라도, 독일에서조차도 훔볼트는 대체로 《코스모스》와 《자연의 관점》을 중심으로 이해되고 있었다. 이념적인 이유로 미국 학계에서도 훔볼트 연구는 아직 초보 단계에 있다는 사실을 알았다. 무엇보다도 국내와 해외 과학사 분야의 유수한 교과서

---

10 당시에는 일본 지리학자 데즈카 아키라(手塚章)가 훔볼트 저작을 일본어로 번역한 책이 한국어로 중역되어 《훔볼트의 세계》(2000)가 소개되었을 뿐이다.

에서 훔볼트 이름은 아예 찾아볼 수 없었다.[11] 무엇이 문제일까?

약 10년간에 걸쳐 훔볼트를 탐구하면서 필자는 지금까지 해왔던 학문과는 본질적으로 다른 차원의 세계를 깨닫게 되었다. 세 층위의 인식. 가장 중심적인 인식은 이렇다. 서구는 18세기 후반에서 19세기 전반에 걸쳐서 열대 공간을 발명하면서 정체성을 만들어 갔다. 그렇다면, 한국의 지식사회는 서구적 근대의 본질을 아직도 충분히 인식하지 못한다고 말할 수 있다. 서구의 지식사회가 말한 것을 그대로 믿지 말고, 서구가 역사적으로 무엇을 어떻게 했는지를 탐구하기로 했다.

구글(Google) 사이트에서 'European and American voyages of scientific exploration'을 입력해 보자. 여기에 등장하는 수많은 인물들을 일별해서, 자신이 평소의 공부 과정에서 만난 적이 있는 사람이 몇 명인지를 확인해 보자.[12] 아마도 한국의 인문사회과학자들은 십중팔구 제임스 쿡과 찰스 다윈 외에는 거의 생소할 것이다. 자연과학자들도 자신의 전공 분야 이외에는 대체로 사정이 비슷하다.

---

11 한국의 대표적인 과학사 교과서인 《과학사신론》[김영식 & 임경순, 2007]과 《과학사의 이해》[임경순 & 정원, 2014]는 빌헬름은 언급해도 알렉산더의 이름 자체를 언급하지 않았다. 세계사학회(World History Association)에서 '최고 도서상'을 수상한, 과학사학자 매클렐란 3세와 도른이 쓴 《세계사 속의 과학과 기술》(McClellan Ⅲ & Dorn, 3rd ed. 2015)의 어디에서도 훔볼트의 이름을 찾을 수 없다.

12 https://en.wikipedia.org/wiki/European_and_American_voyages_of_scientific_exploration[2019년 5월 27일]. 훔볼트 이름은 이 사이트에도 없다. 그는 당시 서구의 정부나 공공기관의 재정적 지원으로 탐험을 다녀온 것이 아니기 때문이다.

그렇다면, 18세기 후반부터 19세기에 걸쳐 이루어졌던, 서구의 열대 탐험은 서구적 근대와 무슨 상관이 있는 것일까? 먼저 '탐험'은 '여행'과 본질적으로 다른 층위의 개념이라는 점을 강조한다. 탐험은 유럽에서 18세기 중반과 후반에 본격적으로 사용되기 시작한 용어이다[Kennedy, 2014: 1]. 물론 콜럼버스의 신세계 발견 이후로 포르투갈과 에스파냐에서 이 용어를 사용하기는 했다. 하지만, 부갱빌, 제임스 쿡, 말라스피나가 18세기 후반에 남태평양을 탐험하면서 이 용어가 유럽에서 널리 사용되었다. 이런 과정에서 탐험에 대한 전문적 지식과 기술을 갖춘 '탐험가'라는 용어가 19세기 초기에 새로 등장했다.

훔볼트와 봉플랑은 아메리카로 여행을 다녀온 것이 결코 아니다. 그들은 죽음의 위험을 무릅쓰고 열대 아메리카를 탐험했다. 한국의 독자들에게도 널리 알려진 알랭 드 보통(Alain de Botton)이 《여행의 기술》(De Botton, 2004; 2011)에서 훔볼트를 '여행가'로 분류한 것은 치명적인 오류이다. 국내외의 많은 인문학자와 지리학자들이 훔볼트의 열대 탐험을 '여행문학'의 범주로 풀어간 것은 문제의 본질을 한참 벗어난 것이다.

19세기 서구의 열대 탐험은 기본적으로 自然史의 본질을 해명하는 데 목적이 있었다. 그 과정에서 서구는 열대 自然史에 대한 욕망을 갖게 되었고 무역, 기독교화, 식민화, 문명화, 청결화를 통해 자신의 근대성을 형성하고 정립하게 되었다. 거듭 강조하건대, 열대 탐험은 서구가 열대 공간을 발명하는 데 가장 핵심적인 위상을 차지했으며, 열대 공간의 발명을 통해 서구적 근대는 형성되고 정립된 것이다

[이종찬, 2016b]. 열대 탐험이 서구적 근대와 어떤 관계에 있는지를 함수 관계로 풀어 본다.

$$Y = F(X)$$
[X: 서구의 열대 自然史 탐험, Y: 근대 공간의 발명]

$$Z = F(Y)$$
[Z: 서구 근대성 또는 정체성]

서구인들의 몸에는 이런 열대 탐험이 근대적 DNA로 내면화되어 있다. 하지만, 18세기와 19세기 조선은 단 한 번도 이런 탐험을 기획해서 실행해 본 적이 없다. 이런 '전통'을 계승한 한국인은 '열대 탐험 — 열대 공간 발명 — 근대성' 사이의 함수 방정식에 대해 초등학교에서 대학을 마칠 때까지 배우지 않는다. 전공에 관계없이 서구적 근대의 이러한 본질을 모르고 사회로 진출한다. '해양으로 나아가기를 두려워했던' 조선의 사대부 권력이나 열대 탐험에 관심이 없는 한국의 지식사회나 도긴개긴이다.

환생을 위한 다섯 가지 문턱

훔볼트는 한평생 혼자 살았다. 조선 성리학의 DNA에 의해 내면화되어 있던 18세기 조선에서 혼자 사는 남자가 용납될 수 있었을까?

아직 '성인'이 되지 않았다는 이유로 사회적 차별을 심하게 받았음에 틀림없다. 게다가 만일 그 사람이 '동성연애자'라고 한다면 어떻게 되었을까?[13] 십중팔구 '성 소수자'로 한평생 괴로워하다가 삶을 마감했을 것이다.

약 2백여 년이 지난 현재의 한국 사회는 18세기 조선과 얼마나 다른가? 또한 지금의 한국은 19세기 전후의 독일보다 과연 더 '근대적'이며 더 '선진적'이라고 말할 수 있을까? 독자들은 이런 물음에 대해 황당해할지 모른다. 과연 그럴까? 다음의 다섯 가지 '문턱'을 읽으면서 생각해 보자.

청년 훔볼트는 독일 학문의 요람인 괴팅겐대학, 독일 초기 낭만주의자들의 소통 공간인 예나대학, 해양무역의 거점 도시 함부르크의 상업 아카데미, 광물학과 지질학을 비롯한 自然史에 관한 유럽 최고의 프라이베르크 광업학교에서 미래를 위한 기초를 다졌다.

18·19세기 조선의 향교(鄕校)와 서원(書院)에서 공부했던 사대부들은 말할 필요도 없다. 2세기가 지난 지금 한국의 학자들 중에서 훔볼트처럼 20대에 네 군데 대학을 다니면서 인문학과 예술, 사회과학, 자연과학, 기술공학 분야를 모두 공부한 학자가 몇 명이나 될까? 훔볼트가 살았던 시기 독일의 대학은 '유체형' 시스템이었다. 한 대학에서만 공부하지 않고 다른 지역의 대학으로 이동하면서 공부할 수 있었다.

---

13 훔볼트가 동성연애자였는지에 대해서는 논란의 여지가 있다. 그럼에도 그가 여성보다는 상대적으로 남성에 대해 이성으로서의 감정을 더 품은 것은 분명하다.

하지만 한국은 한 대학에서만 공부해야 하는 '고체형' 시스템이다. 이런 교육체계에서는 다양한 학문들을 두루 섭렵하면서 융합적 사유를 함양할 틈조차 없다. 전국의 모든 대학을 일렬로 줄을 세우는 수직화된 대학 서열에서는 유체형 교육이 발전할 수 없다. 지방에 있는 어떤 학과나 연구소에서 아무리 세계적인 연구를 수행한다고 해도, 서울 중심적 대학체계에서 변방으로 취급된다. 청와대와 재벌 중심의 제왕적 권력 구조와 경제 질서는 정치와 경제에만 작동하는 것이 아니다. 무늬만 지방자치제인 나라에서는 대학 시스템도 마찬가지이다.

사회의 거의 모든 분야에서 '모바일' 시스템이 작동하는데도, 한국에서는 한 대학에 입학하면 같은 대학에서 반드시 졸업해야 한다. 20대에 4년은 길고 긴 시간이다! 오로지 한 대학의 공간에 갇혀서 4년간의 '동종교배'를 통해 고체형 규율에 의해 내면화되고 있다.

청년 훔볼트가 환생해서 한국의 대학을 다닌다면 자신의 꿈을 실현할 수 있을까? 한국에 근대적 대학체계가 시작된 이후로 교수도 학생도 고체형 생활문법에 철저히 길들여져 왔다. 이런 지식 공간에서 훔볼트와 같은 유목적인 융합형 인물을 배출할 수 있을까?

첫 번째 문턱부터 녹록하지 않다고 느낄 것이다. 아직 네 가지 유형의 문턱이 기다리고 있으니 길게 호흡하면서 두 번째 문턱으로 넘어가자. 그래도 나름대로 유체형 교육을 해왔다고 자부하는 대학과 학자들에게 다음 문턱은 어떨까? 청년 훔볼트는 유럽을 여행하면서 당대 최고의 열대 탐험가와 학자를 만났고 열대에 관한 예술 작품도 눈여겨 감상했다. 그리고 30대 초반에 약 5년에 걸쳐 아메리카를 누비고 다니면서 약 6만여 종에 달하는 自然史 자료를 수집했다.

한국의 대학 교수들 중에는 미국에서 박사학위를 받은 사람이 제일 많다. 그들은 이웃나라 중국과 일본의 문화-역사-지리를 거의 모른 상태에서 서구적 근대의 형식과 내용을 흡수했다. 유럽과 미국의 근대적 선구자를 중심으로 한 예술과 학문의 세계는 알아도, 근대 중국과 일본의 경우에는 거의 문외한이다. 그들은 한국어로 교육과 연구를 하면서도 서구적 계보를 갖고 있는 학문 용어들이 '동아시아 한자 문명권'에서 어느 정도로 적합한지를 고민할 겨를도 없이 전문 연구자가 되었다. 능력이 없어서가 결코 아니다. 청년기에 동아시아를 몸으로 체험하지 않은 상태에서 바로 미국과 유럽으로 건너갔기 때문이다. 더 심각한 문제는 그들이 서구 중심적 잣대로 동아시아 문명, 한국의 국제 관계, 중국과 일본의 예술과 문화를 판단하는 데 있다. 이런 지식문화의 경로를 거친 한국의 대학 교수들이 미래세대에게 유목적 융합형 지식체계를 어떤 방식으로 교육할 수 있을까. 다행히 두 번째 문턱에서도 넘어지지 않았다면 세 번째 문턱이 기다리고 있다.

세 번째 문턱은 열대 탐험이다. 이 문턱을 우회하는 길은 단연코 없다. 이 문턱에서 좌절한다면 21세기 한국의 지식체계에서는 훔볼트가 환생할 수 없을 것이다. 한국의 대학 사회는 서구적 근대의 열매를 수확하는 데 초점을 맞춘다. 열대 탐험이 어떻게 씨앗에서 성장해서 근대적 학문과 예술의 열매로 나아갔는지, 그 전체적이고 유기적인 과정을 탐구하는 데 관심이 없다. 대학에서 이루어지는 해외 연수와 관련 교육들을 보면 알 수 있다. 이런 방식은 외국어 학습과 전공 분야 중심의 교육에서 크게 벗어나지 않는다. 해외 연수는 해당

지식의 외피를 국외자로서 관찰하는 데 그칠 뿐이다. 이런 문제는 해외 연수 교육에서만 나타나는 것이 아니다. 1950년대부터 시작된 해외 유학은 '근대적 서구 따라잡기'를 여전히 반복하고 있다. 한국의 지식체계가 선진국이 가르쳐준 방식대로 운용된다면, 훔볼트와 같은 학자를 배출하기는커녕 따라잡지도 못할 것이다. 서구가 말한 방식에서 벗어나서 한국 스스로가 보편적인 지식의 재생산 시스템을 운용하려면, 현대적인 열대 탐험을 통해 '지구'를 새로운 공간적 형식과 내용으로 인식해야 할 것이다.

이러한 세 번째 문턱을 넘어설 수 있을 때 네 번째 문턱 앞에 설 수 있다. 학문적 융합이다. 앞에서도 언급했던 윌리엄 휴얼은 영미문화권에서 1833년에 처음으로 '융합'(consilience)이라는 용어를 사용했다.[14] 그는 당시 유럽의 열대 탐험에 주목하면서 융합의 개념이 필요하다고 인식했다. 융합은 열대 自然史와 불가분의 관계가 있음을 반증한다.

하지만, 한국에서는 융합의 개념적 계보학을 탐구하지도 않은 상태에서 남발하는 바람에 그 열매를 맺을 수 있을지 염려된다. 한국에서 융합에 관해 관심을 둔 학자들은 근대적 융합의 출발점인, 열대 탐험에 대해 관심이 없다. 그들의 학문적 경력을 들여다보면, 서구 대학에서 유학을 하고 돌아와 대학 교수가 된 것 이외에는 특별히 다른 것을 찾을 수 없다. 그들은 연구실과 도서관에 의존하거나 학회에서

---

14 에드워드 윌슨이 차용한 '통섭'(consilience)은 본질적으로 환원주의적 위계 구조에 근거한다는 점에서, 휴얼의 그것과 근본적으로 다르다 [Walls, Jackson & Person, 2014: 12].

의 발표와 토론을 통해 융합에 대해 이야기할 뿐이다. 게다가 그들은 훔볼트처럼 융합을 평생의 문제의식으로 실천하지도 않는다. 에드워드 윌슨의 《통섭: 지식의 대통합》(Wilson, 1998)을 어떻게 비판하건, 한평생 융합을 화두로 삼아 열대 현지 조사에 근거해서 이를 실천해 온 학자는 거의 드물다. 사태가 이렇다면 융합은 한국의 견고한 제도권 학계에서 허공을 맴돌고 있다.

마치 세계를 소중화 중심의 성리학적 공간으로 규정했던 18세기 조선 실학자들이 열대 탐험의 역사적 의미를 몰랐던 것처럼, 한국에서 융합을 이야기하는 학자들도 열대 탐험이 융합적 지식과 실천의 본질이라는 사실을 간과하고 있다. 훔볼트는 한평생 생물지리적 존재로서의 인간과 사물을 융합적인 지평에서 탐구해 왔다. 한국에서 훔볼트를 탐구하는 것이 중요하고 의미가 있는 까닭이 바로 여기에 있다. 융합은 열대 자연이라는 매우 구체적인 생물지리적 공간과 불가분의 관계를 갖는 것이다.

융합의 문턱을 넘어서면 마지막 문턱이 기다린다. 훔볼트에게 독일 사람이냐고 묻는다면 원하는 대답을 얻지 못한다. "언어는 존재의 집이다."라고 말한 하이데거의 명제를 떠올려 보자. 30년간 독일어로 살았던 그가 아메리카에서 에스파냐어로 탐험을 했고, 파리에서 22년간 프랑스어로 저술 활동을 했다. 또한 미국을 포함해서 서구의 수많은 정치인, 사상가, 학자, 외교관, 무역가, 문학가, 예술가들과 1년에 무려 3천 통이 넘을 정도로 서신 교류를 했다. 이런 훔볼트에게 어떻게 독일이라는 근대 민족국가의 표식을 붙일 수 있겠는가.

한반도에 태어났으면 평생 한국인으로 한국 땅에서 살아야 한다는 민족주의적 의식에서 자유로워진다면 이 문턱을 넘어설 수 있다. 한국의 미래세대들이 이 다섯 문턱을 넘는다면, 훔볼트는 한국에서 확실히 환생할 수 있으리라.

훔볼트 세계사를 어떻게 쓸 것인가

세계사는 언제 처음으로 '탄생'했는가? 동양과 서양의 통합을 촉발시켰던 몽골 제국의 성립(1206)을 세계사의 탄생 시기로 볼 것인가, 아니면 구세계와 신세계 사이의 식민적 문화융합이 시작된 콜럼버스의 신세계 발견을 그렇게 간주할 것인가? 만일 이 물음을 서구인들이나 서구의 역사학자들에게 던진다면, 그들은 십중팔구 후자라고 대답을 할 것이다. 서구 중심주의 세계관의 산물이다.

'해방철학'의 창시자인, 라틴아메리카의 석학 엔리케 두셀(Enrique Dussel)은 《1492년 타자의 은폐》에서 1492년은 이슬람 세계의 주변부에 불과했던 서유럽이 '탈출'했던, 근대성이 '탄생'한 해라고 단호하게 말했다[Dussel, 2011(1992): 142]. 더 나아가서 그는 아메리카 원주민인 '인디오'가 태평양을 항해해서 건너온 아시아인이라고 보았다 [125-131]. 그동안 이루어졌던 고고인류학적 연구에 비추어 볼 때, 두셀의 이런 입장은 그렇게 새로운 것은 아니다.

그럼에도, 그의 이런 논점에 주목하는 이유는, 몽골어와 만주어가 아메리카 인디오의 언어와 공통점을 갖는다고 말했던 훔볼트의 집요한 연구와 궤적을 같이하기 때문이다. 산스크리트어를 연구한 영국의 오리엔탈리스트인 윌리엄 존스(William Jones, 1746-1794)의 고고언어학에 근거해서, 훔볼트는 《아메리카 산맥의 광경과 원주민 유적》(1810)에서 아시아와 아메리카의 언어적 공통점을 밝혀내었다[Humboldt, 2012: 78 & 168].

이렇게 볼 때, 훔볼트 세계사가 한반도와 무관하지 않을 수도 있겠다고 예측하는 독자들이 있을 것이다. 곧 그 이야기가 펼쳐질 테니, 한국 사회에서 평소에 접하기 힘든 이슬람 문명에 대해 먼저 알아보기로 한다. 서구 중심적 매스미디어가 여과되지도 않은 채로 그대로 흘러들어오는 상황에서, 이슬람의 역사적 실체를 인식하기란 참으로 어렵다. 이슬람 철학과 의학을 집대성한 인물로 평가되는 이븐 시나(Ibn Sina, 980-1037), 이슬람 최고의 역사학자로 일컬어지는 이븐 칼둔(또는 할둔, Ibn Khaldun, 1332-1406), 이슬람 최고의 탐험가 이븐 바투타(Ibn Battuta, 1304-1368)는 그래도 한 번씩 들어봤다.

그렇다면, 이슬람 학자 라시드 앗 딘(Rashīd al-Dīn, 1247?-1318)은 어떨까? 한국의 고급 교양 독자라고 하더라도 '동양사'의 권위자인 김호동이 《연대기의 집성(또는 집사(集史)》》[15]을 번역하기 전까지는 이 인물에 대해 들어 보기는 쉽지 않았을 것이다[김호동 번역, 2002; 2003; 2005; 2018]. '나'도 예외가 아니다. 이 대작이 역사학계에서 새로운 조명을 받으면서[Gray, 1978; Krawulsky, 2011;

---

15 그가 제자들과 함께 집필했다는 견해를 비롯해서, 이 방대한 저작을 실제로 누가 썼는지에 대해서는 의견이 엇갈린다.

Kamola, 2019], 몽골 제국의 세계사적 의미를 규명하려는 노력이 이루어지고 있다[김호동, 2010; 岡田英弘, 1992; 杉山正明, 1999 & 2011]. 하지만 이런 성과는 아직까지는 세계사학계에서 강력한 힘을 갖기에 아직 미흡해 보인다.

서구 중심주의적 세계사를 비판하는 국내외의 연구자들조차도 세계사의 탄생 시점에 대해서는 거의 관심을 두지 않는다.[16] 중화(中華)주의 역사학자들도 마찬가지다. 중국의 역사학자들은 '대원(大元) 제국'을 원나라로 축소하면서, 의식적이거나 무의식적이거나 간에, '몽원(夢元) 제국'의 성립을 동양사 또는 중국사의 영역으로 간주한다. 김호동에 따르면, 이는 역사적 사실이 아니다. '대몽골 울루스'의 한자어에 해당하는 대원은 쿠빌라이 칸이 스스로 불렀던 명칭이다. 대원은 "쿠빌라이가 중국을 중심으로 건설한 나라가 아니라, 실은 러시아에서 태평양에 이르기까지 유라시아 거의 전역을 포괄하던 몽골 제국 그 자체를 가리키는 것"이다[김호동, 2006: 227]. 이렇게 국내외를 막론하고 한편으로는 서구 중심주의, 다른 한편으로는 중화주의 역사로 인해, 몽원 제국의 세계사적 의미를 깊이 통찰하지 못하고 있다.

그런데, 서구 중심주의와 중화주의 역사학에서는 합의될 수 없는, 세계사의 탄생 시점은, 自然史의 지평에서 보면 어느 정도 실마리가 풀릴 수 있다.

---

16 국내 연구로는 이민호(2002), 차하순(2007), 최갑수(2000), 강성호(2010), 김응종(2007), 김택현(2012), 한국서양사학회(2009)를, 해외 연구로는 Abu-Luhgod(1991), Frank(1998), Hodgson(1993), Manning(2003)을 볼 것.

14세기 중엽 유라시아에서 가장 크게 창궐했던 흑사병(Black Death)은 동양과 서양을 처음으로 통합시킨 세계사적 힘이다[Le Roy Ladurie, 1978]. 하지만, 인류사 중심의 역사학자들은 이런 파국적 自然史를 중세 서양의 역사로 해석하거나[Herlihy, 1997], 몽골 제국의 성립으로 촉발된 동양과 서양의 무역 교류에서 파생했던 전염병의 창궐로 이해한다[McNeill, 1977].

역사적으로 질병은 원래 自然史의 탐구 영역이었다. 근대 의학이 본격적으로 시작되었던 18세기 말 이전의 서양이나 19세기 말에 본격적으로 시작된 동양이나, 질병을 치료했던 사람들은 본질적으로 自然史학자였다. 《향약구급방》, 《의방유취》, 《향약집성방》, 《동의보감》, 《본초강목》의 저자들은 모두 본질적으로 自然史학자였다. 하지만, 한국의 의사학(醫史學) 연구자들은 이런 사실에 주목하지 않는다.

세계적으로 수천만 명에서 수억 명에 이를 정도로 사망자를 발생시켰던 전염병은 흑사병을 제외하고 없었다. 더 나아가서 自然史에서 이런 참혹한 대재앙이 전 지구적으로 어디에 또 있었는가? 전염병의 창궐은 좁게는 의사학의 관점에서, 더 넓게는 自然史의 차원에서 이해될 때, 그 역사적 의미를 더욱 확실히 인식할 수 있다.

이와 같이 인류사의 차원에서는 몽골 제국의 성립이, 自然史의 지평에서는 흑사병의 창궐이, 세계사의 탄생에서 가장 핵심적인 두 역사적 힘이 된다는 점을 알 수 있다.

그렇다면, 한반도에 역사가 생긴 이래로, 세계사적 역사의식을 역사심리학적으로 가장 명징하게 표출했던 시기는 언제였을까? 대원제국의 통치 기간과 맞물려 있던, 14세기 고려 후기에서 명(明)나라의 등장과 궤도를 같이했던 조선 초기까지였다. 어떤 근거로 이렇게 말할 수 있을까? 『混一疆理歷代國都之圖』(혼일강리역대국도지도, 태종 2년, 1402)가 그 확실한 지도학적 사료가 될 수 있다.

무엇보다도 이 지도는, 조선, 중국, 일본을 비롯해서 콜럼버스의 신세계 발견 이전의 아프리카, 유럽, 아랍, 동남아시아와 인도와 스리랑카를 모두 포함한다. 19세기 후반에 서구 열강들이 본격적으로 조선에 개입하고 난 후에도, 조선의 지배층들은 이런 세계 지도를 자력으로 보여주지 못했다. 앞에서도 말했듯이, 한 장의 지도가 그것을 구축했던 역사의 핵심적인 부분이라면, 이 지도는 이를 기획했던 당대 조선 지배 계층의 역사심리학적 세계관을 여실히 보여준다[이종찬, 2016b: 549-554].

조선의 태조 이성계는 아버지와 할아버지가 모두 몽골식 이름을 갖고 있었고 몽원 제국의 문화역사지리적 공간에서 성장했다. 이러한 가족사에 내재된, 조선을 건국했던 가문의 역사심리적 정체성을 고려할 때, '왕자의 난'을 일으켜 권력을 쟁취했던 태종이 몽원 제국의 역사적 의미를 이 지도에 어떤 형태로든지 표현하려고 했음을 충분히 이해할 수 있다.

여기서 강조하고 싶은 것이 있다. 몽원 제국이 세계사의 탄생 시기임을 거부할 수 없다면, 고려에서 조선으로의 역사적 전환은 이러한 세계사의 탄생과 맞물려 이루어졌다는 점이다. 한국사를 세계사의 지평에서 서술할 수밖에 없는 역사적 정당성이 바로 여기에 있다.

그런데, 약 5백여 년의 세월이 지나가면서 세계사에 대한 인식이 조선 지배 계층에서 퇴보했음을 알 수 있다. 앞에서도 언급했듯이,

조선이 전 지구적인 열대 해양무역 네트워크로부터 스스로 고립되면서, 조선의 지배 계층은 세계사의 맥락에서 자신의 위상을 인식하려는 의지가 퇴화되고 말았다.

두 가지 역사적 힘이 18세기 조선과 일본의 갈림길을 결정적으로 촉발시켰다[이종찬, 2014a: 5장 & 2016b: 7장]. 첫째, 전자는 열대 自然史에 어떤 관심도 갖지 못했던 데 비해, 후자는 동남아시아와 네덜란드와의 해양무역을 통해 열대 自然史를 근대의 토대로 삼았다는 점이다. 둘째, 전자는 열대 해양무역 네트워크로부터 스스로 고립되었던 데 반해, 후자는 적극적으로 이 네트워크를 만들어 갔다는 점이다. 열대 自然史의 거대한 보고(寶庫)로부터 경제적 효용성의 개념을 발견한 사회와 그렇지 못한 사회는 이후로 서로 다른 길을 걷게 되었다.

일본의 난학자들은 이 과정에서 기존에 중국 한자에는 없었던 무수히 많은 서구의 개념들을 일본식 한자로 '발명'했다. 프랑스 철학자 미셸 푸코(Michel Foucault)는 《말과 사물》에서 '언어, 경제(노동), 생명(自然史)'이 18세기의 주요 에피스테메로 어떻게 유기적으로 결합되었는지를 치밀한 논리로 풀어내었다[Foucault, 1966]. 그는 '열대'라는 개념을 언급하지 않았는데, 그의 책에서 自然史는 바로 열대 自然史를 뜻했다. 푸코의 논법을 파악한 독자라면 열대 自然史의 수많은 '말'들이 일본식 한자로 '번역'되면서, 근대적 일본을 어떻게 추동시켰는지를 이해할 것이다. 이런 번역 문화를 체험하지 못했던 한국은 일본이 발명한 개념을 아직도 학문 전 분야에서 그대로 사용하고 있다.

철학자 프리드리히 니체의 논법을 다소 빌면, 18세기 동아시아 세 나라의 열대에 관한 인식은 다음과 같이 표현할 수 있다. "조선은 중화의 학교에 깊이 빠져 있어서 열대의 학교가 있다는 것조차도 몰랐다. 청나라는 열대의 학교를 제쳐두고 유라시아의 학교를 종횡무진 달렸다. 도쿠가와 막부(幕府)는 동아시아보다는 열대의 학교를 통해 유럽을 배우기 시작했다."

문제는 그다음이다. 일제 강점기를 거쳐 해방 이후 지금까지 한 세기가 흘러가면서 역사학이 크게 발달했음에도 불구하고, 세계사에 관한 교육, 연구, 시민적 의식은, 3장 마지막 부분에서 논의하게 될, '헤겔 역사철학'의 경계를 여전히 벗어나지 못한다는 점이다. 서양사 분야의 석학 최갑수에 의하면, 한국사 전공자들은 한국 역사학의 성취를 거의 독차지하고 있어서 구태여 한국사를 세계사의 지평에서 탐구해야 할 절박함을 느끼지 못한다[최갑수, 2000]. 극히 예외를 제외하고 동양사 전공자들도 마찬가지다. 서양사 전공자들은 서구 중심주의를 극복하기 위해 세계사의 필요성에 대해 목소리를 높여 왔다. 하지만, 그들은 대안을 찾는 데 여전히 어려움을 겪고 있다. 이것이 한국 고등학교 교과서《한국사》,《동아시아사》,《세계사》에서 서술되고 있는 열대 自然史의 현주소다.

돌이켜보면,《열대의 서구》와《의학의 세계사》에서 시작된, 세계사에 관한 필자의 역사심리학적 문제의식은《파리식물원에서 데지마박물관까지》와《난학의 세계사》를 통해 시행착오의 과정을 겪었다. '열대의 세계사'라고 이름을 붙여도 합당한,《열대의 서구, 朝鮮의 열대》에서, 필자는 열대 自然史와 인류사의 융합이야말로 역사학이 세계사로 '양자(量子) 도약'을 하는 데 가장 중추적인 문제의식이라고 논의한 적이 있다.

지난 10년간의 이런 연구 과정을 반추하면서, 훔볼트 세계사를 탐구한다. 이런 시도는 독일은 물론이거니와 유럽과 미국 그리고 그가 탐험했던 라틴아메리카 어디에서도 지금까지 없다. 이미 1장을 읽은 독자들은 본 저서가 그에 대한 평전과 완전히 구별된다는 것을 이해할 것이다. 2장과 4장을 읽게 되면, 훔볼트의 삶이 한국의 미래세대가 앞으로 감당해야 할 역사적 현실과 어떻게 맞물릴 수 있는지에 대해 생각하게 된다. 2장은 프로이센의 한 청년이 자신의 꿈을 성취하기 위해 어떻게 열대 탐험을 준비해 갔는지를 설명한다. 4장은 훔볼트와 봉플랑이 열대를 탐험하는 과정에서 식민적 문화융합을 어떻게 실행했는지를 보여준다. 3장과 5장은 훔볼트 시대 세계사의 실과 바늘 관계를 탐구한다. 역사철학의 관점에서, 3장은 오랫동안 역사에서 은폐되어 왔던 콩고-아이티 노예혁명, 설상가상으로 더 중첩적으로 은폐되었던 황열의 自然史를 세계사의 전면에 내세운다. 5장은 '아메리카 탐험, 훔볼트과학, 낭만주의 예술' 사이의 공명에 주목하면서, 열대 自然史혁명의 속살과 껍질을 규명한다.

2장

융합 교육과 유럽 여행

내 삶을 알고 싶다면, 내가 쓴 글에서 찾아라.

— 훔볼트

자연의 아름다움과 自然史의 유용한 효과는 서로 결합되어 있다.

— 조르주 뷔퐁

2장
융합 교육과 유럽 여행

어머니의 일생과 자녀 교육

18세기 말 프로이센에 살았던 한 여인이 두 남편의 묘를 베를린의 교외에 이장하면서 자신도 여기에 함께 묻히게 해달라고 유언을 남겼다. 이 여인은 첫 남편에게서 아들 하나를 두었는데 남편이 세상을 떠나고 말았다. 슬픔의 시간이 흐르고 난 후에 그녀는 프로이센 왕과도 가까웠던 귀족 계급의 한 남성과 다시 결혼해서 두 아들과 딸이 태어났다. 하지만 딸은 어린 나이에 이 여인의 곁을 떠났다. 불행은 이 여인을 이번에도 그냥 내버려두지 않았다. 둘째 아들이 아홉 살이 되던 해에 두 번째 남편과도 사별했다. 그 이후로, 그녀는 남은 인생 전체를 두 아들의 교육과 미래에 쏟았다. 이번에는 공포의 '암'이 그녀를 엄습했다. 결국 55세가 되던 1796년에 세상을 떠났다.

안타깝게도 두 아들 모두 임종을 지켜보지 못했고 장례식에도 참석하지 못했다. 친정아버지와 두 남편으로부터 엄청난 유산을 물려받았지만, 이 여인은 세상을 떠나는 날까지도 외로웠다. 이 여인의 원래 이름은 콜롬(Maria Elisabeth Colomb)이며, 두 번째 남편의 이름은 알렉산더 게오르크(Georg) 폰 훔볼트이다. 알렉산더는 이 부부의 둘째 아들이며 빌헬름은 두 살 터울의 형이다.

어머니는 정규 학교 대신에 실력이 있는 선생들에게 가정교사를 맡겼다. 수업이 빌헬름을 중심으로 이루어지면서, 알렉산더는 수업에 큰 흥미를 갖지 못했다. 어린 시절의 두 살 터울은 지적인 발육 과정에서 차이가 나게 마련이다. 동생이 보기에도 어머니는 형에게 관심이 더 있어 보였다. 알렉산더의 눈길은 수업보다도 창문 너머 바깥으로 향했다. 그는 집 주위의 오솔길과 숲속을 뛰어다녔다. 어릴 때부터 자연과 친숙해졌다. 이런 성장 과정을 거치면서 알렉산더는 항상 궁금해했다. "울타리를 넘으면 어떤 세계가 존재할까?" 뿐만 아니라, 형으로부터 멀리 떨어져 살아야겠다는 생각도 들었다. 형과 더불어 꿈을 실현하겠다는 동생이 있는가 하면, 그 반대인 경우도 있다. 알렉산더가 그랬다.

광업의 낭만주의적 상상력

훔볼트는 20대에 무엇을 공부하고 고민했기에 30세에 아메리카로의 탐험을 실행할 수 있었을까? 어느 사회를 막론하고 20대는 자신이 따르고 싶은 인생의 모델이 있기 마련이다. 당시 프로이센에서는 프리드리히 안톤 헤이니츠(Friedrich Anton von Heynitz, 1725-1802)가 선망의 대상이었다. 그는 중앙집권적인 관료체제인 '관방주의'(cameralism)에서 성공한 인물이었다. 다 같은 절대왕정 체제에 기초하면서도 영국의 중상주의(mercantilism)와 달리, 관방주의는 프로이센의 독특한 관료체제를 의미했다[Small, 1909; Wakefield,

2009]. 관방주의가 반드시 프로이센에서만 발달된 것은 아니지만, 이 제도는 프로이센을 중심으로 발달되었다.

그런데 프로이센 관방주의의 주요 산업적 토대는 지질학에 기초한 광산업이었다. 지질학은 18세기 말 유럽에서 떠오르는 학문 분야였다[Laudan, 1987; Porter, 2009(1977); Rudwick, 2014]. 1797년도에 발행된 브리태니커(Britannica) 백과사전에는 지질학에 관한 항목이 없었다가 1810년도 판에 이 항목이 포함이 된 것도 이런 사정과 관련된다. 프로이센 청년들이 헤이니츠와 같이 관방학을 열심히 공부하여 관료가 되기를 갈망한 것은 당연했다. 훔볼트도 예외가 아니었다. 그는 1787년 가을부터 1788년 봄까지 프랑크푸르트대학에서 관방학을 공부한 다음에, 1789년 4월부터 1790년 3월까지 형 빌헬름이 공부하고 있던 괴팅겐대학으로 가서 물리학과 화학을 중심으로 공부했다.

지질학에 기반한 광업학은 한국의 대학체계에서는 수재들이 모여든 적이 거의 없었기에, 한국에서 프로이센의 이런 흐름을 이해하기가 쉽지 않다. 현재 과학기술학 분야에서 세계적인 석학인 브뤼노 라투르(Bruno Latour)가 한때 파리에 소재한 광업학교 교수였음을 기억한다면, 그 의미를 다소 이해할 수 있을 것이다. 특히 서구, 중국, 러시아가 아프리카의 광물 자원 획득에 혈안이 되어 있는 현재의 상황을 고려한다면, 광업학은 현재도 여전히 중요한 학문 분야임에 틀림없다.

훔볼트가 파리에서 프랑스혁명의 현장을 체험하고 돌아왔을 때, 어머니는 아들의 출세를 위해 함부르크 상업 아카데미(Handelsakademie)

에서 공부할 수 있도록 준비를 해두었다. 어머니의 배려를 거절할 수 없었던 훔볼트는 1790년 여름부터 1791년 봄까지 무역을 중심으로 공부를 했다. 함부르크에서 공부한 것은 나중에 멕시코의 사회경제와 인구를 조사할 때 이론적 바탕이 되었다.

훔볼트는 먼 지역으로의 自然史 탐험을 준비하기 위해서 본격적인 공부에 들어갔다. 그는 작센 지역의 프라이베르크(Freiberg) 광업 아카데미를 선택했다. 두 가지 이유 때문이었다. 자신이 선망했던 헤이니츠가 이 학교를 설립했을 뿐만 아니라, 당대 유럽 최고의 광물학자이며 지질학자인 아브라함 베르너(Abraham Gottlob Werner)가 이 아카데미의 책임자로 부임했기 때문이었다. 훔볼트의 자연관에 영향을 미친 베르너와의 인연이 시작되었다[Klein, 2011: 29]. 이 아카데미는 전 유럽에서 광산업을 공부하려는 청년들이라면 유학하기를 원했던 교육기관이다[Luadan, 1987: 87]. 베르너는 당대의 유럽 지식인들에게 널리 영향을 미쳤다. 예를 들어 18세기 영국 계몽주의의 중심지였던 에든버러의 로버트 제임슨(Robert Jameson)은 '베르너 自然史학회'(Wernerian Natural History Society)를 1808년에 설립했을 정도로 저명한 自然史학자들과 학술적인 교류를 지속했다.

18세기 초 러시아, 보헤미아, 헝가리를 중심으로 광업학교들이 생겨났고 1762년에 프라하대학에서 광물학 교수가 처음으로 임명되었다. 그렇지만, 더욱 조직화되고 규모가 큰 광업 아카데미는 프로이센 정부가 1765년에 설립한 프라이베르크가 최초이다. 이후 헝가리의 광업 도시인 셈니츠(Schemnitz, 1770), 베를린(1770), 러시아의 상트페테르부르크(1773), 에스파냐의 알마덴(Almaden, 1777)과 파리(1783) 등에 광업 아카데미들이 생겨났다. 또한 에스파냐가 식민지 배를 위해 1757년에 페루의 포토시(Potosi)에 설립했던 광업학교는 1779년에 포토시 광업 아카데미로 바뀌었다[Brianta, 2000: 292]. 뒤이어 에스파냐는 멕시코에 누에바에스파냐 광업 아카데미를 설립(1792)했는데, 이 아카데미는 훗날 훔볼트가 멕시코의 광물 분포를 조사하는 데 인적·물적 자원을 제공했다.

산업혁명의 발달로 기술이 관방학에서 매우 중요한 위치를 차지하면서, 기술에 대한 독일 귀족들의 입장이 바뀌었다. 괴테와도 친했던 귀족 가문의 트레브라(Friedrich Wilhelm Heinrich von Trebra)는 프라이베르크 아카데미의 첫 번째 학생이 되었다. 여기서 공부한 그는 광업을 담당하는 관료가 되었으며 작센 지방의 작은 도시 마리엔베르크(Marienberg)에서 근무를 시작했다. 이런 소식은 드레스덴(Dresden) 광업청에 큰 화젯거리가 되었다. 왜냐하면, 이때까지는 어느 귀족도 광업과 같은 기술적인 분야에서 일을 한 적이 없었기 때문이다. 이후로 독일의 귀족들이 기술 분야로 점점 더 진출했다[Klein, 2011: 35].

현재 독일의 기술은 세계적으로 최고를 자랑한다. 한국인들은 가정에서 독일 기술이 가져다주는 생활의 편리함을 마음껏 누린다. 그렇지만, 독일 귀족들이 18세기 후반부터 기술 분야에 직접 종사했다는 점에 대해서는 주목하지 않는다. 같은 시기 조선 성리학자들과는 판이하게 달랐다.

독일의 초기 낭만주의 시인 노발리스(Novalis).[1] 이 이름은 '새로운 땅을 개척하는 사람'을 의미한다. 29세에 요절한 그는 1777년부터 프라이베르크의 지하 광산에서 채굴을 하면서 광물학을 공부했다. 자신의 문학 세계를 응축한 작품 《푸른 꽃》에서, 노발리스는 광부들의 일상적 삶을 이루는 노래를 들려준다.

땅의 깊이를 재며
땅의 품속에서
어떤 어려움도 잊는 사람,
이런 사람이 땅의 주인이네[Novalis, 2003: 99]

광산 생활과 공부가 거의 끝나 가던 1799년 1월에, 그는 카롤린 슐레겔(Caroline Schlegel)[2]에게 편지를 썼다. "이제부터 나의 모든 인생은 기술입니다." 기술은 독일 낭만주의의 상상력을 촉발시켰다.

괴테도 이런 흐름을 익히 알고 있었다. 그는 "경제적인 관찰과 기술적인 관찰에 대한 즐거움은 내 삶에서 가장 핵심적인 부분이다."라고 고백했다[Klein, 2011: 35]. 이와 같이 기술은 독일 사회에서 어떤 특정 분야가 아니라, 낭만주의 사상가들에게 깊은 영향을 미칠 정도로 독일 지식인 문화의 핵심적인 위상을 차지했다.

---

1 노발리스는 하르덴베르크(Friedrich von Hardenberg)의 필명이다.
2 그는 원래 아우구스트 슐레겔(August Wilhelm Schlegel)의 부인이었다가 헤어진 후에 셸링(Friedrich Wilhelm Joseph Schelling)과 결혼했다.

열대 自然史 탐험의 전환점에 서다

훔볼트는 《코스모스》에서 자신이 열대 탐험을 향한 결심을 굳히는 데 세 가지 결정적 사건이 있었다고 털어놓았다. 게오르크(Georg) 포르스터의 남태평양 탐험, 윌리엄 호지스(William Hodges)의 갠지스 강 풍경화, 그리고 용혈수와의 대면[Humboldt, 1997: Ⅱ: 20].

> 비록 동인도 제도나 서인도 제도의 식민지와 아무런 직접 연관성이 없는 나라에서 교육을 받았지만 … 해양을 통해 먼 지역으로 여행을 하고 싶은 열정이 내 몸 안에서 점점 강렬해지고 있음을 느꼈다[Löwenberg, 2012(1873): 27].

이 세 가지 사건을 차례로 살펴보자.

게오르크 포르스터는 제임스 쿡 함장의 2차 세계 일주(1772-1775)에 自然史학자로 참여했던 인물이다. 아버지 요한 포르스터와 함께 自然史 탐험에 참여했던 게오르크는 남태평양을 다녀온 후에 《세계 일주 탐험기》[Forster, 2000(1777)]를 런던에서 영어로 출간했다. 훔볼트는 이 탐험기를 읽으면서 열대 '남양'(南洋)으로 떠나고 싶은 강렬한 욕망에 사로잡혔다. 이 여행기는 유럽 탐험문학의 새로운 좌표를 제시한 것으로 평가된다[Forster(Thomas), 2000].

이와 함께 훔볼트가 즐겨 탐독했던 또 하나의 탐험기는 제임스 쿡이 자신의 세 번째 탐험을 같이 했던 해군 장교 제임스 킹(James King)과 함께 쓴 《태평양 항해》(1784)이다. 훔볼트는 이 탐험기를 읽으면서 더욱더 열대 탐험을 하고 싶었다.

게오르크 포르스터는 20대 초반에 일약 런던왕립학회 회원(1777)이 되었다. 게다가 24세에 헤센의 自然史 교수가 되어 당시로는 큰 액수인 450탈러(thaler)[3]를 월급으로 받았다. 칸트가 46세가 되어 교수로 임명되었을 때 받은 월급과 얼추 비슷했을 정도로, 이 여행기는 포르스터에게 명예와 부를 안겨다 주었다[Krockow, 2005: 401].

아버지처럼 게오르크는 칸트의 자연지리학을 배웠고 역사지질학의 중요성에 주목했다. 또한 식생(vegetation)이 식물에 미치는 물리적 환경을 이해하는 데 중요한 개념이라고 파악했다[이종찬, 2009a: 72]. 포르스터는 풍경화를 동판화로 제작하는 데도 남다른 재주를 보였다. 훔볼트는 自然史에 대한 포르스터의 지식은 물론이거니와 自然史를 예술적으로 묘사하는 연구 방법도 적극적으로 받아들였다. 포르스터가 런던에 간다는 이야기를 듣고 훔볼트도 따라나섰다. 라인 강을 따라 출발한 두 사람은 지금의 네덜란드와 벨기에를 거쳐서 영국으로 건너갔다. 돌아오는 길에 프랑스혁명의 소용돌이에서 휩쓸리고 있던 파리에서 저명한 自然史학자들을 만났다.

여행을 함께 하면서 포르스터는 남태평양에서 경험했던 열대 식물과 풍토, 유럽인과는 전혀 다른 종족에 대해 훔볼트에게 들려주었다. 갓 20세를 넘긴 청년 훔볼트가 이런 이야기를 들으면서 마음이 얼마나 벅찼을까!

이 여행은 포르스터의 개인 인생에도 중요한 의미로 다가왔다. 독

---

3 탈러는 당시 유럽에서 공식적으로 사용되었던 화폐 단위이다.

일어로 쓴 《1790년 4월, 5월, 6월에 여행했던 라인강 하류, 네덜란드, 벨기에, 영국, 프랑스의 광경》은 사람들에게 대단한 인기를 끌었다. 이 여행기에서 포르스터는 라인 강 하류 주위의 성당과 미술관, 네덜란드와 벨기에의 건축과 미술, 영국과 프랑스 미술사 등 유럽 미술에 대한 해박한 지식을 풀어놓았다[Kulterman, 2001: 168]. 또한 그는 파리에서 프랑스혁명의 열기를 온몸으로 체득했다. 이런 체험은 훗날 자신의 고향 마인츠의 독립 운동에 대한 헌신으로 연결되었다. 하지만, 그의 노력은 무위로 돌아갔고 40세에 병으로 세상을 떠났다.

훔볼트는 포르스터가 이룩한 성취에 대해 다음과 같이 적었다.

> 포르스터는 과학적 탐험의 새로운 시대를 열었으며, 탐험의 목적은 다른 나라들의 역사와 지리를 비교하는 데 있었다. 우아한 예술적 감성과 미술 작품에 대해 놀라운 안목을 갖고 있는 … 포르스터는 처음으로 식생이 서식지에 따라 변화하는 과정, 그리고 지리적 차이에 따른 기후와 음식의 인류 문명에 대한 영향을 유쾌한 색채로 담아내었다 [Humboldt, 1997: Ⅱ: 80].

훗날 《코스모스》에서, 훔볼트는 3개월간 포르스터와 함께 다녔던 유럽 여행이 열대 탐험의 의지를 갖는 데 중요한 전환점이 되었다고 고백했다[Humboldt, 1997: Ⅱ: 20]. 그만큼 포르스터가 향후 훔볼트의 아메리카 탐험과 저술 방향에 미친 영향은 중요하고 컸다.

런던, '열대 식물원 네트워크'의 허브

제임스 쿡 함장의 세 차례에 걸친 세계 일주는 영국이 프랑스를 비롯한 유럽 여러 나라와의 열대 탐험 경쟁에서 주도권을 잡기 위해 이루어졌다[이종찬, 2009a]. 그 중심에 조셉 뱅크스라는 걸출한 인물이 있었다. 훔볼트는 포르스터의 소개로 뱅크스를 만났다. 쿡 함장의 1차 세계 일주(1768-1771)를 기획하고 직접 이끌었던 뱅크스는 어떤 인물인가? 그는 영국이 세계적으로 자랑하는 왕립학회(Royal Society, 1662) — 뉴턴(Isaac Newton)이 12대 학회장이었다 — 에서 가장 오랫동안 학회장(1778-1820)을 맡았다. 인도와 동남아시아에 대한 영국 제국주의의 물질적 토대가 되었던 동인도회사의 총재이기도 했고, 영국이 주도했던 열대 식물원 네트워크의 허브였던, 왕립 큐(Kew) 식물원 원장을 죽을 때까지 맡았다. 또한 영국의 아프리카 식민화의 첨병 역할을 맡았던 아프리카협회(African Association, 1788)의 설립을 주도했다.

이렇게 영국의 근대 역사에서 중요한 인물임에도, 뱅크스는 그동안 한국의 역사학 교육과 연구에서 '은폐'되어 왔다. 제임스 쿡은 한국의 어린이조차도 알지만, 그의 세계 일주를 실제로 추진했던 뱅크스에 대해서는 과학사와 역사학 전공자들도 거의 들어본 적이 없다. 그러다 보니 세계 일주의 핵심이 열대 탐험이라는 사실에 주목할 수가 없었을 것이다.

런던에 있는 기간에 훔볼트는 인도의 식민총독 중에서도 악명이 높았던 헤이스팅스(Warren Hastings)를 방문했다. 그는 여기서 총독의 지원을 받았던 윌리엄 호지스가 그린 작품,〖그림 2-1. 갠지스 강가의 헤이스팅스 총독 부인〗(166쪽 볼 것)을 보았다. 쿡 함장의 2차 남태평양 항해에 참여했던 호지스는 타이티의 풍경화를 소개함으로써 열대 풍경화의 새로운 흐름을 주도했다[Smith, 1985: 62-65]. 그는 인도에 6년간(1778-1783) 체류하면서 많은 열대 풍경화 작품을 남겼다. 훔볼트는 대중적 인기를 끌었던 호지스의《인도 여행기》(Travels in India, 1783)를 읽으면서 열대를 탐험하겠다는 의지를 한번 더 다졌다[Humboldt, 1997: Ⅱ: 20].

파리, 유럽 과학의 수도

훔볼트의 열대 탐험에서 에메 봉플랑은 바늘과 실의 관계와도 같은 인물이다. 파리에서 두 사람이 만나지 않았더라면 훔볼트의 5년간에 걸친 아메리카 탐험은 어떻게 달라졌을까?

훔볼트는 아메리카로 떠나기 이전에도 파리의 탁월한 탐험가, 自然史학자, 수학자들과 교류를 했다. 훗날 自然史에 관해 훔볼트와 대립적 입장을 취하는 조르주 퀴비에, 나폴레옹이 두려워했던 수학자 라플라스(Pierre-Simon Laplace), 남태평양을 탐험하고 돌아온 부갱빌, 프랑스혁명에 참여해서 사형을 당했던 화학자 라부아지에(Antoine-Laurent de Lavoisier), 이집트 탐험에 참여한 自然史학자 생틸레르(Étienne Geoffroy Saint-Hilaire), 훔볼트와 지속적인 교류를 하게 되는 물리화학자 게이뤼삭(Joseph Louis Gay-Lussac), 나폴레옹을 지지해서 교육부장관의 자리에 오르는 화학자 푸르크루아 (Antoine François Fourcroy) 등이 여기에 포함된다. 괴테도 탄복할 정도로 훔볼트의 교류와 소통의 범위는 그의 독서의 범위만큼이나 폭넓었다.

아메리카 탐험을 마치고 파리로 돌아온 이후에, 훔볼트와 봉플랑은 《식물지리학》을 공동으로 저술했다. 그 방대한 《열대 아메리카 여행기》도 함께 저술했다. 훔볼트 혼자서 쓴 저술이 결코 아니다! 봉플랑은 훔볼트와 함께 5년간 아메리카에서 죽을 고비를 몇 번씩 함께 넘겼다. 독자 자신을 봉플랑이라고 생각해 보자. 역사가 자신을 기억에서 지우고 오로지 훔볼트만 기억한다면 얼마나 참담할까? 열대 탐험은 봉플랑과 훔볼트의 협력으로 이루어졌음을 분명히 기억하자.

베를린식물원의 열대 용혈수

정확한 관찰과 정밀한 측정은 훔볼트가 베르너로부터 배웠던 학문적 지침이다. 그는 두 가지 지침을 한평생 철두철미하게 지켰다. 이렇게 미래를 준비한 그는 1792년 2월에 베를린으로 돌아와서 프로이센 광업청의 관료로 임명되었다. 임명장에는 이렇게 적혀 있다. "알렉산더 훔볼트는 프로이센 황제를 위해 수학, 물리학, 自然史, 화학, 기술, 광업, 야금술, 상업 분야에서 이론적으로나 실천적으로 필요한 지식을 갖추었다."[Löwenberg, 2012(1873): 34]. 自然史와 자연과학, 기술, 상업에 관해 이론적 지식과 실천적 기술을 갖춘 그가 사무

실 책상에서만 일하는 데 흥미를 느낄 리가 없었다. 친구에게 연필만 사용하는 사무적인 일은 따분하다고 털어놓은 그는 마침내 프로이센을 떠나기로 결심했다.

훔볼트는 베를린에 있을 때에 自然史와 의학을 공부하고 베를린 식물원에 근무하던 카를 빌데노프(Carl Ludwig Willdenow, 1765-1812)를 찾아가서 만났다. 그는 나중에 빌데노프 자녀들의 대부가 되었을 정도로 두 사람은 친해졌다. 네 살 많은 빌데노프는 훔볼트에게 식물의 지리적 분포가 위도와 산의 고도에 따라 다르다는 사실을 가르쳐 주었다.

당시 프로이센의 저명한 식물학자였던 빌데노프는 훔볼트에게 '용혈수'(dragon tree)라고 불리는 나무를 보여주었다. 《그림 2-2. 테네리페 섬의 용혈수》(167쪽 볼 것)가 보여주듯이, 아주 큰 용혈수의 경우 키가 무려 20미터에 가깝고 지름이 5미터가 되는 이 나무를 직접 보지 않고 설명하기란 쉽지 않다. 수명도 약 6백 년이다. 그는 아메리카로 항해 중에 들렀던 테네리페 섬에서 실제로 봤다.

아메리카 탐험을 마치고 돌아온 훔볼트와 봉플랑은 《식물지리학》을 집필하면서, 빌데노프의 《식물학원론과 식물생리학》(1872)을 면밀하게 검토했다. 왜냐하면 빌데노프가 개정판에서 기후가 식물의 지리적 분포에 영향을 미칠 수 있다는 점을 추가했기 때문이다 [Dobat, 1987: 154-155]. 두 사람은 빌데노프의 이론을 적극적으로 수용함으로써, 《열대 자연도》에서 기후와 식물지리학의 상관성을 심도 있게 다룰 수 있었다.

괴테의 자연 탐구

예나는 1790년대에 독일의 '초기 낭만주의자'[Beiser, 2003]들이 함께 교류했던 대학도시였다.[4] 〔그림 1-4〕에서 설명했듯이, 알렉산더는 여기서 빌헬름의 소개로 실러와 괴테를 만났다. 낭만주의 예술에 대해 눈을 뜨게 된 것도 이때였다. 아메리카 탐험을 마치고 돌아온 후 파리에서 집필 활동에 몰두했을 때도 훔볼트는, 예나에서 3개월간 체류하면서 괴테와 함께 해부학 강의도 듣고 개구리 다리를 이용해서 실험을 했던 즐거운 추억을 잊지 못했다.

괴테는 알렉산더와 스무 살이나 차이가 났지만, 이때부터 그가 아메리카 탐험을 하는 기간을 포함해서 파리로 돌아와서 집필 활동에 전념하던 시기 내내 지속적으로 서신을 주고받았다. 5장에서 상세히 논의하겠지만, 괴테는 훔볼트의 아메리카 탐험을 당대 유럽이 성취한 최대의 自然史 연구 성과로 간주했다.

괴테가 세상을 떠났을 때 한평생 수집했던 광물 표본이 5만 종이나 되었다. 프라이베르크의 광물학자 베르너는 괴테의 이런 수집에 대해 경탄해 마지않았다. 철학자 니체가 독일 최고의 양서라고 높이 평가했던 《괴테와의 대화》(1836-1848)[5]에서, 괴테는 두 가지 점에서 광물학에 대해 흥미를 느꼈다고 말했다. "하나는 광물학은 이익을 실

---

[4] 현재 프리드리히 실러-예나대학(Friedrich-Schiller-Universität Jena)으로 불린다.
[5] 에커만(Johann Peter Eckermann)이 괴테의 집에 10년(1923-1932) 동안 살면서 괴테와 나눈 대화들을 출간한 책이다.

제로 가져다주며, 다른 하나는 태고 세계의 형성에 관한 증거를 찾을 수 있다."[Goethe, 2008: 336-337]. 그는 어릴 적부터 自然史에 대해 호기심이 많았다. 지금은 퇴화되어 버린 간악골(間顎骨)이 사람의 신체에 원래 있었다는 것을 밝혀낸 사람도 괴테다. 간악골의 발견을 통해서 그는 비교해부학의 분야를 넘어 인류사와 自然史의 유사성에 대해 점점 생각하게 되었다[Fink, 1991: 60-61]. 괴테의 이런 관념은 훔볼트에게도 영향을 미쳤다.

괴테는 근대 과학에 대해서도 대안적인 생각을 했다. 뉴턴의 광학 이론에 맞서서, 그는 사물과 인간의 감각 사이에 상호 관계가 존재한다고 주장했다. 그는 이런 생각을 《색채론》(1810)에서 설명했는데, 이는 훔볼트의 자연 인식에 깊은 영향을 미쳤다.

> 우리는 自然史가 점차 높은 차원의 자연 현상들을 다루는 분야로 발전되어 가리라고 희망한다 … 색은 아주 다채로운 모습으로 생명체의 표면에 나타난다. 그러므로 색은 생명체의 내부에서 진행되고 있다는 것을 알려주는 외적인 표지들 중에서 중요한 부분을 차지한다[Goethe, 2003: 239].

괴테의 저작 중에서 《이탈리아 여행》(1816-1817)만큼 식물의 원형을 찾으려는 절박한 심정을 보여주는 작품은 없을 것이다. 그는 유럽에서 가장 오래된 식물원 중의 하나인 파도바식물원(1545)에서 '원형식물'(Urpflanze)의 단초를 알아냈다. 18세기 프로이센 최고의 미술사학자로 간주되었던 빙켈만(Johann Joachim Winckelmann,

1717-1768)이 고대 그리스 건축의 근원을 찾으러 1759년에 시칠리아 섬에 체류했던 것처럼, 괴테도 1787년에 이 섬의 팔레르모로 왔다.

빙켈만 : 괴테 = 고대 그리스 건축 : 원형식물

두 가지 중요한 논점을 말하고 싶다.

첫째, 빙켈만에서 괴테로 이어지는, 사물의 근원과 원형을 추구하려는 플라톤적인 사유가 열대 자연의 다양성을 발견하려는 훔볼트의 아리스토텔레스적인 사고와 양립하지 않았다고 볼 수도 있다. 하지만, 그렇지 않다. 훔볼트는 아메리카 탐험을 떠나기 이전부터 자연의 유기적 통일을 열대에서도 찾겠다는 굳은 의지를 다졌었다.

둘째, 섬의 '장소성'이다. 빙켈만과 괴테 모두 시칠리아 섬에서 자신들의 꿈을 실현했다. 自然史학자 알프레드 월리스(Alfred Russel Wallace)가 진화의 개념을 최초로 창안했던 장소도 인도네시아의 말루쿠 제도에 속한 트르나테(Ternate) 섬이었다. 갈라파고스 제도의 다윈에 대해서는 더 이상의 설명이 필요가 없을 것이다. 섬은 열대에 대한 인간의 상상력을 촉발시킨 중요한 공간이었고 지금도 그렇다.

시칠리아 섬은 아열대 기후에 해당하지만, 아프리카, 유럽, 아시아의 다양한 식생을 관찰할 수 있다는 점에서, 괴테의 무한한 상상력을 촉발시켰다. 원형식물의 개념을 창안했던 1787년 4월 17일은 "대자연도 질투와 시기를 할 정도로 이 세상에서 가장 경이로운" 날이었다 [Goethe, 1962: 310]. 이탈리아 여행에서 돌아온 괴테는 식물의 自然史에 관한 《식물의 변태》(1790)를 출간했다. 식물의 형태가 떡잎에서 줄기, 잎을 거쳐서, 가지에 붙어 있는 꽃의 배열 상태를 뜻하는 화서(花序)와 꽃받침, 마지막으로 꽃부리인 화관(花冠)으로 변화하는 과정을 설명했다[Goethe, 2009]. 여기서 괴테는 이런 변화 과정을 본질적으로 추동시키는 자연의 영원한 순환 고리에 주목했고, 이를 '자연의 통일성'으로 인식했다. 바로 이 지점에서 괴테의 자연관은 훔볼트와 공명을 이루었다.

나폴레옹의 이집트학사원 설립

훔볼트와 봉플랑은 처음부터 아메리카 탐사를 계획하지 않았다. 파리 自然史박물관에서 귀가 번쩍 뜨이는 소식을 들었기 때문이다. 나폴레옹이 이집트 정복(1798-1801)에 나서면서 예술, 수학, 건축, 自然史, 의학, 화학, 천문학 등 여러 분야의 전문가들을 참여시킨다는 것이다. 귀가 솔깃했다. 두 사람은 自然史 전문가들이 이 정복에서 매우 중요한 역할을 할 것이라고 예상했다.

나폴레옹이 1798년에 '이집트학사원'(Institut Egyptien)을 설립하면서, 167명의 관련 전문가들이 여기에 경쟁적으로 참여했다. 나폴레옹은 이 학사원의 첫 모임에서 여섯 가지 물음을 던졌다. "어떻게 하면 빵을 완벽하게 구워 낼 수 있는가. 맥주를 제조하는 데 호프를 대신할 만한 것을 찾을 수 있을까. 나일 강물을 정화시킬 수 있을까. 카이로에 물레방아를 만들어야 할까, 아니면 풍차를 만들어야 할까. 이 지역에서 나는 재료들을 가지고 화약을 제조할 수 있을까. 이집트의 사법 제도와 교육을 위해 어떤 개혁이 필요할까."[Solé, 2013: 92]. 이 중에서 마지막 한 가지를 제외하면 모두 自然史에 근거한, 기술과학적인 질문이다.

훔볼트는 예전부터 나폴레옹이 自然史, 수학, 기술공학에 대해 대단한 관심을 갖고 있다는 이야기도 들었다. 이 기회를 놓칠 수 없었다. 하지만, 아직 충분한 실력을 갖추지 못했던 훔볼트와 봉플랑으로서는 파리의 自然史 전문가 대열에 동참할 수 없었다. 나폴레옹은 동년배의 프로이센 청년에게 기회를 허락하지 않았다.

나폴레옹은 군사력만으로 이집트를 정복하지 않았다. 이집트학사원을 설립해서 수학자와 自然史학자를 대거 불러 모은 것을 봐도 그렇다. 그는 포병 장교로 근무하면서 포탄의 발사 각도와 적에 대한 살상 반경의 수학적 상관성에 대해 관심이 많았다. 개인적으로도 수학자를 좋아했으며 그만큼 열등감도 있었다. 이와 관련된 에피소드가 전해진다. 어느 날 파티에서, 나폴레옹은 프랑스 自然史 분야에서 중요한 기관인 파리식물원(Jardin des Plantes)의 원장이었던 베르나르댕 드 생피에르(Henri Bernardin de Saint-Pierre)를 만난 적이 있었다. 그가 미분학을 모른다고 하자, 나폴레옹은 다음 날 바로 파면시켰다. 또한 나폴레옹은 수학자 장-바티스트 푸리에(Jean-Baptiste Joseph Fourier)에게 자신이 다시 태어나면 수학자가 될 것이라고 말한 적도 있다. 그에게 이집트에 관한 백과사전을 편찬하라고 지시한 것을 봐도, 나폴레옹이 수학을 얼마나 중요하게 생각했는지를 잘 알 수 있다.

《이집트총서》(1810–1826)는 초판본의 경우 텍스트가 9권, 3천 점이상의 그림이 실린 도판집 11권으로 구성되었다. 텍스트는 각각 8백여 페이지에 달했다. 이 총서는 크게 고대 이집트, 근대국가, 自然史의 세 분야로 이루어졌다[Solé, 2013: 447-453]. 自然史는 나폴레옹이 구상했던 이집트 학문의 세 주춧돌 중에서 하나로 당당히 자리를 잡았다. 自然史가 근대 프랑스의 형성에서 얼마나 중요한 위상을 차지했는지를 알 수 있다.

부르봉 왕실의 특별 여권

이집트학사원에 선발되지 못했던 훔볼트와 봉플랑은 다른 기회를 찾아 나섰다. 파리 自然史박물관과 활발하게 교류를 하고 있던 自然史학자 니콜라스 보댕(Nicolas Baudin)이 1800년에 '뉴 홀란드'(지금의 호주)로의 탐험을 준비하고 있다는 소식을 들었다. 그는 카리브 해의 섬들과 남태평양 타이티에서 열대 탐험(1796-1798)을 한 경력이 있는 인물이었다. 훔볼트는 보댕의 탐험에 참여하기로 결심했다. 하지만 프로이센과 이탈리아에서 전쟁이 일어나면서, 나폴레옹은 재정적인 이유로 이 탐험을 무기한 연기했다. 훔볼트가 결심을 하고 하루 만에 일어난 일이다. 그는 크게 낙담을 했다[Humboldt, 2011: Ⅰ: 7-8].

이번에는 파리에 주재하고 있던 스웨덴 영사인 스키오데브란트(Skiodebrand)가 알제리 탐험을 제안했다. 두 차례나 기회를 놓쳤던 훔볼트와 봉플랑은 그의 제안을 받아들였고, 프랑스의 주요 무역 항구 도시인 마르세유에서 탐험에 필요한 준비를 하면서 2개월간 기다렸다. 하지만, 이번에도 뜻대로 되지 않았다. 알제리에 정치적 변화가 일어났기 때문이다. 크게 낙담한 두 사람은 결국 프랑스를 떠나기로 했다. 마지막 희망을 찾아서 마드리드에 왔다. 절망의 계곡이 깊을수록 희망의 봉우리는 높았다.

훔볼트는 여기서 작센⁶ 정부가 파견한 대사 포렐(Philippe von Forell) 남작을 만났다. 프라이베르크 광업 아카데미에서 공부를 하던 당시에 드레스덴에서 포렐 남작의 형을 만난 적이 있어서 포렐 대사를 알아볼 수 있었다. 포렐 대사는 훔볼트의 강한 의지를 알아차리고는 국왕 카를로스 4세(재위 기간: 1788-1808)의 국무장관 우르퀴호(Mariano Luis de Urquijo)에게 추천했다. 훔볼트는 포렐에게 보낸 자기소개서를 통해 그동안 수행해 왔던 自然史 분야의 업적들을 자세히 설명했다. 그 내용을 간추리면 다음과 같다.

> 저는 베를린, 괴팅겐, 프랑크푸르트에서 대학을 마치고 함부르크에서 상업과 교역에 관해 공부했으며, 게오르크 포르스터와 함께 프랑스, 네덜란드, 영국을 다녀왔습니다. 그리고 프라이베르크에서 광물학을 공부한 다음에, 프로이센 정부의 지시로 폴란드에서 두 번이나 근무를 했습니다. 또한 여러 종류의 광물 탐사 기구들도 직접 만들었습니다. 신경생리와 화학에 대한 책도 독일어로 각각 출간했습니다. 예나, 드레스덴, 빈, 로마를 다니면서 식물학 연구도 했습니다. 그리고 공기 속의 탄산을 측정하는 기구도 새로 발명했습니다. 파

---

6 신성로마제국(962-1806)에 속해 있던 작센은 나폴레옹에 의해 제국이 붕괴되고 난 후에 작센 왕국이 되었다.

리에 체류하면서 광산과 공기 분석에 대해 프랑스어로 각각 두 권의 책도 썼습니다. 프랑스 정부의 허락을 받아 보댕과 함께 自然史 탐험을 떠나려고 했으나 재정적인 이유로 그만두었습니다. 알제리도 가려고 했으나 정치적인 변화가 생겨 단념했습니다[1979년 3월 11일. AHN, Estado, leg. 4709].

우르퀴호는 훔볼트의 글을 읽으면서 에스파냐가 당면하고 있던 이런저런 사정들을 떠올렸다. 당시 에스파냐는 아메리카 식민지 전역에서 프랑스, 영국, 네덜란드, 포르투갈로부터 공격을 받으며 곳곳의 전투에서 패배하면서 영토를 빼앗기고 있었다. 아메리카에서는 더 이상 밀리는 것을 원하지 않았다.

이런 상황에서 광물학에 관한 기술을 갖춘 훔볼트와 식물학 지식에 정통한 그의 '비서' 봉플랑[7]이 먼저 찾아왔던 것이다. 프라이베르크에서 훔볼트와 함께 광물학 공부를 했던 마누엘 델 리오(Manuel del Rio) 등 에스파냐의 젊은 광물학자들이 훔볼트의 힘이 되었다. 그들은 훔볼트가 훌륭한 품성과 뛰어난 자질을 갖추고 있음을 우르퀴호에게 확인해 주었다. 때마침 에스파냐가 통치했던 페루와 칠레에서 광물 자원의 탐사(1795-1800)가 진행되었다. 이 탐사를 주도했던, 게오르크 포르스터의 조카인 휴란트 형제(Christian & Conrad Heuland)도 훔볼트를 적극적으로 추천했다.

부르봉 왕실의 입장에서는 귀한 보배가 저절로 굴러 들어온 것이다. 우르퀴호는 훔볼트에게 국왕에게 바칠 친서를 별도로 제출하라

---

7 우르퀴호는 봉플랑의 신분을 훔볼트의 비서로 간주했다.

고 말했다. 훔볼트는 이 친서에는 자신의 계획을 구체적으로 늘어놓지 않고 추상적으로 밝혔다. 그는 아메리카에서 "지구가 어떻게 이루어졌는지를 탐구하며 지구를 구성하는 수많은 요인들을 측정하고, 유기체를 결합시키는 일반적 관계를 규명하기를 원한다."는 소망을 피력했다[1979년 3월 11일. AHN, Estado, leg. 4709].

카를로스 4세는 우르퀴호의 청원을 받아들여 마침내 훔볼트와 봉플랑을 아메리카에 파견하기로 결정했다. 두 사람에게 두 개의 여권을 허락했다. "하나는 왕의 최고 비서관이 부여한 여권이며, 다른 하나는 식민지 관청의 공식 명칭이었던 '식민지평의회'(Consejo de Indias)가 발급한 여권이었다."[Humboldt, 2011[1814]: Ⅰ: 14]. 두 번째 여권이 있으면 두 사람이 아메리카의 어떤 지역도 다닐 수 있다는 것이다. 이 여권은 에스파냐 본토 주민에게만 발급했다. 하지만 두 번째 여권은 오히려 족쇄로 작용했다. 훔볼트와 봉플랑은 아메리카에서 자신들이 원하는 곳을 마음대로 탐험할 수 없었다. 에스파냐의 통치자들이 허용해준 지역 내에서 탐험을 해야 했고, 통치자들이 원하는 모든 자료를 제출해야 했다.

에스파냐의 열대 自然史 탐험대[8]

그렇다면, 훔볼트와 봉플랑이 실낱과도 같은 소망을 가슴에 품고 찾아

---

8 이 절은 [이종찬, 2016b: 144-147]에서 재인용하면서 부분적으로 수정·보완했다.

갔던 부르봉 왕조는, 열대 아메리카에 관한 한, 어떤 상황이었는지를 알아본다.

　에스파냐는 영국과의 '7년 전쟁'(1756-1763)에서 패배하면서 위기에 봉착했다. 포르투갈, 네덜란드, 영국, 프랑스가 에스파냐의 해외 식민지를 계속해서 잠식해 왔다.

　카를로스(Carlos) 3세(재위 기간: 1759-1788)의 부르봉 왕조는 모든 면을 개혁해야 할 절박함에 직면했다. 흔히 '부르봉 개혁'이라고 불리는 이 정책은 프랑스의 17세기 콜베르(Jean-Baptiste Colbert) 재상(재임 기간: 1665-1683)의 개혁 방안을 부분적으로 수용했다. 부르봉 왕조는, 열대 식민지와의 무역을 통한 국가 세금을 증대시켰던 콜베르의 정책이 도움이 된다고 판단했다. 우선 해외 식민지들을 좀 더 중앙집중식으로 통치하기 위해 여러 정책을 펼쳤다. 그동안 여러 명으로 구성된 식민지평의회가 식민지를 관장하던 관행을 중단했다. 대신에 한 명의 장관이 직접 식민지를 책임지도록 했다.

　호세 데 갈베스 식민장관(José de Gálvez, 재임 기간: 1776-1787)이 이 임무를 맡았다. 카를로스 3세는 식물, 동물, 광물이 구체적으로 어떻게 생겼는지를 모르고서는 식민지의 경제적 자원을 효과적으로 통치할 수 없다고 생각했다. 그는 집권 기간 14회에 걸쳐서 식민지의 식물, 동물, 광물 표본을 수집하라고 명령했는데, 그중에서 갈베스가 10회를 주도했다[Vos, 2007: 215]. 예를 들어 1778년 5월 10일에는 마드리드의 自然史박물관에 사용하기 위한 식물, 동물, 광물들을 수집해서 본국으로 보내라는 훈령을 모든 식민지에 보냈다. 또한 1778년 3월 21일에는 각 식민지에서 새로 수집한 식물들을 카나리아 제도에 새로 설립한 식물원으로 보내라고 지시를 했다[De Vos, 2007].

이런 임무를 수행하기 위해 부르봉 왕조는 탐험대를 에스파냐의 열대 식민지 곳곳에 파견했다. 카를로스 3세의 재임 시기를 포함해서 나폴레옹이 에스파냐를 침공했던 1808년 이전까지, 에스파냐는 아메리카, 태평양, 필리핀을 중심으로 무려 57회에 걸쳐 탐험대를 파견했다[Lafuente & Valverde, 2005: 136]. 당시 영국, 프랑스, 네덜란드는 엄두도 낼 수 없었다.

다음 편지는 이런 탐험이 부르봉 개혁에서 얼마나 중요한 의미를 지녔는지를 여실히 보여준다.

> 우리들이 지배하고 있는 [아메리카] 지역에 12명의 식물학자들이 오게 되면, 10만 명의 군인이 에스파냐 제국의 땅들을 위해 싸우는 것과는 비교가 안 될 정도로 큰 성과를 얻을 것입니다[Cañizares-Esguerra, 2005: 159].

마드리드의 초대 왕립식물원장을 맡았던 오르테가(Casimiro Gómez Ortega)가 서인도 제도의 식민총독으로 있던 갈베스에게 보낸 편지이다.

이 수많은 탐험들 중에서 두 탐험대가 특별히 주목을 끈다. 그 이유는 당대 에스파냐의 많은 화가들이 이 두 탐험대를 중심으로 탐험 지역의 열대 自然史를 시각적으로 형상화했기 때문이다[Engstrand, 1981].

먼저, 비운의 탐험가 말라스피나는 대서양과 태평양을 횡단하면서 아메리카, 오스트레일리아, 필리핀을 탐험했다(1789-1794). 여러 명의 화가들이 여기에 참여했다. 그들은 열대 식물, 동물, 광물을 세밀하게 묘사하여 화폭에 담았다. 또한 말라스피나 탐험에서는 괴혈병에 걸려 죽은 사람이 하나도 없었다. 당시에 괴혈병은 오랜 항해를 하는 사람에게는 피할 수 없는 질병이었다. 하지만 말라스피나 탐험대는 오렌지와 레몬이 이 질병을 예방하는 데 필수적이라는 점을 충분히 알고 있어서 이에 대비할 수 있었다.

말라스피나는 훔볼트와 봉플랑보다 먼저 리마, 키토, 보고타, 멕시코시티에서 自然史 탐험을 했다. 그는 이 지역의 크리오요 학자들과 깊은 대화를 나누면서, 그들이 유럽 중심주의적 계몽사상에 깊은 반감을 갖고 있음을 알았다[De La Sota Ríus, 2004: 180]. 말라스피나는 부르봉 왕조의 개혁이 아메리카 식민지에서 효과적으로 작동하지 않는다고 판단했다. 귀국 후에 그는 본국과 식민지 사이의 괴리를 예리하게 지적하면서 식민지 상황을 보고했지만, 부르봉 왕조는 그를 멀리했다[Lincoln, 1998: 73-80].

설상가상으로 말라스피나 탐험대의 기록들은 유실되고 말았다. 훔볼트는 안타까움을 토로했다. "말라스피나가 발견했던 사실보다도 그가 겪은 불운으로 이 탐험은 더욱 유명해졌다." 파나마 지역에 특별히 관심을 가졌던 말라스피나는 운하 건설이 가능하다고 주장하며 실제로 운하 건설 계획을 제안했다. 에스파냐가 그의 제안을 받아들여 실행했다면 역사는 어떻게 바뀌었을까? 3장에서 설명하듯이 미국이 파나마 운하를 완공하면서 태평양 시대를 열었던 역사를 기억한다면, 말라스피나의 제안을 물리쳤던 부르봉 왕조의 결정은 현대 에스파냐 사람들의 마음에 질곡으로 남아 있을 것이다.

비극적 운명으로 끝났던 말라스피나와 달리, 호세 무티스(José Celestino Mutis, 1732-1808)가 주도했던 누에바그라나다(Nueva Granada) ― 콜롬비아, 베네수엘라, 에콰도르, 파나마가 여기에 속했다 ― 탐험(1783-1808 & 1808-1816)은 유럽의 열대 自然史 탐험에서 빛을 발했다. 무려 60명의 화가들이 여기에 참여했다[Bleichmar, 2012: 29]. 무티스에 대해서는 4장에서 자세히 설명한다.

그러나, 열대 自然史 탐험을 통한 경제적 부흥을 시도했던 부르봉 개혁은 에스파냐와 아메리카 식민지에서 민중들의 거센 저항을 받았다. 1765년에 곡물 자유무역에 관한 칙령이 발표되고 난 후에 곡물 가격이 폭등했다. 다음 해에 마드리드의 민중들은 종려나무 주일에 '스퀼라체'(Marqués de Esquilache) 항쟁을 일으켰다. 이탈리아 출신으로 부르봉 왕조의 재상을 맡았던 스퀼라체가 추방되었다[Fuentes, 1997: 265]. 이 항쟁으로 개혁은 잠정적으로 중단되었다. 카를로스는 예수회가 배후에서 민중들을 조종한다고 비난했다. 그래서 에스파냐와 아메리카 식민지에서 예수회를 추방시켜 버렸다.

18세기 아메리카는 카리브 해의 섬들을 포함해서 남과 북을 막론하고 전 대륙에 걸쳐서 이루 헤아릴 수 없을 정도로 수많은 항쟁과 봉기가 일어났다. 그동안 서구 중심적 역사에서 오랫동안 잊혔던, 투팍 아마루(Túpac Amaru) 2세가 주도했던, 잉카 제국의 수호를 위한 항쟁은 '대서양의 세계사'에서 중요한 의미를 지닌다. 그가 에스파냐 계몽사상 교육을 충분히 받은 것은 사실이다. 하지만 아마루는 계몽사상의 가치를 수호하기 위해서가 아니라, 잉카 문명의 세계관이 에스파냐 식민통치에 의해 붕괴되고 있는 참혹한 상황을 타개하기 위해 항쟁을 일으켰다[Walker, 2016]. 그럼에도 그의 이런 의지는 크리오요와 성직자까지 살해하려고 했던 대다수 농민들에 의해 지지를 받지 못하면서 뜻을 이루지 못했다[Keen & Haynes, 2014: 상: 400-401]. 누에바페루 지역의 自然史를 탐험하면서, 훔볼트는 에스파냐로부터의 독립을 위해 일어났던 안데스 산맥의 수많은 항쟁들에 대해 알게 되었다[Elliott, 2017: 857].

대서양 역사에 관해 미국 최고의 역사학자로 평가받는 버나드 베일린(Bernard Bailyn)은 《대서양의 역사》에서 아프리카 노예들이 대서양 '체제'의 중심[Bailyn, 2010]이라고 서술한 적이 있다. 그는 대서양 역사의 핵심을 분명히 짚었다. 하지만, 이런 서술로 충분하지 않다.

아프리카에서 끌려왔던 노예와 아메리카의 현지 주민들이 중심이 되어 일으켰던 다양한 '혁명들'[Klooster, 2018(2009)]이 함께 포함될 때, '대서양 혁명사'는 서구 중심적 역사를 넘어설 수 있다. 3장에서 '콩고-아이티 노예혁명'에 관해 설명할 때, 다시 말하겠다.

그동안 역사학자들은 시간적으로는 17세기에서 19세기까지, 공간적으로는 영국, 프랑스, 독일을 중심으로 이루어진 근대에 주로 초점을 맞추어 왔다. 그들은 에스파냐와 포르투갈이 16세기에 만들어 갔던 서구적 근대의 넓이와 깊이를 외면했다. 여기에는 세 가지 이유가 얽혀 있다.

첫째, 이베리아 반도의 두 나라가 16세기에 관한 기록들을 공개하지 않는 것을 원칙으로 했기 때문이다. 두 나라의 역사학자들조차도 사료에 대한 접근이 차단되어 있어서 이 시기를 그동안 제대로 탐구할 수 없었다. 20세기 후반에 들어와서야 이 기록들을 열람할 수 있게 된 것이다[Cañizares-Esguerra, 2002].

둘째, 영국과 프랑스처럼 18세기부터 본격적으로 근대를 만들어 갔던 나라의 역사학자들이 에스파냐와 포르투갈이 16세기에 정립했던 근대를 은폐시켰기 때문이다. 그들은 16세기 에스파냐와 포르투갈의 역사가 17세기 네덜란드의 근대, 18세기와 19세기 유럽의 근대와 어떻게 맞물려 있는지를 적극적으로 탐구하는 데 대체로 인색한 편이다. 그들은 지도학, 自然史, 약초생물학, 탐험학, 항해학, 부기(簿記) 등을 근대적인 지식체계로 간주하지 않았다.

마지막으로, 에스파냐와 포르투갈이 현대에 이르러 멕시코나 브라질과 같은 예전의 식민지에 비해 정치경제적, 사회문화적 힘을 상실했기 때문이다. 이런 맥락에서 훔볼트의 열대 自然史 탐험에 대한 탐구는 서구적 근대의 형성에서 에스파냐의 위상을 새롭게 정립하는 데 중요한 시사점을 보여줄 것이다.

아메리카 탐험의 목적과 측정 기구

훔볼트와 봉플랑은 열대 아메리카를 향한 길고 긴 탐험을 시작했다. 강조하건대 두 사람은 아메리카로 여행을 떠난 것이 결코 아니다. 여행이 아니라 탐험이었다. 그들은 열대 아메리카의 自然史를 탐구하는 데 목적이 있었다. 전체 7권으로 된 《열대 아메리카 여행기》의 1권에서 탐험의 두 가지 목적을 밝혔다.

> 내가 방문했던 나라들에 관해 알고 싶었다. 그리고 아직 충분히 알려지지 않은 사실들을 수집해서 과학을 규명하기를 원했다. 여기서 과학이란 '세계의 自然史, 지구물리학(physique du monde), 또는 자연지리학'으로 모호하게 명명되는 것을 뜻한다. 이 두 가지 중에서 두 번째 목적이 내게 가장 중요했다[Humboldt & Bonpland, 1814: Ⅰ: iii].[9]

훔볼트는 프라이베르크에서의 교육을 통해 측정은 이런 목적을 달성하기 위한 自然史학자의 핵심적인 덕목인 동시에 필수불가결한 방법임을 터득했다. 두 사람은 측정 기구들을 준비했다[Humboldt & Bonpland, 1814: Ⅰ: 33-39]. 우선 모든 탐험에서 가장 필수적인 나침반을 비롯해서 망원경, 크로노미터(chronometer), 사분의(quadrant)와 육분의(sextant), 경위의(經緯儀, theodolite)부터 챙겼다. 크로노미터는 항해를 할 때 선박이나 온도의 영향을 받지 않고 선박의 경도를 측정하기 위한 기구이다. 선박의 위도는 육분의나 사분의로 측정할 수 있다. 항해를 하면서 정오에 태양의 고도를 이 기구로 측정하면 선박의 위도를 알아낼 수 있다. 사분의는 90도까지,

---

9 서문에서 '우리'가 아닌 '나' — 프랑스어로 'Je' — 를 사용했다고 해서, 이 탐험기를 훔볼트 혼자서 썼다고 단정해서는 안 된다. 이 저작은 봉플랑과의 공동 저술임을 다시 강조한다.

육분의는 60도까지 고도를 측정할 수 있다. 경위의는 수평축이나 수직축을 기준으로 각도를 재는 기구이다. 천체망원경에 설치하여 항성이 자오선을 통과하는 시각과 천체의 위치를 알 수 있다.

그다음에 탐험의 목적을 이루기 위한 도구들을 준비했다. 먼저 지구의 전자기력을 측정하기 위해 복각계와 자기계(磁氣計)가 필요했다.

가스 성분 측정기(eudiometer)[10]는 훔볼트 탐험의 목적을 충족시키는 데 가장 중요한 기구였다. 이것은 일차적으로 물이 전기 분해될 때 발생하는 수소와 산소의 혼합 기체의 부피에서 전기량을 측정하는 데 사용된다. 하지만 훔볼트는 이것으로 만족하지 않았다. 그는 대기의 여러 가지 기체들의 성분을 측정하는 데 공을 들였다. 질소 가스를 측정하기 위해서는 이탈리아 화학자 폰타나(Abbé Felice Fontana)의 것을, 인(燐)의 측정을 위해 독일 화학자 레보울(Herrn Heinrich Reboul)의 것을 각각 사용했다. 이 점이야말로 훔볼트의 측정이 다른 自然史학자들의 그것과 다른 특징이다.

훔볼트의 측정에서 가스 성분 측정기가 갖는 의미를 이해하기 위해 그가 예나에서 수행했던 실험이 무엇인지를 살펴보기로 한다. 1797년 3월에 형 빌헬름과 함께 예나에 온 훔볼트는 대기의 '농도, 기온, 습도, 전기'를 포함해서, '산소, 질소, 탄산의 상대적 양과 상호 친화성, 전자기력, 맑은 정도'를 측정하기 위해 다양한 실험을 진행했다[Humboldt, 1799: Ⅱ: 289-290]. 뿐만 아니라 그는 기체가 개

---

10 수전량계(水電量計)라고도 부른다.

구리와 같은 특정 동물이나 식물 섬유에 미치는 효과를 측정했다. 대기의 구성 성분과 특정 생명체 사이의 상관성에 대한 실험이야말로, 5장에서 설명할, '훔볼트과학'의 독창성을 보여줄 뿐만 아니라 현대 기후학의 방향을 선구적으로 제시한 것이다. 이런 실험을 거치면서 그는 가스 성분 측정기가 대기의 다양한 성분들을 측정하는 데 가장 중심적인 기구라고 생각했다. 훔볼트는 이를 2권으로 된 책《근육 섬유와 신경 섬유의 자극에 관한 실험》[Humboldt, 1797-1799]으로 출간했다.

이런 기술적 논법에 의거해서 훔볼트는 가스 성분 측정기의 효과를 극대화하기 위한 기구들을 준비했다. 기압계, 온도계, 전위계, 하늘의 푸른 정도를 측정하는 색표인 청도계(cyanometer), 고도에 따른 물의 끓는점의 측정 장치, 우량계, 갈바니 전지, 화학 분석용 시약, 수평계, 자기 변화 측정기, 습도계가 포함되었다[Jackson, 2009: 221-226]. 훔볼트와 봉플랑은 지금까지 언급한 모든 기구들을 갖고서 멀고 먼 대서양 항해에 나섰다.

아메리카 自然史를 둘러싼 유럽의 논쟁

훔볼트는 아메리카 탐험을 떠나기 이전부터, 신세계의 인간과 자연이 구세계의 그것보다 열등한지 아닌지를 둘러싸고 유럽의 사상가들 사이에서 이루어졌던 논쟁을 깊이 공부했다. 먼저, 그는 16세기 에스파냐에서 발간된, 自然史에 관한 대표적인 두 저작에 주목했다.

하나는, 에스파냐의 자연학자 오비에도(Gonzalo Fernández de Oviedo y Valdés, 1478-1557)가 쓴 《서인도제도의 일반사 및 自然史》(1535-1549)이다. 그는 1514년에 금 제련을 담당하는 책임자가 되어 카리브 해의 생도맹그로 갔다. 9년 뒤에 에스파냐로 돌아온 그는 서인도 제도에서 일어난 모든 식민화 과정을 기록하는 역사편찬 업무를 맡았다. 이후로도 그는 다섯 차례나 생도맹그를 더 다녀왔다. 오비에도는 自然史의 관점에서 아메리카 인디오들이 게으르며 우상 숭배를 하므로 기독교인이 될 자격이 없다고 말했다[Gerbi, 1975: 325-7]. 아메리카에 대한 그의 인식은 18세기 유럽의 사상가들 중에서 뷔퐁과 같은 自然史학자들이 유럽인들이 인디오보다 우월하다는 입장을 주장하는 데 근거가 되었다.

다른 하나는, 에스파냐의 예수회 신부 아코스타(José de Acosta, 1539/1540?-1600)가 쓴 《서인도제도의 自然史와 도덕의 역사》(1590)이다. 그는 파나마, 페루, 멕시코 등 광범위한 지역에서 15년간 예수회를 전교하면서, 금, 은, 에메랄드 등 귀금속들을 체계적으로 수집했다. 오비에도와 마찬가지로, 아코스타도 고대 그리스와 로마의 서적에 기술된 사실보다는 자신이 식물, 동물, 광물을 직접 관찰하고 경험한 것을 더 중요하게 생각했다. 또한 두 사람 모두 유럽과 아메리카의 같은 점보다는 다른 점에 더 주목했던 것도 비슷했다. 하지만, 두 사람이 달랐던 점은, 아코스타는 구세계와 신세계 사이의 자연과 사람의 차이점을 더 확실히 구별했다는 점이다[Pagden, 1982: 146-197]. 그의 이런 인식은 칸트의 철학적 사유에 깊은 영향을 미쳤다. 칸트에게 自然史란 '자연지리학'을, 도덕의 역사는 '인류학'을 의미했다[Mignolo(Acosta), 2002: 481]. 즉, 아코스타의 이 저작은, 칸트가 자연지리학과 인류학의 개념을 정립하는 데 중요한 근거가 되었다. 훔볼트는 칸트의 자연지리학 강좌를 통해 아코스타의 이런 내용에 대해 더 깊이 알 수 있었다.

　오비에도와 아코스타가 열대에 관한 16세기 유럽의 역사 인식에서 가장 크게 기여한 점은, 아리스토텔레스, 고대 로마의 自然史학자 플리니우스(Plinius), 고대 그리스의 의약학자 디오스코리데스(Dioscorides) 이래로 계승되어 왔던 유럽에서의 '非역사적인 自然史'가 이 두 인물에 의해 '역사적인 自然史'로 전환되었다는 데 있다. 그들은 유럽에서는 전혀 볼 수 없었던 새로운 사람과 새로운 식물, 동물, 광물을 보았다. 열대와 유럽의 이런 차이를 설명하기 위해 그들은 自然史를 역사화해야 했다. 왜냐하면 비역사적인 공간에서는 식물, 동물, 광물이 다를 수가 없기 때문이다. 自然史의 역사화야말로 유럽의 식물, 동물, 광물이 열대의 그것과 다르다는 것을 설명할 수 있는 가장 설득력이 있는 개념이었다. 自然史의 역사화는 인류사와의 관계 속에서 이루어졌다[이종찬, 2016a].

　그렇다면, 훔볼트는 당대 유럽의 自然史를 어떻게 파악했을까? 이 시기를 살았던 사람들은 어느 누구도 프랑스의 自然史학자 조르주-루이 르클레르 드 뷔퐁(Georges-Louis Leclerc de Buffon, 1707–1788)과 그 제자들이 약 40년에 걸쳐 집대성했던 《自然史》(1749–1788/1789)를 피해 갈 수 없었다. 이 방대한 저작물에서 다룬 지구의 이론은 18세기 유럽의 계몽사상에 지각 변동을 일으켰다. 뷔퐁은 볼테르, 몽테스키외, 루소 못지않게 프랑스를 대표하는 사상가로 일

약 주목을 받았다. 〖그림 2-3. 18세기 自然史의 복합적 층위〗[11]가 보여주듯이, 이 시기 自然史는 기후학, 역사지질학, 식물학, 동물학, 광물학, 민족학(ethnology), 고고인류학, 고생물학, 민속학을 광범위하게 포함한 영역으로 이해되었다.

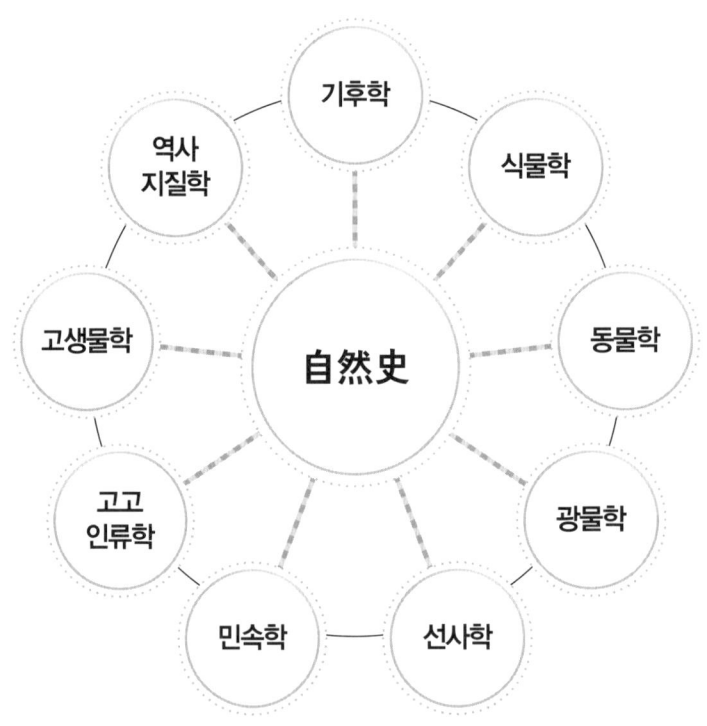

〖그림 2-3. 18세기 自然史의 복합적 층위〗

---

11 〖그림 2-3. 18세기 自然史의 복합적 층위〗는 필자가 뷔퐁과 훔볼트의 저작들을 읽고 직접 만든 것이다.

근대 自然史의 계보학적 관점에서 볼 때, 自然史에 대한 뷔퐁의 사상은 포르스터에 의해 수용되어 훔볼트로 계승되었다. 뷔퐁의 책들을 직접 번역하기도 했던 포르스터는 "자연의 아름다움과 自然史의 유용한 효과는 서로 결합되어 있다."라는 뷔퐁의 논점이 매우 중요하다고 훔볼트에게 강조했다[Glacken, 1967: 703]. 칸트와 헤르더(Johann Gottfried Herder, 1744-1803)는 뷔퐁의 《自然史》가 출간되자마자 읽었고 큰 충격을 받았으며, 이 저작이 계속 출간되는 대로 놓치지 않고 읽었다.

그런데, 칸트, 헤르더, 포르스터 사이에 自然史의 의미를 둘러싸고 입장이 엇갈렸다[이종찬, 2016b: 159-169]. 훔볼트는 이런 차이에 대해 심각하게 고민하지 않을 수 없었다.

훔볼트는 열대 아메리카 自然史의 거울에 비친 유럽을 찬찬히 들여다보았다. 자신의 열대 탐험에 가장 큰 영향을 미쳤던 인물인 포르스터의 학문적 스승이 누구이던가. 칼 린네와 함께 18세기 후반 유럽 최고의 自然史학자로 알려졌던, 뷔퐁은 아메리카의 사람과 동물이 유럽과 비교할 때 열등하다고 가르치지 않았던가. 아울러 당대 아메리카 최고의 전문가로 알려졌던 코르넬리우스 드 포(Cornelius de Pauw, 1739-1799)도 《아메리카에 대한 철학적 고찰 또는 인류사에서 가장 흥미로운 기억》(1768)에서 아메리카의 원주민과 동물들은 '퇴화'되어 간다고 단호한 어조로 말했었다[Gerbi, 52-79]. 하지만, 훔볼트가 보기에, 뷔퐁과 드 포는 중요한 사실을 놓쳤다. 열대 풍토와 기후가 구세계와 신세계의 차이를 가장 근본적으로 설명하는 自然史의 층위라는 점을 깊이 주목하지 않았기 때문이다[Gerbi, 1973: 416].

이런 점에서 헤르더의 《인류의 역사철학에 관한 이념》(1784-1791)은 훔볼트에게 깊이 다가왔다. 헤르더야말로 18세기에 처음으로, 自然史와 인류사의 상관성에 대해 18세기에 처음으로 주목한 인물이었다. 그는 自然史와 인류사를 유기적으로 연결시켰다.

> 바다, 산, 강들은 많은 민족, 풍습, 언어, 왕국들과 대지에서 가장 자연적인 경계를 이룬다. 인류사에서 가장 위대한 혁명에서조차도, 이 자연 경계는 세계사의 전개 방향과 범위가 되어 왔다. 수많은 산, 강, 해안들이 지금과 다른 방식으로 형성되었다면, 대자연에서 인류는 매우 다른 모습으로 살아왔을 것이다[Herder, 1800: Ⅰ: 19].

그러나, 헤르더의 이런 견해는 시간이 흐르면서 희석되어 갔다. 신학자였던 그는 '창조론'의 관점에서 인간을 신의 기획에 의해 창조된 피조물로 파악하면서, 自然史에 관한 그의 초기 생각은 더 나아가지 못했다[이종찬, 2016b: 167-168]. 자연과 인간을 어떻게 구분할 것인가. 그는 이 근본적인 물음을 다음 세대로 넘겼다. 훔볼트가 이 중차대한 과제를 떠맡았다.

3장
콩고-아이티 노예혁명: 헤겔의 은폐

나는 모든 흑인들의 주인인 콩고 왕,
아버지를 대변하는 프랑스 왕,
어머니를 대변하는 에스파냐 왕의 臣民이다.

— 마카야

아메리카와 원주민에 대한 헤겔의 견해는
무미건조한 이론적 논의이며
완전히 틀린 사실과 견해로 가득 차 있다.

— 훔볼트

3장
콩고-아이티 노예혁명: 헤겔의 은폐

'열대 自然史 전쟁'과 식민화의 지정학

　에스파냐의 하층 계급 출신인 코르테스(Hernán Cortés, 1485-1547)가 달랑 수백 명의 부대를 이끌고 '누에바에스파냐'(Nueva España)를 침략하러 왔을 때, 어느 누구도 그의 부대가 수만 명의 아즈텍 군대를 이길 것이라고 예상하지 않았다. 하지만, 양자 간의 전쟁은 기존의 전쟁과 전혀 다른 양상을 보여주었다. 천연두에 이미 면역된 군인과 그렇지 않은 군인 사이의 열대 自然史 전쟁. 양쪽 당사자들은 이를 전혀 몰랐다. 아니, 지금까지도 거의 모든 역사는 천연두라는 전염병의 창궐에 주로 초점을 맞추어 설명한다.
　앞으로 황열(yellow fever)의 自然史에서도 다시 설명하겠지만, 自然史의 차원에서 전염병을 인식할 때 그 역사적 본질이 더욱 분명해진다. 동서고금을 막론하고 인구는 문명의 기본적인 척도에 해당한다. 천연두를 비롯해 구세계의 미생물들이 신세계에 유입됨으로 해서, 인구가 얼마나 급격하게 감소되었는지를 알아보자.
　멕시코와 카리브 해의 역사인구학에 정통한 역사학자 우드로우 보라(Woodrow Borah)에 의하면, 멕시코 영토 내의 토착 원주민은 1518년에 2,520만 명이었는데, 코르테스의 정복 전쟁이 끝난 후인 1532년에는 1,690만 명, 1548년에는 740만 명, 1568년에는 260만

명, 1608년에는 고작 100만 명 정도로 급격하게 감소했다[Borah, 1992(1976)]. 서구의 미생물이 아즈텍 문명에 작용한 지 60년 만에 원주민 인구의 95%가 사라졌다.

유럽의 세균이 아메리카 인구의 90% 이상을 쓸어버리는 데는 한 세기가 걸렸지만, 그 인구가 정복 이전으로 다시 회복되는 데는 무려 4세기가 걸렸다[Miller, 2013: 146]. 풍토와 기후의 역사에 천착했던, 프랑스 아날(Annales) 학파의 르 롸 라뒤리(Emmanuel Le Roy Ladurie)는 아메리카의 이런 상황에 대해 '세균성 대량 학살의 가마솥'이라고 불렀다. "에스파냐의 정복 전쟁과 식민화 사업에 면죄부를 주려고 하는 것이 아니라, 세균이 인구의 급격한 감소에 중심적인 힘으로 작용했다."[Le Roy Ladurie, 1981, 87].

아메리카를 정복한 에스파냐의 통치자들은 중세적 기독교 세계의 방식으로는 지속적으로 통치할 수 없다는 것을 깨달았다. 카스티야 연합왕국(Corona de Castilla, 1230-1715)의 통치자들은 아우디엔시아(Audiencia)라는 사법행정 조직을 중심으로 식민지를 분할 통치했다. 그들은 1371년에 바야돌리드(Valladolid)[1]에 고등사법재판소에 해당하는 아우디엔시아를 처음으로 설치했다. 중세 시대의 사법 기관인 것이다. 이런 중세적 사법 기구가 1511년에 처음으로 생도맹그에 설치되었다. 식민지에 설치된 아우디엔시아는 사법적 기능과 함께 행정적, 입법적 기능을 수행했다.

카스티야 왕국이 가장 번창했던 16세기에 아우디엔시아가 집중적

---

1 이사벨라 1세 여왕과 페르디난드 왕이 1469년에 이 도시에서 결혼했으며, 콜럼버스는 여기서 세상을 떠났다.

으로 설치되었다. 멕시코시티(1527)를 시작으로 파나마(1538), 과테말라(1543), 리마(1543), 과달라하라(1548), 보고타(1548), 차르카스(페루 북부, 1559), 키토(1565), 콘셉시온(1565)에 설치되었다. 동남아시아에서는 마닐라(1583)에 설치되었다. 17세기에는 산티아고(1609)와 부에노스아이레스(1661년에 설치되었다가 1672년에 기능이 정지되었으며 1783년에 다시 설치되었다)에 설치되었다. 18세기에는 카라카스(1786)와 쿠스코(1787)에 설치되었다.

카스티야의 통치자들은 아우디엔시아만으로는 광활한 아메리카 식민지를 관리할 수 없다는 것을 알았다. 1535년에 멕시코시티에 처음으로 누에바에스파냐 부왕령(副王嶺, Virreinato) 제도를 도입했으며 '부왕'이라는 왕의 대리인을 임명했다. 부왕은 행정권은 물론이거니와 성직자와 행정 관료들을 임명하는 권한을 가졌다. 아우디엔시아가 사법, 행정, 입법 권력을 모두 갖고 있었던 데 반해, 부왕령 제도는 행정적 권한에 한정되었다. 이어서 1540년에 누에바페루 부왕령이, 1715년에는 누에바그라나다와 리오데라플라타 부왕령이 각각 설치되었다. 멕시코시티처럼 아우디엔시아가 설치된 도시에 부왕이 있는 경우에는, 부왕이 아우디엔시아의 기관장을 겸했다. 이 중에서 가장 영토가 컸던 누에바에스파냐 부왕령은 현재의 멕시코, 캘리포니아, 텍사스, 뉴멕시코 주를 비롯하여 쿠바와 필리핀[2]까지 포함했다. 현재의 베네수엘라, 콜롬비아, 에콰도르, 파나마는 누에바그라나다 부왕령에 속했고, 페루와 칠레는 누에바페루 부왕령에 속했으며, 아

---

[2] 필리핀은 1565년에서 1821년까지 누에바에스파냐 부왕령에 속했다가 멕시코 독립전쟁 이후에 마드리드의 직할 통치령이 되었다.

르헨티나, 우루과이, 파라과이, 볼리비아는 리오데라플라타 부왕령에 속했다.

어느 사회를 막론하고 전성기의 사회는 나름대로 독특한 통치 방식이 있기 마련이다. 펠리페 2세[3]의 카스티야 왕국이 그랬다. 그는 '인디아스의 지리적 관계'(Relaciones geográficas de Indias, '지리적 관계'로 약칭)로 불리는 방식을 사용해서 식민지에 대한 지식을 체계적으로 수집할 것을 명령했다[Cline, 1964; Cañizares-Esguerra, 2006; Barrera-Osorio, 2006: 81-84]. 통치자들은 지리적 관계라는 용어를 사용하면서 열대 식민지의 인구, 언어, 지도, 무역, 自然史에 대한 정보를 구체적으로 수집했다. 여기서 강조하고 싶은 것은 식민지 관리들이 아닌 아메리카 원주민들이 이런 정보를 제공했다는 것이다. 원주민들은 식민지 본국의 명령을 받은 관리들이 요청하는 방식에 맞추어 자신들이 살아왔던 지역에 대한 정보를 아낌없이 주었다. 이런 지리적 관계야말로 유럽과 아메리카 사이의 '식민적 문화융합'(transculturation)[이종찬, 2016b: 120-124]이 공식적으로 이루어졌던 최초의 사례라고 생각한다. 하지만, 펠리페 2세가 모든 것을 걸었던 '무적함대'가 1588년에 영국의 해군력에 패배하면서, 카스티야 왕국은 쇠락의 길로 접어들었다[Elliott, 2000: 336].

훔볼트와 봉플랑은 지도를 펼쳐 놓고 아메리카를 자세히 살펴보았다. 〔지도 3-1. 18세기 말 아메리카의 에스파냐 부왕령〕이 보여주듯이, 두 사람이 체류했던 멕시코시티, 보고타, 키토, 리마, 카라카스,

---

[3] 그는 1556년부터 1598년까지 에스파냐를 통치했다. 또한 포르투갈에서는 펠리페 1세의 이름으로 1581년부터 1598년까지 통치했다.

쿠스코는 아우디엔시아가 설치된 도시였다. 비록 아우디엔시아는 없었지만 에스파냐의 식민통치에서 전략적으로 중요한 아바나를 제외하면, 두 사람은 아우디엔시아가 설치되지 않은 도시에서는 체류할 수 없었다. 이는 두 사람이 에스파냐 식민 권력의 감시를 받았음을 의미한다.

〔지도 3-1. 18세기 말 아메리카의 에스파냐 부왕령〕

현대 라틴아메리카의 나라들이 에스파냐 식민통치 기간에 설치된 아우디엔시아의 관할 영토를 중심으로 각각 독립되었다는 사실에 주목하자. 이런 점에서 라틴아메리카 연구의 석학인 월터 미뇰로(Walter D. Mignolo)의 주장을 되새겨 본다. "근대성은 식민성을 극복할 수 없다. 왜냐하면 식민성을 필요로 하고 생산하는 것은 바로 근대성이기 때문이다."[Mignolo, 2010: 50].

아프리카에서 아메리카로의 디아스포라

세상을 인류사의 관점에서 바라보는 독자들은 디아스포라(diaspora)라고 하면, 자신들이 태어난 곳에 살던 사람들이 어떤 외부적인 요인에 의해 아주 먼 지역으로 흩어지는, 이산(離散)이라고 간주한다. 그런데 사람들만 그런 것이 아니다. 미생물, 식물, 동물도 사람들과 함께 디아스포라를 해왔다.

노예인 콰시무캄바(Kwasimukamba) ― 영국 이름으로는 그라만 콰시(Graman Quacy 또는 Quassi, Quasi) ― 를 사례로 들어 살펴보자.[4] 1690년에 아프리카 기니(Guinea)에서 태어난 콰시는 1700년경 네덜란드 식민지인 수리남(Suriname)에 노예로 끌려왔다. 그는 1730년에 진통을 완화시키고 소화를 촉진시키는 어떤 약초를 발견했다. 이런 노력을 인정받은 콰시는 1744년에 식민총독 마우리시

---

4 콰시에 대한 논의는 《열대의 서구, 朝鮮의 열대》(이종찬, 2016b: 124-128)에서 수정하면서 인용했다.

우스(Johan Jacob Mauricius)의 노예가 되었다. 이 지역의 사탕수수 플랜테이션[5] 소유주였던 스웨덴 이민자 달베르그(Carel Gustaf Dahlbergh)가 이 약초의 뛰어난 약리적 효과를 알아차렸다. 그는 웁살라의 칼 린네에게 이 사실을 편지로 알렸다. 린네는 노예의 이름을 따서 이 약초의 학명을 '콰시 아마라'(Quassi amara)라고 붙여 주었다. 이런 사실이 유럽의 아메리카 식민통치자들 사이에 널리 퍼지면서 콰시 약초는 수리남의 최대 무역 상품으로 부각되었으며, 유럽은 앞을 다투어 이 약초를 수입했다.

이에 따라 콰시무캄바의 인기도 올라갔다. 노예 신분으로부터 자유롭게 된 그는 수리남에서 산출되는 여러 약초들을 분류하고 약리적 작용을 검증하는 전문가가 되었다. 그는 린네로 상징되는 유럽의 自然史 지식을 아메리카에 단순히 전파시킨 배달꾼이 아니었다. 그는 아프리카의 민속 의약 지식을 아메리카의 풍토에 맞게 지혜롭게 발달시켰다[Carney & Rosomoff, 2009: 90].

콰시는 식민통치자와 플랜테이션 소유주들이 아메리카의 식물, 동물, 광물을 세계의 많은 무역 시장에서 거래하면서 엄청난 자본을 획득하고 있음을 익히 알았다. 식민통치자와 플랜테이션 소유주들은 각종 약초들에 대한 그의 自然史 지식에 점점 의존했다.

마침내 콰시무캄바의 인생에서 전환점이 되는 사건이 발생했다. 그는 1755년에 자신의 신분을 감추고 수리남 강을 따라 3개월에 걸쳐서 탐사를 했다. 어느 날 그는 '사라마카'(Saramaka)라는 '마

---

5 '플랜테이션'이라는 용어 자체는 8세기에 아랍과 지중해 남부 지역 사이의 교역에서 처음으로 사용되었다[Curtin, 1998: 3].

룬'(maroon, 에스파냐어로는 cimarrón)⁶을 탐방했다. 그는 사탕수수 나무가 대규모로 있는 위치를 알아내어 식민지배자들에게 알렸고 수백 명의 네덜란드 군인들이 와서 이 지역을 강탈했다. 당시 네덜란드를 통치했던 ― 정확하게는 7개 주(洲) 연합 총독이다 ― 윌리엄 5세(William V, Prince of Orange)는 콰시의 이런 행동에 대한 보답으로 그를 헤이그로 불러서 옷과 장식품을 주었다.

수리남에서 네덜란드의 군사 책임자로 복무했던 존 가브리엘 스테드만(John Gabriel Stedman)은 《수리남에서 봉기했던 흑인들을 진입하기 위해 보낸 5년간의 이야기》(1790)에서 콰시에 대한 기록을 남겼다[Stedman, 2010: 581-584]. 그는 친구인 윌리엄 블레이크(William Blake)에게 콰시의 모습을 그려 달라고 부탁했다[Stedman, 583]. 〔그림 3-1. 축복받은 그라만 콰시〕(167쪽 볼 것)가 보여주듯이, 친구인 스테드만의 부탁을 받은 블레이크는 이를 판화 작품으로도 만들었다[Price, 2002].⁷

기니에서 어릴 때부터 배웠던 콰시의 自然史 지식은 아프리카에서 아메리카로의 디아스포라를 이해하는 데 대단히 중요하다. 왜냐하면, 그것은 '열대 : 서구 = 前근대 : 근대'라는 기존의 등식이 일방

---

6 에스파냐가 아메리카를 식민화하기 시작했던 16세기 초부터 마룬은 존재했다. 네덜란드, 프랑스, 영국 등이 식민화했던 아메리카의 전 지역에서 마룬은 다양한 방식으로 자신들의 독립된 사회를 만들어 갔다.
7 역사인류학자 리처드 프라이스(Richard Price)는 수리남에서 약 20년간 민속학적 조사를 수행하면서, 콰시를 포함해서 마룬에 대해 연구했다. 에릭 홉스봄은 프라이스의 연구에 대해 '숲속의 포스트모더니즘'이라고 평가했다[Hobsbawm, 2002: 309-322].

적으로 성립하지 않음을 말해 주기 때문이다. 이처럼 열대 自然史는 서구 중심적 인류사에 의한 왜곡된 역사 인식을 바로잡는 데 중요한 역할을 할 수 있다.

플랜테이션 공장형 농업

역사학자와 지리학자들은 아프리카에서 강제로 끌려온 노예들이 카리브 해의 플랜테이션에서 노동력을 착취당한 것은 알고 있다. 혁명의 시간이 1791년부터 1804년까지인 것도 잘 알려져 있다. 장소가 생도맹그의 사탕수수 플랜테이션이라는 것도 모르지 않는다. 그렇다면 무엇이 문제일까?

구글 지도에서 베네수엘라의 대서양 연안에 있는 작은 섬 트리니다드를 찾아보자. 나라 이름은 트리니다드-토바고(Trinidad and Tobago)이다. 여기서 태어난 걸출한 역사학자 제임스(Cyril Lionel Robert James)는 《블랙 자코뱅》(1938)을 통해 '콩고-아이티 노예혁명'의 세계사적 의미를 처음으로 탐구함으로써 경종을 울렸다.

> 1789년 생도맹그는 신세계의 거대 시장을 형성하고 있었다. 생도맹그는 여러 항구들을 통해 1,587척의 배들을 받아들였는데, 그 수는 마르세이유보다 훨씬 더 많았다. 프랑스는 생도맹그와의 무역에만 750척의 대형 선박과 2만 4천 명의 선원들을 투입했다. 1789년에 영국의 수출 무역은 2

천 7백만 파운드, 프랑스는 1천 7백만 파운드였는데 이 가운데 생도맹그의 무역이 차지하는 비중은 거의 1천 1백만 파운드에 달했다. 이에 비하면 그해 영국 식민지 무역의 전체 규모는 5백만 파운드에 불과했다[James, 2007: 83-84].

생도맹그의 플랜테이션이 생산했던 교역의 규모가 유럽인의 삶에서 얼마나 중요한 위상을 차지했는지를 명확하게 인식할 수 있다. 이 시기에 유럽의 시장은 노예들의 열대 플랜테이션에서의 노동력에 의존했다. 역사적 사실의 그물망으로 더 깊이 들어가 본다.

《그림 3-2. 아바나의 사탕수수 플랜테이션》(168쪽 볼 것)을 얼핏 보기만 해도 플랜테이션을 단순히 농업의 한 방식이라고 말할 사람은 없을 것이다. 유럽의 식민통치자들은 더 많은 사탕수수를 생산하기 위해 1680년대에 공장형 농업이라는 새로운 유형의 생산 공간을 만들었다. 플랜테이션 공장형 농업은 유럽인들이 적응하기에 매우 힘든 열대 풍토에서 아프리카인들의 노동생산력을 효과적으로 착취하기 위해 만든 독특한 생산 공간이다.

첫째, 플랜테이션 공장형 농업은 전통적인 의미에서의 농업이 결코 아니다. 왜냐하면, 카리브 해의 플랜테이션은 근대적 공장 체제를 구성하는 노동 분업, 생산과 소비의 분리, 규율적 노동 과정을 실현했기 때문이다. "농업과 공업은 설탕 생산을 통해 서로 결합이 되었다." 역사인류학자 시드니 민츠(Sidney Mintz)는 자메이카와 아이티에서의 현지 조사에 기초해서 이를 규명했다[Mintz, 1985: 46-73].

둘째, 플랜테이션 공장형 농업은 서구의 열대 공간 발명에서 핵심적인 위상을 차지한다. 프랑스, 영국, 네덜란드, 에스파냐, 포르투갈은 플랜테이션 공장형 농업에 대한 식민 경영을 통해 전 지구적 무역 시장을 장악했다. 서구는 제국주의적 욕망을 실현하기 위해 설탕, 차, 커피, 담배와 같은 상품을 생산하는 데 적합한 플랜테이션을 아메리카와 동남아시아를 중심으로 확대시켰다[Curtin, 1998: 204].

18세기에 아프리카에서 생도맹그로 끌려온 노예는 50만 명을 넘어섰다. 놀라지 말자. 이는 같은 시기 미국 남부 전체의 흑인 숫자와 대동소이했다. 이 중에 6만 2천 명이 '콩고(Kongo) 왕국'[8]의 백성이었다[Thornton, 1993]. 생도맹그의 산악 지역에 위치한 플랜테이션에서는 콩고어가 프랑스어나 크리오요어만큼이나 일반적으로 사용될 정도였다. 콩고 왕국에서 온 사람들은 두 가지 점에서 뛰어난 능력을 갖추었다. 하나는, 그들은 식물, 동물, 광물을 활용해서 아픈 사람의 몸과 마음을 치유할 줄 알았다. 다른 하나는, 어릴 때부터 수많은 종족 간 전쟁을 치르면서 성장했기에, 그들은 온갖 종류의 무기를 다룰 줄 알았다. 또한 군사를 어떻게 부려야 전투에서 이기는지도 알았다.

서구 중심의 역사는 약 4만 명에 불과한 유럽인들이 이렇게 뛰어난 수십만 명의 노예들을 어떻게 관리했는지에 대해 은폐하려고 한다. 하지만, 지금의 나이지리아 남부에서 태어나서 노예로 고생하다가 자유인이 된 에퀴아노(Olaudah Equiano, 1745-1797)[9]가 쓴

---

8 콩고 왕국은 18세기에 현재의 앙골라 북부, 콩고공화국 전부, 콩고민주공화국의 대서양 연안 지역, 가봉의 남부 지역을 통치했다.
9 다른 자료에 의하면, 영국령 식민지 사우스캐롤라이나에서 태어났다고 한다.

《흥미로운 이야기》(1789)는 당대 노예무역과 플랜테이션에 대해 다음과 같이 폭로했다.

> 카리브 해에 위치한 어떤 섬의 역사라도, 심지어는 어떤 플랜테이션의 역사라도 카리브 해의 전체 역사라고 간주해도 틀리지 않다. 노예무역은 인간의 마음을 타락시켰으며, 인간의 모든 감정을 무디게 만들어 버렸다[Equiano, 2001: 111].

얼마나 많은 아프리카인들이 노예가 되어 대서양을 건넜을까? 한평생 아프리카 연구에 일생을 바쳤던, 미국의 역사학자이며 인권운동가인 윌리엄 듀보이스(William Edward Burghardt DuBois)는 이 분야 필독서인 《니그로》(1915)에서 1억 명의 영혼이 노예무역으로 희생되었다고 말했다[DuBois, 2013: 156].

이 시기의 유럽 문학가와 예술가들은 노예무역에 관해 앞을 다투어 형상화했는데, 노예선이 가장 대표적인 주제가 되었다. 독일의 시인 하이네(Henrich Heine)는 노예들이 아메리카로 팔려 갔던 참혹한 장면을 〈노예선〉(Das Sklavenschiff, 1854-1855)이라는 시에서 다음과 같이 풍자적으로 묘사했다.

> 우리 모든 인간을 위해 십자가를 짊어진 그리스도여!
> 저 3백 개의 상품이 살아남지 않으면
> 내 장사는 망쳐 버리고 맙니다[Heine, 1991: 171].

열대 사탕수수 플랜테이션은 '아프리카 노예 노동 — 아메리카의 토지 — 유럽의 시장'[Burbank & Cooper, 2010: 157]을 제국주의적 힘으로 연결시킨 문화역사지리적 공간으로 작용했다. 유럽은 여기서 생산된 설탕을 열대 해양무역을 통해 판매함으로써 자본을 축적했다.

플랜테이션을 통해 생산된 상품인 설탕은 커피, 차와 함께 18세기 유럽의 정체성을 형성시켰던, 핵심적 물질로 부각되었다. 19세기 독일의 저명한 역사학자 아르놀트 헤렌(Arnold Heeren)은 이를 정확하게 지적했다.

> 18세기에 커피, 설탕, 차 등이 유럽에서 일상적으로 소비되면서 [열대] 식민지의 중요성이 더욱 커졌다 … 만일 이 생산품들이 없었더라면 서구가 과연 오늘날과 같이 될 수 있었겠는가?[Heeren, 1971(1809): 172-173]

역사적 진실을 직시하자. 누가 커피, 설탕, 차의 플랜테이션에서 그토록 몸과 마음을 바쳤는가? 결국 아프리카의 노예들이 아니었다면, 서구는 현재와 같은 발전을 할 수 없었음을 서구의 역사학자가 스스로 고백한 것이다.

앞에서도 언급했던 스테드만의 자전적 체험 이야기와 블레이크의 또 다른 그림을 보자. 스테드만은 수리남의 플랜테이션 상황을 직시하면서, 아프리카의 노예와 아메리카의 원주민들이 없다면 유럽이 버틸 수 없다는 점을 여실히 깨달았다. 블레이크는 스테드만의 이런 뜻을 [그림 3-3. 아프리카와 아메리카에 의해 지탱이 되는 유럽]으로 묘사했다[Stedman, 2010: 619]. 스테드만은 원래는 아시아도 이 그림에 포함하고 싶었지만, 수리남에서의 상황과 연관이 없어서 뺐다고 말했다[618].

〔그림 3-3. 아프리카와 아메리카에 의해 지탱이 되는 유럽〕

이렇게 볼 때, 아프리카에서 온 노예와 아메리카의 원주민들이 식민통치에 맞선 것은 지극히 '인간적인 너무나도 인간적인' 행위였다. 아프리카 自然史와 플랜테이션은 양립할 수 없었다.

왜 '콩고-아이티 노예혁명'이라고 부르는가

> 나는 모든 흑인들의 주인인 콩고 왕, 아버지를 대변하는 프랑스 왕, 어머니를 대변하는 에스파냐 왕의 신민(臣民)이다 [Thornton, 1993].

콩고 왕국에서 생도맹그의 플랜테이션에 노예로 끌려왔던 혁명의 지도자 마카야(Macaya)[10]가 한 말이다. 경이로운, 세계사적 의식의 표출이다. 그는 아프리카 — 유럽 — 아메리카를 유기체적인 '집합적 몸'(body politic)[Porter, 2001; Oliwg, 2002]의 지평에서 꿰뚫어 보았다.

세계 최초로 노예가 주도한 혁명이 카리브 해에 위치한, 쿠바 다음으로 큰 섬[11]에서 일어났다. 이는 지금까지 '아이티혁명'이라고 불리고 있다. 필자는 이 용어보다도 '콩고-아이티 노예혁명'이 더 적합하다고 생각한다. 두 가지 이유에서 그렇다.

하나는, 아이티혁명은 혁명의 본질적 특징을 드러내는 데 매우 미흡하기 때문이다. 콩고-아이티 노예혁명은 서구 제국주의에 의해 아프리카

---

10 그의 생몰년도는 알려져 있지 않으나, 1791년에서 1802년까지 혁명에서 했던 역할에 대해서는 어느 정도 자료를 찾을 수 있다.
11 크리오요 언어인 '아이티어'로는 'Ispayola'에 해당하는 이 섬은 영어로는 히스파니올라(Hispaniola), 프랑스어로는 이파니올라(Hispaniola), 에스파냐어로는 에스파뇰라(Española)로 각각 불린다. 현재 이 섬은 두 국가, 아이티 공화국(Repiblik d Ayiti)과 도미니카 공화국(República Dominicana)으로 분리·통치되고 있다. 전자는 아이티어를, 후자는 에스파냐어를 공용어로 각각 사용한다.

중에서도 콩고에서 강제로 끌려온 노예들이 세계에서 처음으로 혁명의 주역이 되었다는 점에서 세계사의 모든 혁명 중에서도 가장 혁명적인 사건이다. 이렇게 명명함으로써, 콩고인들이 아이티에서 혁명의 주체가 되었음을 더욱 강조할 수 있다.

다른 하나는, 노예를 혁명의 이름에 포함하게 되면 아프리카 — 아메리카 — 서구 사이의 제국주의적 힘의 역학 관계가 고스란히 드러나기 때문이다. 콩고-아이티 노예혁명은 플랜테이션과 떼려야 뗄 수 없는 관계 속에서 전개되었다. 플랜테이션 공장형 농업은 서구적 근대의 중요한 경제적 토대가 되었다. 콩고에서 팔려온 노예들은 서구가 아메리카를 식민통치하는 데 물질적 기반이 되어 왔던 플랜테이션 공장형 농업의 핵심적 노동력을 제공했다. 노예가 없었다면 플랜테이션은 아예 존재하지 못했으며, 서구적 근대는 지금과는 다른 방식으로 전개되었을 것이다.

이와 같이 콩고-아이티 노예혁명은 같은 시기의 프랑스혁명이나 미국 독립혁명과 근본적으로 다른 혁명이다. 서구 중심적인 관점에서 역사적 사건을 명명한 방식에도 혁명적 전환이 요청되는 것이다.

콩고-아이티 노예혁명은 21세기 들어 서구 역사학자들 사이에서 점점 주목을 받고 있다. 하지만, 여전히 이 혁명의 주체 세력인 콩고 왕국에서 온 노예들을 깊이 탐구하지 않는다.

더 심각한 문제는 "프랑스혁명의 여파로 아이티에서 혁명이 발생했다."라고 인식하는 데 있다. 앞으로 상세히 설명하겠지만, 콩고-아이티 노예혁명이 프랑스혁명에 미친 영향은 거의 주목을 받지 못해 왔다. 이 혁명도 서구 중심적으로 서술되고 있다.

1장에서 이미 말했듯이, 한국의 고등학교 교과서를 살펴보면 사태가 자못 심각하다. 세 종의 《세계사》 교과서 중에서, 두 종은 아예 이 세계사적 사실을 언급조차 하지 않는다. 나머지 한 종은 다루기는 한다. 하지만, 콩고-아이티 노예혁명의 이념이 프랑스혁명에 어떻게 녹아 있는지는 관심이 없다.

그런데, 콩고는 한국인에게 완전히 낯선 나라가 아니다. 17세기 조선에 알려졌던 《직방외기》(職方外紀, 1623)에 콩고에 대한 이야기가 나와 있다. 1631년경 옌칭을 다녀왔던 연행사신 정두원(鄭斗源)은 예수회 알레니(Julio Aleni) 신부가 중국 한문으로 쓴 《직방외기》를 조선에 갖고 들어왔다. 이 책에는 스리랑카, 말루쿠, 말라카, 자바 등의 동남아시아, 콩고, 탄자니아, 마다가스카르, 카나리아 등의 아프리카, 멕시코와 브라질 등의 아메리카와 같이 열대 지역에 대한 소개가 상세히 되어 있다. 콩고에 대한 다음 구절을 보자.

> 콩고라는 나라가 있다. 그곳은 매우 넉넉하며, 사람들은 의리를 제법 안다. 그들은 스스로 서양 손님들과 함께 다니는데, 나라 안의 큰 도시에서는 천주교를 신봉한다. 그 나라의 왕은 자녀들을 유럽에 보내어 문자를 익히게 하고, 사물을 연구하고 이치를 밝히는 학문을 하게 한다[Aleni, 2005: 228].

17세기 콩고 왕국에서는 왕족의 자녀들을 포르투갈에 유학을 보낼 정도로 유럽과 교류를 하고 있었다. 조선 사대부들이 《직방외기》에 소개되어 있던, 콩고에 관한 글을 읽고 어떤 상념에 빠졌을지 궁금하다.

아프리카의 흑인 정체성을 지향하는 네그리튀드(Négritude) 운동의 선구자 세제르(Aimé Césaire)는 콩고-아이티 노예혁명을 서구 문명의 기원으로까지 거슬러 올라가서 논의했다. 그는 이 혁명의 지도자였던 투생 루베르튀르(Toussaint L'Ouverture, 1743-1803)를 다룬 저서에서, 다음과 같이 말했다. 콩고-아이티 노예혁명을 "연구하는 것이야말로 현대 서구 문명의 기원과 원천을 연구하는 것이다."[Césaire, 1981: 23]. 세제르는 고대 그리스와 로마 문명 중심의 고대 서구 연구에만 매몰되어 있는 인문학자들에게 서구 편식증에서 탈피하라고 주창했다.

보두교, 해방과 치유의 영성

정든 땅과 하늘을 강제로 떠났던 생도맹그의 노예들은 힘들고 고통스러운 플랜테이션의 노동을 어떻게 이겨낼 수 있었을까? 아프리카에서 태어날 때부터 믿었던 토착 신앙인 보두(Voodou)는 그들의 종족적 정체성을 지탱해 주는 근본적인 힘이 되었다. 원래 보두는 아프리카의 가나, 나이지리아, 토고를 아우르는 지역에 살고 있었던 요루바(Yoruba) 종족을 중심으로 발달되어 왔던 토착 종교 의식에 기원을 두고 있다. 카리브 해의 노예들은 인류사와 自然史를 모두 관장하는 정령인 '르와'(Loa)가 아메리카에도 존재한다고 믿었다[서성철, 2013]. 이러한 신앙은 지역에 따라 다르게 표현되었는데, 대체로 브라질의 경우에는 캉동블레(Candomblé), 쿠바에서는 산테리아(Santería), 자메이카에서는 오베아(Obeah) 등으로 불렸다[Hurbon, 2011].

그러나, 프랑스 식민통치자들은 이런 보두교가 자신들의 가톨릭 정체성과 배치된다고 간주해서 엄격하게 처벌했다. '태양왕'이라고 알려질 정도로 절대 권력을 향유했던 루이 14세(재위 기간: 1643-1715)가 공표했던 '흑인법전'(Code Noir, 1685)에 따라, 프랑스의 모든 식민지에서 보두 신앙을 포함한 토착 종교는 일절 금지되었고 오로지 가톨릭만 인정되었다. 콜베르 재상이 원래 입안했던 흑인법전은 노예무역을 철저하게 관철하고 플랜테이션 체제를 효과적으로 작동시키는 데 목적이 있었다.

노예들은 보두 신앙이 위협을 받게 되자, 이를 가톨릭의 의식으로 위장하는 동시에 가톨릭과의 혼합적인 종교 형태로 만들어 가면서 자신들의 종족적·신앙적 정체성을 지켰다. 프랑스 통치자들이 처음에 노예들의 보두 의식에 대해 깊이 유념하지 못했던 것도 이런 사정과 연관되어 있다.

프랑스에서는 두아니에(Douanier) 루소로 더 잘 알려진, 앙리 루소(Henri Rousseau)가 이 보두교에 주목했다. 파리식물원과 自然史박물관을 다니면서 열대의 빛과 색에 매료되었던 루소는 멕시코와 카리브 해를 다녀왔던 화가, 외교관, 무역상, 군인들로부터 보두교에 대한 이야기를 들었다.

루소의 작품 [그림 3-4. 뱀을 부리는 여자 마술사](168쪽 볼 것)를 처음 접한 이후로 풀리지 않는 의문이 있었다. 이 마술사와 뱀을 형상화하면서, 화가는 어느 시기와 장소를 상정했을까?

종교사학자 미르치아 엘리아데(Mircea Eliade)는 《聖과 俗》(1957)에서 우주가 개벽될 때 뱀이 출현한다고 말했다[Eliade, 1998(1957): 99]. 보두교 의식에서 생도맹그의 노예들이 숭배하는, 쿨뢰브르(Couleuvre) 뱀도 우주와 함께 태어났다. 이 뱀은 "과거에 관한 지식, 현재에 대한 통찰, 미래에 대한 예지"를 갖고 있어서, 노예들은 보두교 의식에 따라 춤을 추면 이 뱀의 주술적 힘이 자신들을 치유해 준다고 믿었다[Moreau, 1: 64-68].

이어서 대지가 넓어지면서, 산, 강, 계곡, 호수, 나무, 바위가 나타났다. 계속해서, 최초의 치료자인 약용 식물이 등장했다[Eliade, 99]. 〖그림 3-4〗에서, 쿨뢰브르 뱀이 서식하고 있는 숲속의 모든 식물들은 약용 식물이다. 그리고 마술사의 피리를 통해 주술적인 치유의 노래가 흘러나온다. "이 치유의 노래와 관련해서 주목해야 할 중요한 사실은, 약용 식물의 기원에 관한 신화가 우주 창조의 신화와 항상 결합되어 있다는 것이다."[Eliade, 99]. 이것이야말로, '식물적 우주'의 본질이다. 아프리카의 보두 신앙에서는 식물적 우주에 의한 치유 행위와 노래가 지속되고 있었다.

생도맹그에서 거의 10년간(1774-1783) 변호사로 활약하면서 동시에 의회에서도 활동했던, 모로 드 생-메리(Médéric Louis Élie Moreau de Saint-Méry, 1750-1819)가 처음으로 보두교에 대해 기록을 남겼다. 그는 마르티니크 섬에서 크리오요로 태어났기에 프랑스에서 건너온 백인들보다도 노예들의 종교 의식에 더 관심을 가졌다. 식민정책을 깊이 관찰한 것을 토대로 집필했던 《프랑스령 생도맹그 섬에 대한 지형학적, 물리적, 시민적, 정치적, 역사적인 기술》(1797)에서, 그는 이 뱀의 존재에 대해 설명했다. 하지만, 생도맹그를 다녀간 유럽의 선교사들, 무역상, 관료들은 이를 노예들의 단순한 주술로 치부했다. 생도맹그의 통치자들은 보두교가 아프리카의 오래된 토착 신앙이라는 사실에 대체로 무관심했다.

그렇다면, 《그림 3-4》 속의 여성 마술사는 구체적으로 누구인가? 우선, 한국의 과학사 분야 독자들에게도 알려진, 미국 과학사의 석학 제임스 매클렐란(James McClellan) 3세의 이야기를 경청해 보자.[12] 그가 《구체제 생도맹그의 식민주의와 과학》(1992)에서 강조했듯이, 생도맹그의 의학과 보건의료제도에 대한 역사적 인식은 콩고-아이티 노예혁명이 발발하기 이전의 생도맹그 상황을 직시하는 데 대단히 중요한 의미를 지닌다[McClellan Ⅲ, 2010: 128-146]. 이런 관점에서 이 섬의 보건의료 인력들이 어떻게 구성되어 있는지를 살펴본다.

프랑스는 약 3만-5만 명에 해당하는 자국의 행정 관료, 무역상, 군인 등을 열대 질병, 각종 사고와 부상으로부터 보호하기 위해 의사들을 현지로 파견했다. 18세기 유럽의 의사들은 '의료지리학'적 문제의식, 즉 질병의 장소성과 풍토적 조건의 상관성에 대해 이해하고 있었다[Rilrey, 1987: 37-53]. 특히 프랑스 왕실이 파견했던 샤를 아르토(Charles Arthaud)와 같은 유능한 의사들은 열대 질병이 생도맹그

---

[12] 이를 주제로, 2017년 여름에 파리에서 휴가 중이던 그와 여러 차례 긴 메일을 주고받았다. 그에게 감사를 표한다.

의 풍토적 상황에서 어떻게 발생하는지를 예의 주시했다. 약 50만 명에 달하는 노예들의 건강한 노동력이 확보되지 않으면, 플랜테이션을 통한 무역은 심각한 영향을 받기 때문이다. 이 점이 생도맹그의 열대 풍토에서 매우 특유한 보건의료 인력이 형성된 역사적 맥락이다.

이렇게 볼 때 루소 그림의 마술사가 누구인지 실마리가 풀린다. 야생 사탕수수를 베어 플랜테이션에서 이를 정제하는 작업은 매우 높은 노동 강도를 필요로 했다[Mintz, 1985]. 이런 과정에서 한 손이 잘렸던 마카야의 경우가 보여주듯이, 노예들은 온몸이 성한 데가 없었다. 그래서 의료기관이 플랜테이션에 설치되었고, 프랑스에서 온 의사들이 절대 부족했기에 수십만 명 노예들의 손상된 신체 부위를 치료할 수 있는 간호 인력이 상당히 필요했다. 이런 과정을 거쳐 '오스피탈리에르'(hospitalière) 제도가 만들어졌다[Weaver, 2006: 42-44].

문제는 이 간호 인력이 통상적인 의미에서 치료만을 한 것으로 끝나지 않았다는 데 있다. 의사학자(醫史學者) 캐롤 위버(Karol K. Weaver)가 《18세기 생도맹그의 의료혁명가들》(2006)에서 논의했듯이,[13] 그들은 약초치료사(herboriste), 약제조무사(infirmière), 조산원 등 다양한 치료 인력들과 함께 이 지역의 보건의료 네트워크를 만들어 가는 데 중심적 역할을 했다. 게다가 '카페르라타'(caperlata/kaperlata)라고 불렸던 심리치료사들은 플랜테이션 밖에서 주로 야간에 노예들을 만나서, 보두교의 영성적 힘으로 노예들의 정신적 고통을 상담했다.

---

13 위버의 논의 이후로, 노예들의 질병과 의료에 대한 저술들이 이어졌다 [Schwartz, 2010; McNeill, 2010; Hogarth, 2017].

식민통치자들 중에는 이 심리치료사들이 부두교를 전파한다고 해서 상당히 두려워했던 사람들도 있었다. 하지만 그들은 심리치료사들이 혁명의 거대한 네트워크를 만드는 데 중요한 역할을 했을 거라고는 상상조차 하지 못했다.

오스피탈리에르를 비롯해서 이 치료 인력들은 카리브 해에 살면서도, 식물의 치유 효과에 대한 아프리카의 지혜를 일상생활 속에서 발휘했다. 아프리카 自然史에 대한 그들의 지식은 생도맹그의 토착 식물에 대한 그것과 결합되었다. 그들은 한편으로 생도맹그의 토착 식물을 활용해서 같은 노예들의 질병들을 치료하면서, 다른 한편으로 그들과 함께 식민통치에 저항했다. 카페르라타들은 여기에 종교적 정체성을 불어넣었다.

막캉달에서 마카야에 이르기까지, 이런 활동은 생도맹그의 수많은 노예들을 통해 광범위하고도 단단한 네트워크로 전개되었다. 이것이야말로 콩고-아이티 노예혁명의 발생론적 공간과 영성적 힘을 인식하는 데 매우 중요하다. 아프리카 自然史에 기초한 부두교가 생도맹그 노예들에게 해방의 신앙으로 거듭났음을 강조해야 할 이유가 여기에 있다.

식물, 동물, 광물은 수백만 년 인간과 공진화(共進化)를 해왔다. 생도맹그를 비롯해서 카리브 해의 플랜테이션에서 노동력을 착취당했던 노예들은 아프리카에서 태생적으로 이를 깨달았다. 아프리카의 종교학자 음비티(John Mbiti)에 의하면, 우주에서의 자연과 인간의 유기적인 관계는 주술적인 힘으로 분출된다[Mbiti, 1989(1969) & 1991(1975)]. 이 점이 바로 아프리카 自然史의 알파요 오메가다. 생도맹그에서는 보두교가 노예들에게 영성적인 힘으로 작용했다.

여기서 매우 본질적이고 중요한 문제가 대두된다. 이렇게 보두 신앙이 콩고-아이티 노예혁명의 근원적 토대였는데도 불구하고, 왜 칸트, 괴테, 헤겔 등 유럽의 최고 사상가들은 이를 거의 언급하지 않았을까?

대답은 의외로 간단하다. 유일신 기독교를 믿었던 유럽 사회가 볼 때, 아프리카를 비롯해서 아시아와 아메리카의 거의 모든 종교는 무신론에 해당했다. 뱀을 숭배하다니. 이런 행위는 종교는커녕, 원시적이거나 야만적 행위에 불과했다. 기독교를 믿는 유럽인들이 볼 때, 보두 신앙은 우상을 숭배하는 주술적 행위에 불과했다. 식물적 우주의 전통이 유럽에서도 전해져 왔지만[Eliade, 1995(1949): 8장], 그것은 기독교에서만 허용될 뿐이었다. 18세기 스코틀랜드 계몽사상가인 데이비드 흄(David Hume, 1711-1776)은 《종교의 自然史》(1757)에서 이런 상황을 다음과 같이 말했다.

> 아프리카와 인도 심지어는 일본과 같은 매우 야만적이고 무지한 민족들은 신에 대한 광범위한 개념이나 지식을 갖고 있지 않으며, 사악하고 가증스러운 존재라고 말하는 … 그런 존재를 숭배한다[Hume, 2004: 136].

그의 사상적 성취가 충분히 평가되지 못하고 있는, 융합적 지식인 루이스 멈퍼드(Lewis Mumford)는 이러한 서구 중심적 종교로서의 기독교에 대해 예리하게 비판한 인물이다. 그는 기독교나 불교와 같은 "기축 종교가 인간의 自然史를 간과하는 결정적인 실수를 범했다."라고 말했다[Mumford, 2011(1956): 99]. 미르치아 엘리아데도 같은 맥락에서 헤겔의 역사철학과 성서의 히브리 예언자들의 역사신학이 동심원을 보여준다고 비평했다[Eliade, 2009: 150]. 이렇게 볼 때, 서구 기독교와 근대 역사학에 포섭되어 있는 한, 보두 신앙과 같이 自然史의 우주관을 신봉하는 아프리카의 토착적 종교는 항상 폄하될 수밖에 없다.

훔볼트는 어떠했을까? 태어났을 때 루터교 가정의 전통에 따라 침례를 받았다. 그렇지만, 그가 쓴 탐험기, 일기, 학문적 저작이나 그에 대한 평전이나 관련 연구들을 세밀히 보면, 프로테스탄트 기독교가 그의 학문적 세계관에 깊은 영향을 미쳤음을 보여주는 자료들이 거의 없다. 그가 청년기에서 장년기를 거쳐서 노년으로 접어들었을 때도 모태 신앙을 철저하게 믿었다는 이야기를 찾을 수 없다. 그렇다고 해서, 훔볼트가 콩고-아이티혁명을 추동시켰던 보두 신앙에 대해 깊이 이해를 했다고 볼 수도 없다. 곧 설명하겠지만, 그는 생도맹그의 현장에 없었기 때문에, 노예들이 보두 신앙을 어떻게 실행하는지를 직접 본 적이 없다.

혁명과 '인종'에 대한 훔볼트의 인식

훔볼트는 혁명이 생도맹그에서 일어났다는 사실을 어떻게 알았을까? 훔볼트와 봉플랑은 나폴레옹의 이집트 自然史 탐험에 지원하기 위해 파리에 체류했을 당시에 이 소식을 접했을 가능성이 제일 크다.

하지만, 그는 이를 스스로 밝힌 적이 없다.

1799년 6월 5일에 에스파냐의 서북부에 위치한 무역 항구 라코루냐(La Coruña)를 떠난 두 사람은 16세기 말 카스티야 왕국이 식민지로 삼았던 테네리페 섬의 산타크루스에 도착했다. 이 섬은 유럽의 열대 탐험과 식민화에서 역사지리적으로나 지정학적으로 매우 중요한 위상을 차지한다. 유럽의 어느 나라 선박이건 간에 대서양을 거쳐 희망봉을 통해 인도양으로 항해를 하건, 아니면 라틴아메리카로 가건 간에, 이 섬에서 정박을 해왔다. 현재도 에스파냐 영토에 속한다.

테네리페에서 아메리카에 관한 여러 정보들을 수집한 후에, 훔볼트와 봉플랑은 이 섬을 떠나 1799년 7월 16일에 베네수엘라 쿠마나(Cumaná)에 도착했다. 그들은 생도맹그의 상황부터 확인했다. 훔볼트는 1800년 가을에 아바나로 떠나기 전 잠깐 머물렀던 쿠마나에서 쓴 일기에 다음과 같이 적었다.

> 유혈 노예혁명을 방지하기 위해서는 먼저 물라토(mulatto)가 백인과 피가 섞이도록 해야 한다. 물라토는 백인을 증오하고 잃을 것이 없기 때문이다. 그들은 뭐든지 쉽게 위험을 저지를 수 있다. 그래서 물라토들은 유혈 노예혁명을 원한다. 백인과 결혼해서 피가 섞이게 되면, 물라토는 사회적 세습을 통해 [백인의] 재산이 되어온 흑인들에게 맞설 수 있는 방파제가 된다 … 이는 쿠마나의 어떤 박애주의자가 혁명 방지책으로 내놓은 계획이다[Humboldt, 1800년 가을; Kutzinski, 2012: 243].

〔지도 1-2. 린네 제자들의 열대 탐험〕

〔그림 1-3. 광저우 십삼행〕

〔그림 1-4. 예나의 실러, 훔볼트 형제, 괴테〕

〔그림 2-1. 갠지스 강가의 헤이스팅스 총독 부인〕(1790)

〔그림 2-2. 테네리페 섬의 용혈수〕

〔그림 3-1. 축복받은 그라만 콰시〕(1793)

〔그림 3-2. 아바나의 사탕수수 플랜테이션〕
(Cantero, 1857: 64)

〔그림 3-4. 뱀을 부리는 여자 마술사〕(1907)

〖그림 3-5. 해방 노예 장-바티스트 벨레〗(1797)

〖지도 4-1. '강'의 관점에서 본 라틴아메리카 지도〗

〔그림 4-2. 무티스 초상화〕(R. Cristóbal, 1930)

〔그림 4-3. 칼다스 초상화〕

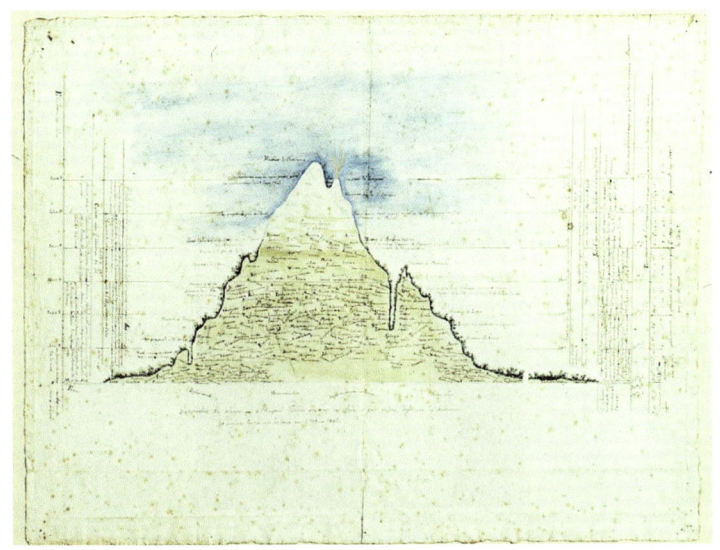

〔그림 4-4. 침보라소와 코토팍시의 식물지리〕

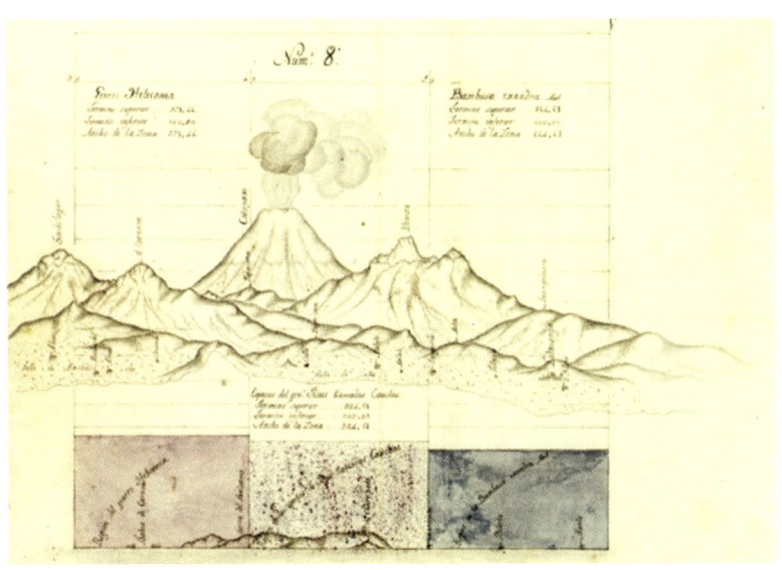

〔지도 4-3. 칼다스의 식물지리학〕

〔그림 4-5. 키토에서의 훔볼트의 복장〕
(Karl Sigmund von Sallwürk, 1944)

〔그림 4-6. 침보라소 화산의 기슭에 있는 훔볼트와 봉플랑〕
(Friedrich Georg Weitsch, 1810)

〔그림 5-2. 안데스 산맥의 킨디오 통과 경로〕

〔그림 5-3. '슈마드리바흐 폭포'의 원본〕(1807)

[지도 5-1. 열대 자연도]

174 훔볼트 세계사

〔그림 5-4. 구세계와 신세계의 頂上〕(괴테 원본, 1807)

〔그림 5-5. 구세계와 신세계의 頂上〕(수정본, 1813)

콩고-아이티 노예혁명: 헤겔의 은폐 175

훔볼트는 콩고-아이티 노예혁명이 인종 간의 갈등에서 비롯되었다고 파악했다. 그는 사태를 정확하게 짚었다. 문제의 원인이 인종 갈등에서 시작했기에, 그는 해결 방법도 여기서 찾았다. 즉, 백인과 흑인 사이에서 태어난 물라토의 후세들이 백인과 더욱 결혼을 많이 하면, 혁명이 방지될 수 있다고 생각했다. 뿐만 아니라, 그는 콩고 왕국에서 노예로 팔려온 흑인들이 혁명의 주역이라는 사실도 알았다. "콩고 왕국에서 잡혀온 흑인들이 가장 교양이 있고 예의가 있다."라고 일기에 적었다. 그들은 "모든 것들을 갖고 콩고로 돌아가기를 원했다."

하지만, "인종차별주의가 노예제의 결과"[Williams, 2014(1944): 59]임을 알았음에도 불구하고, 훔볼트는 노예제의 근본 원인에 대한 처방은 일기에 적지 않았다. 그는 자신의 가장 중요한 저작물들에서도 이 혁명에 대해 상세히 서술을 하지 않았다. 훔볼트도 괴테, 칸트, 헤겔과 같이 이 혁명의 본질을 피해 갔다.

그 이유에 대해서는 여러 가지 각도에서 설명할 수 있을 것이다. 여기서는 인류사에 관한 훔볼트의 기본적 견해에 초점을 맞추어 본다. 그는 《코스모스》 1권에서 이 점을 다음과 같이 분명히 밝혔다.

언어의 다양한 구조가 민족의 운명을 신비스럽게 반영하는 상황에서, 언어의 광범위한 영역은 인종의 친화력과 긴밀히 관련된다. 심지어는 인종들이 약간만 서로 달라도 어떻게 현저히 다른 결과를 빚어내는지를 알려면, 헬레니즘 문명이 지적으로 가장 절정에 도달했을 때 그리스 국가의 역사를 보면 알 수 있다. 인류의 문명에서 가장 중요한 물음은 인종의 이념, 언어 공동체, 그리고 지적 능력과 도덕적 소양을 하나의 시원적 방향으로 발현하려는 노력과 연관된다[Humboldt, 1997(1858): Ⅰ: 351-352].

언어철학자인 빌헬름의 연구에 근거해서 그리고 자신의 조사를 통해, 훔볼트는 인종의 개념은 고대 그리스 시대부터 존재해 왔다고 말했다[352-358]. 결국 노년의 그도 인종에 관한 서구 중심적 입장으로 회귀한 것이다.

팔순이 다 되어 가던 훔볼트는 30대 초반 아바나에서 콩고 노예를 목격했을 때의 그가 더 이상 아니었다. 혁명가인 시몬 볼리바르를 1804년과 1805년에 각각 만나서 아메리카의 독립에 대해 격려를 해주던, 패기에 찬 청년이 아니었다. 1850년대의 그는 신체적으로나 정신적으로 상당히 노쇠했다. 인종이 문명의 발전에 가장 중심적 화두임을 죽음을 앞두고 고백한 것이다.

인종에 관한 수많은 연구들이 이미 지적했듯이, 프로이센의 형질인류학자 요한 프리드리히 블루멘바흐(Johann Friedrich Blumenbach), 스코틀랜드의 해부학자 로버트 녹스(Robert Knox), 프랑스의 인종이론학자 조셉 아르투르 드 고비노(Joseph Arthur de Gobineau) 등 유럽의 수많은 학자들이 19세기 중반에 전개했던, 인종에 관한 담론은 서구의 정체성 형성에서 가장 핵심적인 층위로 자리를 잡았다[나인호, 2019; Rattansi & Westwood, 1994; Hannaford, 1996; Balibar & Wallerstein, 1998]. 다시 말해서, 노예무역을 통해 강력한 힘을 갖게 된, 다른 민족과 종족에 대한 서구의 차별주의는 근대성의 정립에 깊이 내면화되어 있다[Gilroy, 1993: ix-x]. 만년의 훔볼트는 이러한 서구 중심적 인종론에 대해 저항할 여력이 없었을 것이다.

지리학자이며 지도제작자인 베르크하우스(Heinrich Berghaus)는 훔볼트와 오랜 교분을 가진 인물이었다. 그는 자신의 이해관계를 추구하는 방향으로 훔볼트의 심리적 상황을 이용했다. 그는 훔볼트가 오랜 기간 연구했던 인종과 섭생, 질병과 의상(衣裳), 직업, 종교, 행정, 정신적 능력이 전 지구적으로 어떻게 서로 다르게 분포되었는지에 대한 모든 자료를 자신의 입맛에 맞게 수정했다. 훔볼트가 세상을 떠난 이후에, 베르크하우스는 이 지도 책을 출간했다[Berghaus, 1952].

훔볼트 연구에 관한 세계 최고의 석학으로 간주되는 니콜라아스 룹케(Nicolaas A. Rupke)[14]가 이 지도들에 대해 어떤 평가를 했는지를 들어 보면, 베르크하우스가 얼마나 훔볼트의 연구를 왜곡했는지를 알 수 있다. 그것은 "反가톨릭적, 親개신교적, 인종주의적, 심하게 유럽 중심주의적인 모습을 보여준다."[Rupke, 1997: xxxi]. 이처럼 어디까지가 훔볼트의 독창적인 입장이며, 어디서부터 출판사 편집자나 기타 조력자들이 이를 수정했는지를 파악하는 것이 훔볼트를 올바로 이해하는 데 대단히 중요하다.

---

14 괴팅겐대학에서 오랜 기간 연구를 했던 룹케는 《알렉산더 폰 훔볼트: 메타-전기》(Rupke, 2008)에서 독일의 '훔볼트 만들기'가 어떻게 진행되었는지를 비판적으로 논의했다. 현재 미국 워싱턴 지역에 있는 그는 본 연구를 수행하는 과정에서 필자에게 이루 말할 수 없는 큰 도움을 주었다. 이 자리를 빌려 고마움을 표한다.

프랑스혁명의 역설

루브르 박물관의 관람객이라면 프랑스가 자랑하는 화가 다비드(Jacques Louis David)가 그린 유명한 그림 《나폴레옹 대관식》(1807)에서 한 번쯤 멈춰서 장엄한 광경에 빠져든다. 그의 작품 《마라의 죽음》(1793)도 한국 독자들에게 익숙하다. 프랑스혁명의 지도자 로베스피에르(Maximilien Robespierre)의 친구였던 다비드는 '역사화'를 통해 당대 예술에 큰 영향을 미쳤다. 다비드는 많은 제자들을 두었는데, 앙느 루이 지로데(Anne-Louis Girodet de Roussy-Trioson)는 그중의 한 명이었다.

지로데의 작품 《그림 3-5. 해방 노예 장-바티스트 벨레》(169쪽 볼 것)에 주목해 본다. 도상해석학적 관점에서 볼 때[Kaemmerling, 1997; Panofsky, 2002], 이 작품은 콩고-아이티 노예혁명과 프랑스혁명이 서로 영향을 미치면서 진행되었음을 보여준다. 서구 중심적 세계사에서는 전자가 아예 은폐되거나 한두 줄로 간단히 언급될 뿐이다. 언급이 되더라도 후자가 전자에 영향을 미쳤다고 서술되어 왔다.[15] 하지만, 이 작품은 두 혁명이 상호 영향을 미치는 관계에 있음을 보여준다. 한 걸음 더 들어가 보자.

이 그림은 1797년과 다음 해에 걸쳐 파리에서 전시되자마자 선

---

15 역사학자 베일리(Christopher A. Bayly)는 서구 역사학자들의 호평을 받은 《근대 세계의 탄생》의 표지로 《그림 3-5》를 사용했다[Bayly, 2004]. 그럼에도, 베일리는 콩고-아이티 노예혁명에 대해 전혀 서술하지 않았다. 대신에 지로데의 이 그림을 설명하는 과정에서 벨레를 '아이티혁명가'로만 표기했을 뿐이다[Bayly, 2004: 375].

풍적인 인기를 끌었다. 이 시기 파리에 있었던 훔볼트도 이 작품을 감상했을 것이다. 세네갈에서 태어난 벨레(Jean-Baptiste Belley, 1746-1805)는 생도맹그 플랜테이션에 노예로 끌려왔다. 노예혁명이 발발하자 보병 군대를 이끌었다. 그는 프랑스혁명 이후 설치된 입법 기관인 국민공회에서 생도맹그 북부 지방을 대표하는 3명의 대의원 중에서 유일한 노예였다.[16] 이때부터 나폴레옹 보나파르트의 편에 섰던 벨레는 1802년에 혁명의 지도자 투생 루베르튀르를 공격하기 위해 생도맹그로 향했다. 하지만, 벨레는 도착하자마자 구금되었다. 보나파르트는 흑인 장교가 더 이상 쓸데없다고 판단했기 때문이다. 벨레는 결국 프랑스로 돌아와 옥사를 당했다[Schwetje & Febbraro, 2010: 236-237].

〔그림 3-5〕는 단순히 벨레의 모습만을 보여주는 것으로 끝나지 않는다. 프랑스 국민공회의 공식 복장을 입은 벨레는 18세기 프랑스 최고의 계몽사상가인 레이날(Guillaume Thomas Raynal) 신부의 흉상에 오른팔을 걸친 채로 기대고 있다. 레이날이 당대 최고의 계몽사상가들과 함께 쓴 대작 《동인도와 서인도 제도의 철학적·정치적 역사》(1770)[17]는 프랑스 식민지로 진출했던 무역상인, 정치인, 외교관, 예술가, 고급 장교라면 반드시 읽었어야 할 필독서였다.

지로데는 콩고-아이티 노예혁명의 지도자 벨레와 프랑스혁명의 정

---

16 다른 두 사람은 물라토인 밀스(Jean-Baptiste Mills)와 프랑스인 뒤파이(Louis-Pierre Dufaÿ)였다.
17 드니 디드로(Denis Diderot), 생-랑베르(Jean François de Saint-Lambert), 돌바크(Paul Henri Dietrich d'Holbach)가 함께 참여했다.

신적 지주였던 레이날을 대비시켰다. 벨레와 레이날의 피부 색깔도 확연히 대비되지만, 이에 못지않게 두 인물의 두상 모양과 크기도 대조를 이룬다. 당대 프랑스에서 형성되고 있던 인종주의적 입장이 어떻게 이 작품을 통해 형상화되고 있는지를 주목해야 할 부분이다.

그렇다면, 지로데는 벨레를 작품의 주인공으로 삼아 무엇을 말하고 싶었을까? 이 시기 서구 미술사에서 노예를 작품의 전면에 내세운 경우는 참으로 드물다. 테오도르 제리코(Théodore Géricault)가 루브르 박물관에 역시 전시된 《메두사호의 뗏목》(Le Radeau de la Méduse, 1818-1819)을 그리면서 흑인 노예를 내세운 경우는 있었지만, 노예의 얼굴이 아닌, 등 뒤를 보여주었을 뿐이다. 이보다 약 20년 전에 지로데가 훨씬 강력한 형상으로 벨레를 작품의 주인공으로 삼았을 땐, 유럽 사회에 어떤 메시지를 분명히 전하고 싶었을 것이다. 그것이 무엇일까? 더 예리한 문제의식과 심도 있는 탐구가 요청된다.

아프리카에서 끌려온 노예들 중 약 40% 이상이 카리브 해 지역에 거주했다[Curtin, 1969: 268]. 그라만 콰시의 사례가 보여주듯이, 한 명의 노예가 아프리카 自然史의 디아스포라 과정에서 대단한 위력을 나타냈다면, 아프리카의 가장 많은 노예들이 거주했던 히스파니올라 섬이 조용할 리가 있었겠는가.

콩고 왕국에서 태어난 막캉달(François Mackandal)[18]은 생도맹그에 발을 내딛는 순간, 열대 자연의 섭리가 카리브 해에서는 플랜테이션에 의해 파괴되고 있음을 육감적으로 깨달았다. 엄청난 분량의 사

---

18 출생년도는 미상이며, 1758년에 세상을 떠났다.

탕수수 나무를 일상적으로 베는 일은 인간과 자연의 공진화에 역행하는 행위였다. 어느 날 작업을 하다가 한 손이 절단을 당했다. 그는 생도맹그의 식민통치자들이 노예들에게 자연의 섭리에 반하는 노동을 강요하는 행위에 대해 저항하기로 결심했다. 아프리카의 自然史에 깊은 통찰력을 갖고 있던 막캉달은 노예제의 플랜테이션이 식물, 동물, 광물을 황폐화시키는 상황을 더 이상 두고 볼 수 없었다. 뜻을 같이했던 노예들과 함께 플랜테이션을 탈출한 그는 독립된 마룬 지역에서 살면서 저항 운동을 조직적으로 전개했다.

생도맹그의 노예들이 믿었던, 인류사와 自然史를 모두 관장하는, 보두 신앙의 제사장이 되어, 막캉달은 그들의 종족적·신앙적 정체성이 식민통치자들에 의해 훼손되지 않도록 앞장섰다. 즉, 플랜테이션이 아프리카의 自然史와 배치되는 한, 막캉달은 보두교의 영성적인 힘으로 식민통치자에 맞서 노예들의 해방을 위해 분연히 항쟁했다[이종찬, 2016b: 259-265].

여기서 강조해야 할 점은, 1750년대에 고조되었던, 막캉달을 중심으로 한 노예들의 항쟁이 콩고-아이티 노예혁명이 공식적으로 발생했던 1791년까지 지속되었다는 점이다. 아프리카의 식물적 우주에 영성적인 토대를 두는 보두교를 신봉했던, 막캉달을 중심으로 한, 노예들의 항쟁은 프랑스의 계몽사상 형성과 독립적으로 이루어졌다.

이 사실은 '혁명의 세계사'에서, 특히 프랑스혁명과의 관계를 인식하는 데 대단히 중요하다. 두 가지 연관된 상황으로, 기존의 서구 중심적 세계사에서는 콩고-아이티 노예혁명이 프랑스혁명의 영향을 받았다고 서술되어 있다. 시간적으로 프랑스혁명이 일어나고 약 2년이 흘러 1791년에 이 혁명이 발생했다는 점, 그리고 마카야와 투생 루베르튀르 등 혁명의 선구자들이 계몽사상에 대해 익히 알고 있다는 사실 때문에 그렇다.

그렇다면, 거꾸로 당시 프랑스인들은 수십 년에 걸친 노예들의 항쟁을 몰랐을까. 전혀 그렇지 않았다. 그들은 대서양 너머 생도맹그에서 무슨 일이 일어나고 있는지를 훤히 꿰뚫고 있었다. 몇몇 프랑스 작가와 사상가들을 중심으로, 당대 프랑스 사회가 콩고-아이티 노예혁명 이전부터 지속되었던 항쟁을 어떻게 인식했는지를 살펴본다.

1750년대부터 막캉달을 중심으로 한 노예들의 본격적인 항쟁이 일어나자, 그 소식은 사탕수수와 노예무역의 주요 항구 도시였던 마르세이유, 보르도, 낭트, 라 로셀(La Rochelle), 르 아브르(Le Havre) 등으로 급속히 전해졌다. 프랑스 극작가 루이-세바스티엥 메르시에(Louis-Sébastien Mercier, 1740-1814)는 1763년부터 약 2년간 보르도의 마들렌느 대학에 근무하면서 어느 누구보다도 이러한 상황을 감지하면서, 작가 특유의 문제의식으로 노예들의 항쟁이 장차 어떻게 전개될 것인지를 예의 주시했다.

그는 25판까지 인쇄될 정도로 프랑스에서 영향력이 컸던, 시간 여행에 관한 우화인 《2440년의 미래를 꿈꾸며》(1771)를 출간했다. 주인공이 약 670년의 길고 긴 잠에서 깨어나, 2440년 어느 날 위대한 노예가 '신세계의 복수를 위해' 분연히 일어나 세상에서 가장 잔인한 노예제의 쇠사슬을 끊어 버리는 세상을 목격하는 내용을 담은 작품이다[Dubois, 2014: 98-99]. 프랑스 노예제가 무려 수백 년간 카리브 해에서 지속되는 꿈을 꾸었을 정도로, 노예제는 견고하게 지탱될 것이라고 보았다.

　메르시에의 이 작품이 등장한 이래로, 프랑스에서는 저항하는 노예들을 소재로 삼은 문학·예술 작품들이 숱하게 나타났다. 뿐만 아니라, 1760년대와 1770년대에 수백 명의 노예들이 '자유'를 쟁취하기 위해서 프랑스에서 법률 소송을 벌였다.

　앞에서 언급했던 모로 드 생-메리는 생도맹그에서 파리로 돌아온 이후, 1780년대에 생도맹그의 법과 역사 연구에 대해 심혈을 기울였다. 노예제 철폐에 앞장섰던 콩도르세(Nicolas de Condorcet)나, 프랑스혁명 과정에서 독자적인 정치적 집단을 형성한 지롱드파(Girondins)의 지도자였던 자크 브리소(Jacques Pierre Brissot)는 생도맹그에 대해 궁금한 것이 있으면 모로를 찾아갔다. 생도맹그의 참혹한 노예 상황을 들을 수 있었기 때문이다. 마침내 브리소는 '흑인 우애협회'(Société des amis des Noirs, 1788)를 설립하면서 노예제 타파를 위해 헌신했다.

　메르시에나 모로와 같은 18세기 프랑스의 작가들에 대해 주목해야 할 이유가 있다. 미국의 민주주의에 대한 정치철학적 탐구로 서구 사회에 필명을 널리 알렸던 알렉시 드 토크빌(Alexis de Tocqueville, 1805-1859)에 의하면, 이 시기 프랑스의 작가들은 국민들의 정치적 견해에 깊은 영향을 미쳤다. 그는 《앙시앵 레짐과 프랑스혁명》(1856)에서, 프랑스에서는 문필가들이 당대의 정치적 공론장을 주도했다고 말했다[de Tocqueville, 2013: 245-261].

　이렇게 프랑스 작가들은 생도맹그 노예들의 항쟁에 대한 정치적 담론들을 생산하면서, 카리브 해에서 일어나고 있던 많은 일들에 관한 이야기를 하루가 멀다 하고 들려주었다. 생도맹그의 사탕수수 무역이 1789년에 프랑스의 해외 무역에서 3분의 2를 차지했을 정도로 아메리카 최대 시장으로 부상했다면, 무역 항구 도시들은 말할 것도 없거니와 파리 사람들도 자연스럽게 프랑스혁명 이전의 노예들이 구체적으로 무엇을 주장하는지를 상세히 알 수 있었다.

흔히 프랑스혁명의 이름으로 외친 '자유, 평등, 우애'가 과연 프랑스혁명에만 고유한 것인가. 아니면 1750년대부터 형성된 노예들의 보두 신앙에 근거한 항쟁에서 분출된 것인가. 프랑스혁명에 대한 혁명적인 탐구가 요청된다.

자유는 아프리카 自然史에서 '보두 우주론'[Jean-Marie, 2018]의 핵심적 원리이다. 노예들은 이런 자유를 추구하기 위해 해방의 공동체인 마룬을 설립했다. 프랑스혁명의 정신이 된 자유는 한편으로는 계몽사상으로부터, 다른 한편으로는 보두 신앙에서 비롯된 것이다.

다음으로 식물계, 동물계, 광물계[19]의 모든 개체들이 유기적 세계를 이루는 두 번째 원리가 '평등'이다. 같은 계 내에서 한 개체가 다른 개체를 억압하게 되거나, 서로 다른 계 사이의 유기적 관계가 무너지면, 생태적 균형이 깨어진다.

'우애'도 마찬가지다. 노예들은 고향 아프리카에서 다른 종족과의 우애 관계가 전쟁을 방지하는 데 매우 소중하다는 것을 이미 깨달았

---

19 미국의 뛰어난 생명과학자 린 마굴리스(Lynn Magulis)가 '공생 진화'에 근거해서 명쾌하게 설명했듯이, 필자는 자연의 생명체가 다섯 '왕국(계)'으로 이루어졌다고 생각한다. 그것은 세균, 원생생물, 곰팡이, 식물, 동물이다[Magulis, 2007: 100]. 여기서는 18-19세기를 고려해서 쓴 것이다.

다. 콩고-아이티 노예혁명을 주도했고 혼신의 정열을 바쳤던 사람들은 우애 관계를 유지하면서 식물적 우주에서 분출되는 놀라운 영성적 치유의 힘을 믿었다. 이 점이 프랑스혁명이나 미국 독립혁명의 사상적 기초가 된, 토머스 페인(Thomas Paine)이 《상식》(1776)과 《미국의 위기》(1776)에서 설파했던 입장과 근본적으로 달랐다.

이렇게 본다면, 콩고-아이티 노예혁명이 프랑스혁명보다도 시기적으로 비록 2년 뒤에 일어났지만, 수십 년에 걸쳐 생도맹그에서 일어났던 항쟁은 프랑스혁명을 추동시킨 역사적 원동력이었음이 분명하다.

콩고-아이티 노예혁명이 아프리카의 自然史에 근거한, 생도맹그의 보두 신앙에서 분출되었다면, 이 혁명은 서구 중심적 역사관에서 볼 때 前근대적인 혁명으로 간주될 수 있다. 그리고 프랑스혁명은 당연히 근대적 혁명으로 평가되어 왔다.

콩고-아이티 노예혁명 : 프랑스혁명 = 前近代 : 近代

이 얼마나 우스꽝스러운 역설인가! 전근대의 혁명이 근대 혁명에 영향을 미쳤다니. 결국 생도맹그의 혁명은 전근대에서 근대로 역사가 발전해 왔다는 서구 중심적 역사관과 양립할 수 없음을 명확히 인식할 수 있다.

그렇다면, 전 세계적으로 프랑스혁명사를 연구해 왔던 역사학자들은 프랑스혁명사를 프랑스 중심적 관점이 아니라, 콩고 왕국의 아프리카 노예 — 생도맹그 플랜테이션 — 프랑스 해양무역을 연결하는 전 지구적 관점에서 근본적으로 다시 탐구해야 한다.

황열의 自然史혁명

〖그림 2-3〗으로 다시 돌아가 본다. 뷔퐁의 영향을 받았던 당시 유럽의 고급 교양인들은 自然史를 기후학, 역사지질학, 식물학, 동물학, 광물학, 민족학, 고고인류학, 고생물학, 민속학의 복합적 층위에서 이해하는 데 별로 어려움이 없었다. 21세기 '인공지능' 시대에 첨단 과학기술의 세뇌를 받은 현대인으로서는 이해하기 힘들겠지만, 사실이 그렇다. 5장에서 다시 설명할 루트비히 포이어바흐(Ludwig Feuerbach)는 《종교의 본질에 대하여》(1856)에서 "17세기의 인간은 비록 시간을 감안하지 않더라도 19세기 인간의 조상이 될 수 없다."[Feuerbach, 2006: 156]라고 말한 적이 있다. 이에 빗대어, 21세기 현대인들의 과학적 사유를 거슬러 올라가서 18세기 自然史학자들의 그것에서 찾아내기란 상당한 어려운 '인식론적 단절'이 존재한다고 생각한다.

〖그림 3-6. 열대 自然史의 융합적 층위〗는 필자가 10여 년에 걸쳐 열대와 서구를 직접 탐사하고 공부하면서, '근대 自然史의 선구자'[20] 들에 대해 탐구한 것에 기초한다. 생태학, 해양학, 민속 의약학이 새로운 층위로 포함되었다.

---

20 필자는 앞으로 출간될 《근대 自然史의 선구자》에서 훔볼트를 비롯해, 칼 린네, 조셉 뱅크스, 뷔퐁, 찰스 다윈, 알프레드 월리스의 열대 自然史 탐험을 서로 비교하면서 설명할 것이다.

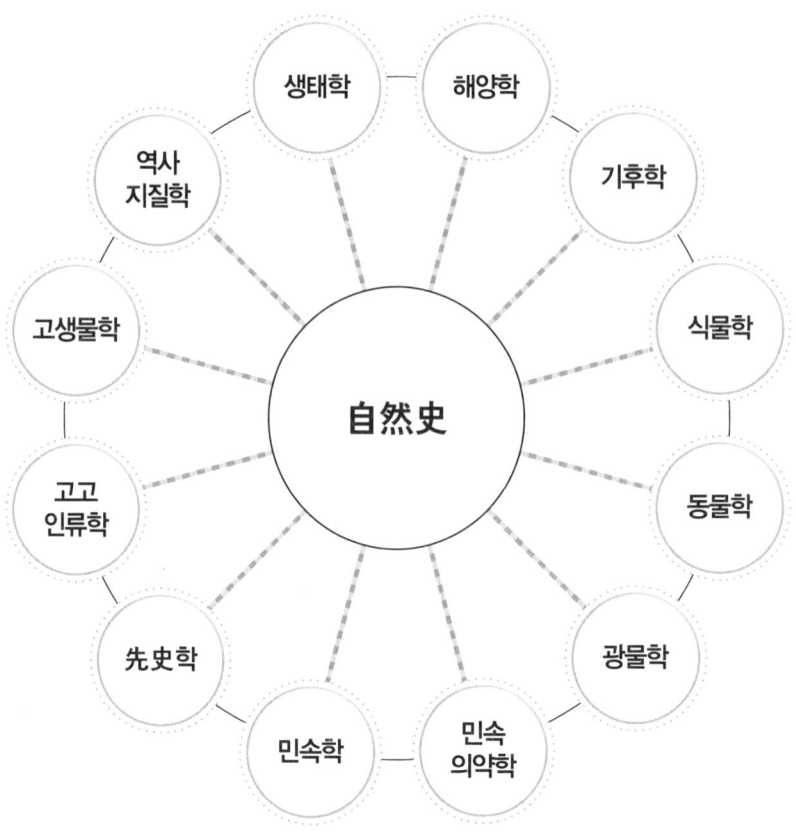

〔그림 3-6. 열대 自然史의 융합적 층위〕

먼저, 아프리카, 동남아시아, 남태평양, 라틴아메리카의 열대 야생 현장을 탐사하면서, '열대 생태학'[Kricher, 2011 & 2017; Osborne, 2012]이 얼마나 절박하게 요청되는 학문적 층위인지를 깨닫게 되었다. 이 층위에 대해 공부하게 되면, 콩고 강 유역이 사하라 사막 이남의 아프리카 중에서도 어떻게 독특한 열대 우림 기후인지를 명확히 이해할 수 있다.

다음으로, 테네리페 섬의 경우가 보여주듯이, 서구의 열대 해양무역 네트워크는 광활한 대서양, 인도양, 태평양에 산재해 있는 수많은 열대의 섬들을 연결하면서 이루어졌다. 해양에 관련된 천문지리와 기상, 무역풍을 비롯한 해류, 생명체, 선박 제조에 관한 지식은 필수불가결했다. '해양력'이 서구적 근대의 핵심적 동력이라면[이종찬, 2016b, 249-255], 해양학은 열대 自然史를 융합적으로 인식하는 데 필수적인 층위이다.

마지막으로, 민속 의약학이다. 앞에서 설명했던, 오스피탈리에르와 카페르라타 등 보건의료 인력들이 생도맹그에서 보여준 치유 방식은 아프리카와 카리브 해의 민속 의약학 지식을 접목시킨 것이다. 마치 21세기에는 민속 의약학이 과학적 의학과 약학에 의해 사라진 것처럼 보이겠지만, 전혀 그렇지 않다. 오히려 열대 지역에서는 '토착 의약학'의 이름으로 되살아나고 있다. 서구의 다국적 제약산업도 그 중요성을 인식하면서, 새로운 제약 시장이 이미 성장하고 있다.

노벨문학상 수상 작가 월레 소잉카(Wole Soyinka)는 《왜 아프리카인가》[2012: 104-128]에서 자신의 가족이 경험했던 치유 과정에 대해 쉽게 설명했다. 민속 의약학은 열대 自然史에 대한 원주민들의 자기 정체성을 형성하는 데 본질적인 층위이다.

이렇게 열대 自然史의 융합적 층위를 이해하고 난 후에, 생도맹그의 노예혁명을 인류사 중심의 역사가 아닌, 自然史의 지평에서 다시 성찰해 본다.

아마도 역사상 가장 중요했던 전염병은 1802년에 생도맹그에서 창궐했던 ['황열'이다. — 필자 첨가] … 나폴레옹이 이 섬을 정복하고 이후로도 미시시피 계곡을 차지하기 위해 파견했던 3만 3천 명의 군인과 선원들 중에서 무려 2만 9천 명이 이 전염병으로 죽었다 … 만일 나폴레옹의 원래 계획이 성공했더라면, 북미 대륙은 세 토막으로 나뉘어 프랑스, 에스파냐, 영국이 각각 지배했을 것이다[Ackerknecht, 1965: 54].

의사학자 어윈 아커크네히트(Erwin H. Ackerknecht, 1906-1988)[21]가 《가장 중요한 전염병들의 역사와 지리》(1965)에서 쓴 이 대목을 콩고-아이티 노예혁명과 관련해서 주목을 하자.

한국 독자들도 익히 아는 《전염병의 세계사》(1977)의 저자 윌리엄 맥닐(William H. McNeill)의 영향을 받은, 그의 아들 제임스 맥닐(James R. McNeill)은 《모기 제국》(2010)에서 생도맹그의 황열을 둘

---

[21] 현재의 폴란드에서 태어난 그는 라이프치히에서 의학 공부를 했다. 한국 의료계에도 잘 알려진, 의료개혁가이면서 병리학자인 루돌프 비르효브(Rudolf Virchow)에 대한 연구로 학위를 받았다. 그는 당시 트로츠키주의자로 나치에 저항한 것이 문제가 되어 파리로 왔다. 소르본느에서 다시 대학을 다니면서, 아커크네히트는 한국의 인류학자들에게도 익숙한, 마르셀 모스(Marcel Mauss)와 루시엥 레비-브륄(Lucien Lévy-Bruhl) 등 당대 프랑스의 민족학자들과 깊이 교류했다. 이후 미국으로 건너와 존스홉킨스 醫史學교실과 뉴욕의 自然史박물관에서 의사학과 自然史의 융합적 관계에 대해 연구를 했다. 그는 미국 최고의 의사학자로 평가받던 헨리 지거리스트(Henry E. Sigerist)를 따라 취리히로 되돌아갔다.

러싼, 거시 기생과 미시 기생 사이의 복합적 관계를 논의했다. 하지만, 그도 아커크네히트가 보여준 의료지리학적 시선을 비켜 갔다.

이렇게 반세기가 흐르는 동안 어느 누구도 아커크네히트의 이 저작에 깊이 관심을 갖지 않았다. 그의 논의를 깊이 이해하려면 관련 저작과 맥락에 대해 좀 더 알아야 한다.

첫째, 히포크라테스의 의료지리학적 역학(疫學) 이론서인 《물, 공기, 대지에 대해》[Hippocrates, 1923]는 여전히 18세기 유럽의 질병 전파의 원인론을 지배했다[이종찬, 2013]. 이 역학 이론에 따르면, '장기'(瘴氣, miasma)가 한 지역의 풍토적 변화를 포함해서 일체의 자연환경과 생활환경을 오염시켜 전염병이 발생한다[Tesh, 1988: 25-32]. 이런 장기론을 열대 自然史의 융합적 층위에서 다시 해석한다면, 황열은 식민통치자들이 50만 명의 아프리카 노예들을 플랜테이션에서 강압적으로 혹사시킴으로써 촉발된, 모든 생태환경의 유기적 균형이 전면적으로 붕괴됨으로써 발생한 것이다.

50만 명의 아프리카인들이 강제로 생도맹그에 거주한 것 자체가 이 섬의 '물, 공기, 대지'와의 유기적 관계를 온통 뒤바꾸어 놓았다. 여기에다가 4만 명의 백인들이 플랜테이션 사업에 관여하면서, 이런 관계망의 변화는 더욱 가속화되었다. 〔그림 3-6〕에 있는 열두 층위들의 관계가 혁명적으로 바뀔 수밖에 없었다.

둘째, 영국의 해군 군의관 벤저민 모즐리(Benjamin Moseley)는 《열대 질병에 대한 논저, 군사 작전과 서인도제도의 풍토》(1787; 1804)에서 유럽에서는 처음으로 '열대 질병'(tropical disease)이라는 용어를 특정했다. 영국이 카리브 해에 있는 바베이도스 섬을 통치하면서 경영했던 사탕수수 플랜테이션에 대한, 자신의 체험을 토대로 서술했다. 모즐리가 언급한 열대 질병이 바로 황열이다. 그는 서인도 제도의 열대 풍토로 인해 창궐한 황열을 방제하기 위해서, 보건의료 인력들을 동원해서 군사 작전을 펼쳐야 한다고 말했다[Moseley, 2012].

모즐리의 저작에서 강조해야 할 논점은 열대 질병과 군사 작전 사이의 상관성이다. '열대 질병과의 전쟁'은 수사적인 의미가 결코 아니다. 《의학의 세계사》의 〈13장 열대의학과 위생적 통치〉에서 설명한 것처럼[이종찬, 2009: 301-318], 서구는 군사적 힘을 동원해서 열대 질병을 척결했다. 곧 설명할 미국의 파나마 운하 개척은 이런 전쟁의 압권에 해당한다.

셋째, 역사학자 낸시 스테판(Nancy Stepan)은 서구 사상사에서 열대 자연의 위상에 주목하면서 세 가지 중요한 학문 분야를 설정했다. 열대 自然史, 인류학, 그리고 열대의학[Stepan, 1995: 16-17]. 서구 학자들 중에서, 그만큼 예리하게 이 세 분야를 콕 집어낸 학자는 거의 없다. 황열의 중요성에도 주목했다. 하지만, 그는 콩고-아이티 노예혁명을 피해 갔다.

이와 같이, 1802년 생도맹그에서 창궐했던 황열을 카리브 해의 국소적인 전염병으로만 좁혀서는 그것이 갖는 전 지구적인 의미망을 인식할 수 없다. 아프리카의 노동력 — 아메리카의 플랜테이션 — 유럽의 무역 시장을 전 지구적으로 연결했던, 열대에 대한 서구의 전 지구적 제국화는 카리브 해의 '열대 생태계'의 급격한 파괴에 이루 말할 수 없을 정도로 치명적인 영향을 미쳤다. 이렇게 열대 自然史와 인류사의 융합적 지평에서 볼 때, 황열의 창궐로 나타났던, 생도맹그에서의 열대 생태계의 붕괴는 서구의 제국적 지배와 떼려야 뗄 수 없는 관계를 갖는다고 말할 수 있다.

강조하건대, 황열의 창궐로 인한 이런 혁명적 변화는 생도맹그에만 한정되지 않았다. 카리브 해에 사태를 진압하러 왔던 프랑스 군대, 그리고 힘의 공백기를 틈타 아이티를 정복하러 왔던 영국군은 말할 것도 없고, 플랜테이션의 행정 관료와 무역상들을 통해, 이 소식은 유럽으로 전해졌다. 뿐만 아니라, 황열은 아바나를 비롯해서 카리브 해의 섬들과 연안 지역, 그리고 미국의 남부, 아마존 유역까지 아주 빠른 속도로 광범위하게 전파되었다.

프랑스의 많은 군인들이 노예들을 진압하러 왔지만, 그들 중 약 70% 이상이 황열로 죽었다. 앞에서 언급했던, 콩고-아이티 노예혁명의 역사를 본격적으로 탐구했던 C.L.R. 제임스는 《블랙 자코뱅》에서 황열이 프랑스의 식민 군대를 어떻게 끔찍한 죽음으로 몰아넣고 있는지에 대해 상세히 기술했다. 생도맹그의 군사 책임자들은 황열이 지속된다면 생도맹그를 포기해야 한다고 파리로 급히 공문을 띄웠다[James, 2001: 441]. 혁명으로 인한 공백을 틈타서 생도맹그를 차지하러 왔던 영국 군인들도 맥을 추지 못했다[Greggus, 1979: 48; McNeill, 2010: 248; Osborne, 2014: 96]. 혁명의 열기를 타고 황열은 쿠바를 비롯해 에스파냐의 식민지였던 카리브 해의 여러 섬들로 급속하게 퍼졌다. 플랜테이션은 초토화되었다.

수많은 프랑스 군인들이 미지의 전염병 앞에서 상상조차 할 수 없는 속도로 쓰러지는, 전혀 예상하지 못했던 상황이 카리브 해에서 전개되었다. 나폴레옹은 결단을 내렸다. 어쩔 도리가 없었다. 결국 오랜 숙원이었던 루이지애나 정복의 욕망을 접어야 했다.

결과적으로 황열은 미국에 이루 말할 수 없는 행운을 안겨다 주었다. 나폴레옹이 루이지애나를 포기하면서, 미국은 1천 5백만 달러에 이 광활하고 풍요로운 영토를 낚아챘었다. 미국의 서부 개척시대가 열리는 순간이었다. 이렇게 아메리카의 역사적 경로는 혁명적으로 바뀌어 버렸다[Desowitz, 1997: 103-104]. 다시 말해서, 황열은 열대 아메리카의 自然史를 혁명적으로 전환시켰다.

이러한 전환은 약 한 세기 이후에 아메리카의 또 다른 열대, 파나마 지역에 다른 방식으로 일어났다. 미국 대통령 시어도어 루스벨트(Theodore Roosevelt, 재임 기간: 1901-1909)는 "미국의 힘이 대서양과 태평양에 모두 미치는 것으로 명확하게 인식한 최초의 대통령"으로 평가된다[Cummings, 2011: 252]. 영국, 프랑스, 에스파냐가 파나마를 차지하기 위해 서로 각축을 벌였다. 유럽 — 태평양 — 아시아를 연결하는 열대 해양무역을 장악할 수 있었기 때문이다. 황열이 여기서도 유럽 열강을 가로막았다. 루스벨트가 유럽의 공백을 치고 들어왔다. 파나마에 군사와 의학 분야 전문가들을 파견했고 운하의 기공식에 직접 참여했을 정도로 집념을 보였다[McCullough, 1978]. 마침내 파나마 운하를 건설했던 미국은 태평양의 시대를 열면서 제국으로 도약했다. 프랑스의 의사학자 프랑수아 들라포르트(François Delaporte)가 황열의 창궐이 '열대의학'(tropical medicine)의 정립에 결정적으로 중요한 自然史적 사건이라고 말한 것도 바로 이 때문이다[Delaporte, 1989].

당시에 카리브 해를 오가면서 황열의 장기를 호흡했던 훔볼트와 봉플랑이 이런 급격한 변화에 대해 몰랐을 리가 없었다. 황열은 이미 1794년부터 1798년 사이에 히스파니올라 섬과 카리브 해의 도서 지역에 창궐했었다[Kohn, 2008(1995): 154-155]. 두 사람은 1799년에 카리브 해를 지나서 카라카스에 도착했을 때 이 전염병에 대한 이야기를 분명히 들었다. 그들은 황열이 콩고-아이티 노예혁명을 절정으로 치닫게 하고 있음을 직감했다. 도대체 생도맹그에서 무슨 일이 일어나고 있는 것인지 궁금하기 이를 데가 없었다.

헤겔의 침묵, 훔볼트의 비판

"세계의 이목이 지금 생도맹그에 집중되어 있다."

독일의 역사학 교수인 요한 아르헨홀츠(Johann Wilhelm Archenholz)가 당대 유럽의 고급 교양독자라면 익히 알았던, 《미네르바》(Minerva, 1792년 창간)의 편집인 서문(1804)에서 쓴 구절이다[Susan Buck-Morss, 2012: 63].

헤겔(Georg Wilhelm Friedrich Hegel, 1770-1831)은 헤르더, 괴테, 실러 등 당대 독일의 사상가들과 마찬가지로 이 잡지를 열심히 구독했다. 2장에서 언급했던 게오르크 포르스터의 《세계 일주 탐험기》를 주목해서 읽은 적이 있었던, 헤겔은 포르스터가 이 잡지의 해외 통신원으로 활동한다는 점도 알았다. 생계를 유지하기 위해 정치평론가로도 활동했던 헤겔은 이 잡지를 통해 아이티에서 노예혁명이 발발했으며 그것이 유럽에 어떤 영향을 미치고 있는지를 알았다. 하지만, 그는 이 혁명에 대해 어떤 입장도 공개적으로 표명하지 않았다.

헤겔은 세 가지 이유 때문에 아프리카 노예가 주역이 된 혁명을 인정할 수 없었고 결국 은폐시키기로 결심했다. 다음의 세 주요 저작은 헤겔의 이런 철학적 입장을 보여준다. 가정적으로나 경제적으로 가장 곤궁했던 시기에 기획해서 집필했던 《정신현상학》(1807), 근대국가의 도덕적, 법률적, 사회적, 정치철학적 토대를 제시한 《법철학 강요》(1820), 베를린대학에서 세계사에 대해 강의했던 내용을 담은 《역사철학 강의》(1837).

첫째, 프랑스혁명을 계몽사상의 정점으로 굳게 믿었던 헤겔로서는[Taylor, 2014: 775],[22] 프랑스의 식민지에서 또 다른 혁명이 일어났다는 사실은 그의 역사철학적 상상력으로는 도저히 생각조차 할 수 없는 사건이었다. 더 나아가서, 그는 프랑스혁명, 독일적인 자유, 스코틀랜드의 경제학과 계몽사상을 근대국가의 기초로 삼았는데[Pinkard, 2015: 260], 이를 지탱하기 위해서는 주인과 노예의 근대적 관계가 성립되어야 했다[Hegel, 2005(1807): Ⅰ: 228-234]. 헤겔은 생도맹그에서는 이런 관계가 결코 이루어질 수 없다고 판단했다.

---

22 프랑스혁명에 대한 헤겔의 철학적 논의에 관해서는 '헤겔 좌파'[Habermas, 1994(1971); Comay, 2011]와 '헤겔 우파'[Ritter, 1982(1957)]로 견해가 나뉜다. 리터(Joachim Ritter)가 "어떤 철학도 헤겔 철학처럼, 가장 내면적인 충동에 이르기까지 철저하게 프랑스혁명을 철학의 주제로 다루지 않았다."라고 말한 데 대해, 하버마스(Jürgen Habermas)는 "프랑스혁명이 제기한 도전에 철학을 희생시키지 않기 위해, 헤겔은 혁명을 자기 철학의 제1원리로까지 높였다."라고 응수했다[Habermas, 1994: 125].

둘째, 지중해를 '구세계의 심장'이며 '세계사의 중심'[Hegel, 1956(1837): 87]이라고 파악했던 헤겔은 아프리카를 역사가 없는 폐쇄적인 사회라고 단정했다. 그래서 그는 세계사의 현실 무대를 제대로 보려면, "아프리카를 역사의 바깥으로 밀어내야 한다."[Hegel, 1956: 99]라고 설파했다. 이런 점에서 헤겔은 아프리카에서 아메리카로 건너온 노예들이 혁명을 했다는 소식을 《미네르바》 잡지를 통해 읽거나 주위에서 이야기를 들었을 때, 자신의 눈과 귀를 의심할 수밖에 없었다. 세계사적 발전을 담당하려면 세계정신을 구현해야 하는데[Hegel, 2008(1820): 574-586], 헤겔은 노예들에게 이런 현상이 결코 나타날 수 없다고 보았다.

셋째, 헤겔은 당대 유럽의 주류 사상가들과 마찬가지로 "아메리카가 신체적으로나 정신적으로 무기력하다."[Hegel, 1956: 80]라고 간주했다. 아메리카 원주민들이 유럽인에게 정복을 당한 것도 이런 사정 때문이라는 것이다. 생활에 꼭 필요한 수단인 말(馬)과 철(鐵)이 없었던 것도 침략을 당한 원인으로 간주했다. 헤겔은, 아메리카 원주민들의 나약함을 보완하기 위해 유럽인들은 아프리카에서 흑인들을 강제로 데려올 수밖에 없었다고 강변했다[Hegel, 1956: 82].

역사인류학자 미셸-롤프 트루요(Michel-Rolph Trouillot)는 헤겔의 이런 철학적 입장에 대해 비판을 했던 학자들 중 한 명이다. 아이티에서 태어나 어릴 때 식탁에서부터 노예혁명의 역사를 듣고 성장했기에, 그는 헤겔의 책을 읽기 전에 서구가 이미 이 혁명을 어떻게 침묵시켰는지를 익히 알았다. 미국의 주류 시카고대학에서 학문의 터를 잡았지만 유명을 달리했던 그는 《과거 침묵시키기》에서 이 혁명이 은폐될수록, '인종차별주의, 노예제, 식민주의'가 세계사에서 침묵을 강요당할 수밖에 없다고 설파했다[Trouillot, 2011: 183].

훔볼트는 파리에 체류했던 22년 동안에는 유럽과 아메리카의 自然史를 비교하는 어떤 글도 발표하지 않았다. 왜냐하면, 이 주제가 학자들 사이에서 얼마나 논쟁적인지를 익히 알았기 때문이다. 문제는 그가 파리 생활을 청산하고 베를린으로 돌아왔던 1827년에 일어났다. 그는 형 빌헬름이 추진해서 설립된 베를린대학에서 연속 강의를 시작했다. '지구에 대한 물리적인 서술'이라는 제목으로 시작된 강의에 수많은 사람들이 참석했다. 프로이센 왕 프리드리히 빌헬름 3세(재위 기간: 1797-1840)를 비롯해서 고위직 인사들이 훔볼트의 강의를 경청했다. 헤겔은 훔볼트의 강연에 참석하지 않았고 대신에 그의 부인이 참석했다. 그리고 당시 프로이센에서 전기 작가로 이름을 떨쳤던 파른하겐 엔제(Karl Varnhagen Ense)도 강의를 들었다[Pinkard, 2015: 784].

사태의 발단은 훔볼트가 이 강의에서 헤겔의 '자연철학'[23]을 우회적으로 비판하면서 시작되었다. 훔볼트는 겉으로는 셸링의 자연철학을 공격했지만, 실제로는 헤겔을 비판한 것이다. 셸링에 의하면, 자연은 근원적으로 이원적이어서 객체와 주체로서의 자연으로 나뉜다. 그래서 객체로서의 자연에 대해서만 존재한다고 말할 수 있으며, 주체로서의 자연은 생산성 자체이기 때문에 존재한다고 말할 수 없다

---

23 헤겔의 자연철학에 대해서는 이미 논의했기에[이종찬, 2016b: 272-276] 여기서 반복하지 않는다.

[Schelling, 1999(1797): 151-152]. 즉, "자연은 근원적으로 그 자체가 객체가 되어야 한다."[155]. 하지만, 훔볼트는 자연의 유기적 일원성을 주장하면서, 셸링의 이런 이중성은 "정신은 자연보다 더 고차적인 것"[Hegel, 2012(1822-1831): 50]으로 파악했던 헤겔의 철학적 입장과 별로 차이가 없다고 보았다.

더 나아가서, 훔볼트는 헤겔의 《정신현상학》과 《자연철학》(1817), 《법철학 강요》를 파리에서 읽으면서, 열대 아메리카 自然史와 헤겔의 자연철학이 서로 양립할 수 없음을 절감했다.

"세계사의 진정한 무대는 온대, 그것도 북반구의 온대에 있다."[Hegel, 1956: 80]. 오리노코 강에서 열대가 자신의 정체성을 형성하고 있음을 체득했던, 훔볼트가 '자연은 본질적으로 역사를 갖지 않는다.'라고 간주했던 헤겔의 철학적 입장에 대해 어떻게 동의할 수 있었겠는가. 나중에 《코스모스》를 통해 확실히 밝혀졌듯이, 광물 — 식물 — 동물 사이의 유기적 생명관을 갖고 있던 훔볼트로서는, 동물적 생명을 중심으로 자연의 위계적 구조를 설정했던 헤겔의 자연철학적 입장[Hegel, 2008: Ⅱ]을 도저히 수용할 수 없었다.

훔볼트는 셸링의 자연철학이 헤겔에게 영향을 미쳤다고 간주했다. 실제로도 당시 프로이센의 교양 독자들은 자연철학에 관한 한 헤겔과 셸링 사이의 차이점을 뚜렷하게 감지하지 못했다. 여하튼, 셸링에 대한 훔볼트의 공개적 비판은 헤겔의 아내를 통해 전해졌다. 헤겔은 처음에는 격분을 했다. 이를 눈치챈 엔제가 이를 훔볼트에게 바로 전했고, 훔볼트는 즉시 강의 노트를 엔제를 통해 헤겔에게 건네주었다. 헤겔의 마음은 다소 진정된 것처럼 보였다[Pinkard, 785]. 그 후에 두 사람 사이에 공개적인 논쟁은 없었다.

파리에서 베를린으로 갓 돌아와서 아직 사회적으로 정착을 하지 못한 훔볼트는 베를린의 지식사회에서 최고의 권력을 갖고 있던 헤겔과의 관계를 더 이상 불편하게 하고 싶지 않았을 것이다. 헤겔로서도, 괴테가 매우 아꼈던, 멘델스존 가문의 재정적 지원을 받는 훔볼트를 공개적으로 면박을 줄 수도 없었다.

"자연은 이념이 공간 속에서 펼쳐지는 데 반해, 역사는 정신이 시간을 통해 발전하는 것이다."[Hegel, 1956: 72]. 헤겔이 1837년에 출간했던 《역사철학 강의》에서 自然史를 다시 부정하고 나오자, 훔볼트는 엔제에게 괴로운 심경을 편지로 털어놓았다.

> 아메리카와 원주민에 대한 헤겔의 견해는 무미건조한 이론적 논의이며, 완전히 틀린 사실과 견해로 가득 차 있습니다 [Humboldt, 2009(1860): 34, 1837년 7월 1일자 편지].

두 사람 사이에 장기간 오갔던 《훔볼트-엔제 서한집》[Humboldt, 1860]은 훔볼트의 심리적 상태를 있는 그대로 보여준다는 점에서도 사료적 가치가 대단히 중요하다. 훔볼트는 공개적으로 하지 못했던 이야기를 엔제에게 털어놓은 것이다. 자신이 세상을 떠난 이후에 그 서한집을 출간해야 한다고 엔제에게 허락했을 정도로 언행과 처신에 주의했다.

열대 아메리카를 수년간 직접 탐험했던 훔볼트가 서구적 근대의 철학적 토대를 정립하는 데 선구자로 간주되는 헤겔을 정면에서 공격하지 못했던 점은 대단히 아쉽다. 독자들은 이런 질문을 할 수도 있다. 훔볼트가 헤겔을 지속적으로 비판했다면, 自然史가 역사학의 변방으로 밀려나면서 인류사를 중심으로 정립된 서구적 근대는 어떤 방향으로 전개되었을까? 다음 절에서는 이런 유형의 질문을 고려하면서, 19세기 서구 역사학에서 自然史가 어떤 위상의 변화를 보여주었는지를 설명한다.

독일 '역사주의'의 발흥: 열대 自然史의 은폐

인류사 중심의 프로이센 '역사주의'(Historizismus)[24]는 헤르더로부터 시작되었다[이상신, 2001(1993); Collingwood, 1946; Reill, 1975; Beiser, 2011]. 초기 낭만주의 사상가인 슐레겔(Karl Wilhelm Friedrich Schlegel)이 처음 창안했던 개념인 역사주의는 자연 현상과 인간 현상을 구분하려는 문제의식에서 비롯되었다. 처음부터 自然史의 운명은 예상되었다. 학문을 시작한 이후로 한평생 집요하게 헤겔을 공격했던 쇼펜하우어가 볼 때, 역사주의는 독일 관념론을 대표하는 피히테(Johann Gottlieb Fichte)와 셸링을 거쳐서 "마침내 헤겔에 의해 최고의 정점에 도달했다."[Schopenhauer, 2013: 73]. 쇼펜하우어는 헤겔의 역사철학은 철학의 역사화와 역사의 철학화라는

---

24 19세기 프로이센에서도 다양한 의미를 갖는데, 역사주의란 "과거 사실의 개별적, 일회적인 고유한 의미를 '사실 그대로', 즉 그 사실이 일어났을 때의 상황 속에서 규명"[이상신, 2001: 417]하려는 문제의식이다.

두 마리 토끼를 동시에 잡으려는 '가면'에 불과했다. 그럼에도 역사주의는 쇼펜하우어의 기대를 저버리고, 헤겔이 원했던 방향으로 흘러갔다.

역사주의는 19세기 전반기 프로이센에서 점점 힘을 얻었다. 이런 상황을 주목했던 훔볼트는 1821년에 빌헬름이 '역사학자의 임무'(1821)를 주제로 한 강연회에 참석했다. 당시에 빌헬름은 19세기 독일 역사주의의 형성에 큰 영향을 미쳤다[Beiser, 2011: 207-213]. 그는 강연에서, 일반 역사학자와 마찬가지로 自然史학자도 자연을 묘사하는 데 그치지 말고, 자연 현상들 사이의 유기적 연관을 규명함으로써 그 배후에 숨어 있는 자연의 진실을 드러내야 한다고 말했다[Wilhelm Humboldt, 1967]. 분명히 동생을 염두에 둔 발표였다. 항상 형의 세계를 넘어야 한다는 강박관념에 사로잡혔던 훔볼트는 새삼스럽게 큰 자극을 받았다. 갈 길이 더욱 명료해졌다.

훔볼트가 볼 때, 랑케(Leopold von Ranke)가 주도했던, 인류사 중심의 역사주의는 自然史와 인류사의 공명을 통한 세계사의 발전과 양립할 수 없다고 생각했다.

국내외를 막론하고 역사학자와 과학사학자들은 훔볼트가 지향했던 自然史와 인류사의 공명을 세계사의 관점에서 탐구하기를 주저한다. 세계사와는 구별된다고 알려져 있는 '지구사'(global history)라고 해도 사정은 마찬가지다.

自然史는 그들이 말하는 '세계'와 '지구'에서 배제되어 있거나 주변부로 밀려나 있다. 서구적 근대의 핵심은 19세기를 전후해서 自然史가 인류사와 분리되면서 자연과학으로 급격하게 전환된 국면과 밀접하게 연관되어 있다. 더 나아가서 근대 역사학이 민족주의와 국민국가의 틀 안에서 작동하면서 自然史는 서구 사회의 '공론장'(Öffentlichkeit/Public Sphere) — 위르겐 하버마스가 창안한 개념이다 — 에서 은폐, 배제되거나 박물관에 포섭되었다.

훔볼트 이래로 自然史를, 그것도 열대 自然史를 세계사 또는 지구사의 차원에서 조망한 학자는 거의 없다. 현존하는 세계사 학자들 중에서 석학이라고 평가받는, 한국에도 다녀갔던, 독일의 위르겐 오스테르함멜(Jürgen Osterhammel)이 유일하게 훔볼트의 自然史 연구에 주목했다[Osterhammel, 1999]. 하지만, 그도 열대 自然史의 의미는 파악하지 못했다.

훔볼트는 헤겔로 표상되는 서구적 근대와 역사주의에 대해 끝까지 동의하지 않았다. 물론 역사주의의 다양한 변종들이 그사이에 나타나거나, 쇼펜하우어, 니체, 폴 발레리(Paul Valéry), 엘리아데와 같이 역사주의의 '폭압'에 대해 저항하는 시도들도 있었다[최성철, 2012; Eliade, 2009(1949)]. 하지만, 훔볼트와 같이 自然史와 인류사의 공명이라는 차원에서 역사주의를 거부했던 경우는 없었다.

4장

열대 아메리카 탐험과 문화융합

自然史는 인류사와 밀접한 관계를 갖는다.

— 훔볼트

훔볼트가 말한 내용을 충분히 이해하려면
수백 권의 책을 읽어야 한다.

— 괴테

4장
열대 아메리카 탐험과 문화융합

《열대 아메리카 여행기》의 글쓰기 전략

약 5년에 걸친 아메리카 自然史 탐험을 마치고 돌아온 훔볼트와 봉플랑은 이를 어떻게 쓸 것인지를 두고 매우 고심을 했다. 《열대 아메리카 여행기》의 1권 서문에서 글쓰기 전략을 직접 밝혔다. "유럽을 떠나면서 탐험을 통해 얻은 사실들을 시간 순서대로 나열하지 않고, 이 사실들이 서로 어떻게 연관되는지를 중심으로 글쓰기를 하겠다고 굳게 다짐했다."[Humboldt & Bonpland, 1814: Ⅰ: xxxviii]. 이러한 고심에 고심을 거듭한 결과 이 탐험기는 마침내 1810년에 프랑스어로 처음 출간되었고, 1814년부터 영어로 출간되기 시작했다.

오리노코(Orinoco) 강의 밀림에서 미로에 빠졌던 훔볼트와 봉플랑처럼, 이 탐험기를 처음 읽게 되면 독자인 '내'가 무엇을 하고 있는지 망연자실할 때가 있다. 철학자 프리드리히 니체가 말했듯이, 훔볼트의 생각이 어떤 경우에는 불확실해 보이기 때문이다. 그렇지만, 니체에 의하면, 이러한 "글쓰기 양식의 결점이 오히려 매력"[Clark & Lubrich, 2012b: 89]이다. 훔볼트의 만연체 문장을 통해 사물 ― 니체는 포착할 수 없었던 열대 自然史! ― 에 대한 독특한 감정과 갈망을 읽을 수 있다.

독자들은 어쩌면 여러 권으로 된 《열대 아메리카 여행기》[1]보다도 《식물지리학: 열대 자연도》와 《자연의 관점》과 같이 부피도 얇고 단한 권으로 된 저작을 먼저 읽고 싶은 유혹에 빠질 것이다. 그렇지만 끈기와 배짱이 있다면 누구나 이 탐험기를 처음부터 끝까지 읽을 수 있다. 이 탐험기의 독해는 훔볼트 세계사를 이해하기 위한 첫 단계이다. 이를 건너뛰고 앞의 두 권을 먼저 읽게 되면 열대 自然史의 실체를 놓치고 만다. 훔볼트 읽기의 대장정에서 후반부에 만나게 되는 《누에바에스파냐 왕국의 정치 에세이》와 《코스모스》는 '말과 마차의 역설'의 관계에 있다. 어느 한 저술만 읽고 훔볼트의 한 면만 판단하는 오류에 빠져서는 안 될 것이다. 뿐만 아니라, 훔볼트가 중요하다고 말했던 自然史, 지구물리학, 자연지리학을 현대 학문의 관점에서 이해하면 곤란하다. 《열대 아메리카 여행기》 전체를 읽어 보면 그가 사용했던 용어들이 얼마나 복합적이고 중층적인 의미에서 사용되었는지를 알 수 있다.

〔그림 4-1. 《열대 아메리카 여행기》의 글쓰기 전략〕이 보여주듯이, 《열대 아메리카 여행기》는 아메리카 自然史 — 유럽 自然史 — 아메리카 인류사 — 유럽 인류사 사이의 역동적 관계를 절묘하게 배치했다. 훔볼트는 아메리카의 정치적 변화가 유럽의 自然史와 인류사에 미칠 영향에 주목했다. 탐험 기간에 아메리카의 독립이 시간문제라고 예견했던 훔볼트는 이 탐험기를 집필하는 기간에 급격하게 변화하고 있던 아메리카의 상황을 항상 예의 주시했다.

---

1 케임브리지 대학 출판부에서 나온 영어본의 경우, 전체 7권 중에서 제6권만 해도 무려 800쪽이 넘는다[Humboldt, 2011(1826)].

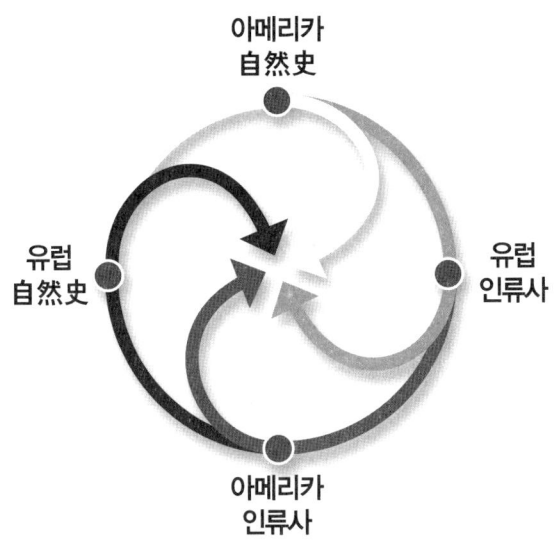

〔그림 4-1. 《열대 아메리카 여행기》의 글쓰기 전략〕

특히 에스파냐보다도 9-10배나 더 큰 영토와 천연자원을 보유하는 누에바그라나다 지역이 유럽의 향후 운명에 얼마나 중요한지를 주목했다[Humboldt & Bonpland, 2011(1821): V: 501]. 훔볼트와 봉플랑이 아메리카 탐험을 했던 당시, 에스파냐의 지배를 받았던 누에바그라나다는 오늘날의 콜롬비아, 베네수엘라, 에콰도르, 파나마 전체, 그리고 코스타리카, 페루, 브라질, 가이아나의 영토를 부분적으로 포함한 광활한 지역이었다. 시몬 볼리바르와 그의 동지들이 주도했던 독립 운동의 결과, 미국 연방제를 본받아 그란 콜롬비아(Gran Colombia, 1819-1831) 공화국이 성립되었다. 하지만, 그가 죽고 연방주의자와 분리주의자들의 내분으로, 그란 콜롬비아는 해체

되고, 누에바그라나다 공화국(1831-1858)이 성립되었다. 콜롬비아를 기반으로 삼아, 파나마, 코스타리카, 니카라과 전체와 에콰도르, 베네수엘라의 일부 지역이 포함되었다.

아바나, 18세기 대서양 최대 무역항

아바나는 훔볼트와 봉플랑이 아메리카 탐험에서 유일하게 두 차례 방문했던 지역이다. 그들은 1800년에 아바나에 처음 갔을 때 큰 충격을 받았다. "쿠바 섬만으로도 에스파냐 왕국과 맞먹을 정도의 가치가 있다."[Raynal, 1969(1770): Ⅲ: 257]라고 설파했던, 계몽사상가 레이날의 주장이 결코 과장이 아님을 깨달았다[Humboldt, 2011(1826): 124].

우선 아바나의 도시 규모가 생각보다 훨씬 컸고, 무역을 포함한 경제 활동도 활력이 넘쳤다. 또한 뉴욕이나 필라델피아와 직접 교역을 했을 정도로 국제적인 무역 항구였다. 마드리드보다는 인구가 적었지만, 바르셀로나와 얼추 비슷했다. 훔볼트가 직접 추산한 바에 의하면, 〖표 4-1. 아바나의 인구 변화, 1791-1810〗[Humboldt & Bonpland, 2011(1829): Ⅶ: 27; Humboldt, 2011(1826): 32]가 보여주듯이, 1791년에 44,337명에 불과하던 아바나 인구는 1810년에 96,296명으로 급격하게 증가했다. 이 중에서 노예 인구도 10,849명에서 28,720명으로 두 배 이상 늘어났다. 그리고 콩고-아이티 노예혁명이 일어났던 1791년에는 전체 인구에서 백인 인구가 과반 이상이었지만, 이 혁명으로 인해 1810년에는 백인이 자유민과 노예를 합한 수에 훨씬 미치지 못했다.

〖표 4-1. 아바나의 인구 변화, 1791-1810〗 (단위: 명)

년도	백인	백인 이외의 자유민	노예	합계
1791	23,737	9,751	10,849	44,337
1810	41,227	26,349	28,720	96,296

훔볼트와 봉플랑은 1804년에 멕시코에서 돌아온 후에 다시 아바나로 떠났다. 첫 방문 때는 약 3개월간 체류했던 그들은 이번에는 잠깐 체류했다. 아바나의 중요성에 주목했던 훔볼트는 《열대 아메리카 여행기》의 7권에서 약 3백여 페이지를 쿠바의 自然史와 인류사에 대해 서술했다. 그리고 이를 별도의 단행본으로 만들어, 《쿠바의 정치 에세이》(1826)를 프랑스어로 처음 출간했다. 쿠바는 멕시코 다음으로 훔볼트의 아메리카 탐험에서 중요한 위상을 차지했다.

생도맹그에서 프랑스로의 사탕수수 수출은 노예혁명으로 인해 급격히 감소했다. 대신에 생도맹그의 많은 플랜테이션 소유주들은 아바나로 몰려들었다. 아바나가 사탕수수 수출 무역의 중심지로 부상했다[Kohlhepp, 2005; Humboldt, 2011(1826)].

쿠바에서 크리오요로 태어나서 사탕수수 플랜테이션을 경영했던 아란고(Francisco de Arango y Parreño)는 이런 기회를 놓치지 않았다. 그는 1794년에 에스파냐, 영국, 포르투갈, 자메이카, 바베이도스를 여행하면서 사탕수수 무역이 앞으로 쿠바에 미칠 막대한 영향에 주목했다. 노예무역의 중심 항구인 영국의 리버풀에서 설탕 공장을 방문했다. 여기서 아란고는 사탕수수를 재배하고 정제해서 설탕으로 가공하는 일체의 과정을 쿠바에서 처리하면 더 많은 수입을 올릴 수 있다고 확신했다. 또한 증기 기관차가 사탕수수와 설탕을 효과적으로 운송하는 데 필요하다고 생각했다. 그는 귀국하자마자 자신의 구상을 실현시켰다.

훔볼트와 봉플랑은 아란고를 비롯해 아바나에서 이런저런 주요 인사들을 만났다. 그들은 생도맹그의 혁명이 원래 예상했던 것보다 유럽과 아메리카에 훨씬 강력한 지각 변동을 불러일으키고 있다는 사실에 긴장감을 늦추지 않았다.

오리노코 강에서 전기뱀장어와 사투를 벌이다

탐험가 자신은 사투를 벌였을 정도로 위험했지만 그 이야기를 듣는 사람은 흥미진진한 광경이 있기 마련이다. 《열대 아메리카 여행기》의 4권에서 훔볼트와 봉플랑이 오리노코 강을 탐험하면서 일어났던 여러 장면들을 읽어 보면, 현재 초등학생들도 흥미를 느낄 만한 광경이 펼쳐진다.

우선, 〖지도 4-1. '강'의 관점에서 본 라틴아메리카 지도〗(169쪽 볼 것)를 보자. 아마존은 콩고 강 유역과 함께 지구의 두 허파에 해당한다. 두 탐험가가 사투를 벌였던 오리노코 강은 라틴아메리카에서 세 번째로 긴 강에 속한다. 이 유역은 열대 생태학의 관점에서 수많은 종류의 식물과 동물이 서식하는 곳이다.

1800년 3월 19일에 두 사람은 프랑스의 自然史학자 라 콩다민을 비롯해서 예전에 이 지역을 다녀갔던 탐험가들이 언급했던 '전기뱀장어'를 실제로 목격했다. 이 뱀장어들은 어떤 외부적 자극에 의해 진흙 바닥의 담수(淡水)에서 뛰쳐나와 방전되고 난 후에 다시 충전되는 데 어느 정도의 시간이 소요되었다. 이 몇 분을 놓치지 않고 두 사람은 150센티미터 정도의 전기뱀장어를 몇 마리 잡았다[Humboldt, 1819: 4: 348-349].

목숨을 건 얼마나 위험한 행위인가! 형에게 보낸 편지(1800년 4월 6일)에서, 훔볼트는 절체절명의 순간에서 봉플랑의 지혜가 극적으로 발휘되지 않았다면 헤엄을 칠 줄 몰랐던 자신은 이 세상 사람이 아니었을 것이라고 썼다[McCrory, 2010: 86].

《열대 아메리카 여행기》의 전체를 통틀어 훔볼트와 봉플랑이 오직 한 생명체에 대해 약 30페이지[Humboldt, 2011(1819): Ⅳ: 345-376]를 할애해서 다룬 것은 전기뱀장어가 유일하다. 두 사람의 탐험을 다룬 거의 모든 전기나 평전에서 전기뱀장어는 약방의 감초와 같이 등장한다[Botting, 1973: 96-101; Kulke, 2014: 111-115; McCroy, 2010: 84-85; Wulf, 2015: 62-63]. 그만큼 독자들의 흥미를 유발시키기 때문이다. 하지만, 이런 대중적인 저자들은 훔볼트가 이 탐험기의 4권에서 전기뱀장어에 대해 주목한 이유에 대해 설명하지 않았다.

왜 훔볼트는 위험한 전기뱀장어를 그토록 직접 실험하기를 소망했을까? 2장에서도 언급했던 《근육 섬유와 신경 섬유의 자극에 관한 실험》을 준비하면서, 그는 해부생리학자인 갈바니(Luigi Aloisio Galvani)와 물리학자인 볼타(Alessandro Volta)가 동물에서 발생하는 전기를 둘러싸고 논쟁을 벌인 점에 흥미를 가졌다. 갈바니는 개구리의 뇌에서 전기가 만들어져 신경을 통해 근육으로 전달된다고 말했다. 하지만 볼타는 전기가 통하는 금속 사이에서 개구리의 수분이 전도체 역할을 한다고 주장했다.

훔볼트는 갈바니와 볼타 중에서 누가 과학적으로 정당한지를 밝히고 싶었다[Finger, Piccolino & Stahnische, 2013a]. 예나 시절의 개구리 실험만으로 만족하지 못했던 훔볼트는 자신의 신체에 대해서도 실험을 해보았다. 당시 괴테는 훔볼트의 실험실에 가끔 들러서 이런 장면을 흥미롭게 지켜보면서 격려를 해주었다[Richards, 2002: 316-321]. 훔볼트는 아메리카로 떠나기 전까지 실험에 매달렸지만 끝내 해명하지 못했다.

볼타가 1800년에 전지를 개발하면서 이 논쟁은 일단 볼타의 입장으로 기울어졌다.[2] 그런데, 훔볼트가 오리노코에서 전기뱀장어를 발견했을 때만 해도 아직 볼타가 전지를 개발하기 이전이었다. 그래

---

2 갈바니의 주장대로 근육 수축이 전기적인 자극에 의해 발생한다는 것은 옳았으나 이것을 '동물전기'라고 한 것은 틀렸다. 또 볼타가 동물전기를 부정한 것은 옳지만 모든 전기·생리학적인 효과에 서로 다른 금속이 전류원으로 필요하다고 본 것도 틀렸다.

서 훔볼트는 봉플랑의 도움을 받아 죽음의 고비를 넘기면서 실험에 매진했다. 훔볼트는 탐험 과정에서도 유럽의 학자들과 빈번하게 서신 교환을 했지만, 오리노코 강의 열대 밀림에서 이 실험을 했을 때는, 볼타의 소식을 듣지 못했다[Finger, Piccolino & Stahnische, 2013b].

훔볼트는 전기뱀장어를 다룬《열대 아메리카 여행기》의 4권을 프랑스어로 집필할 때 이 사실을 알았다[Humboldt, 2011: Ⅳ: 362]. 훔볼트는 여기서 상당히 고민했을 것이다. 어떻게 글쓰기를 할 것인가? 그는 이탈리아의 한 실험실에서 전지를 개발한 볼타의 모습과 오리노코 강의 밀림에서 생사의 고비를 무릅쓰고 실험을 했던 자신의 모습을 대비시키고 싶었을 것이다. 그래서 이 탐험기에 전기뱀장어의 뇌, 신경, 근육의 기능에 대해 다양한 실험을 했던 구체적인 장면들을 낱낱이 적어 놓음으로써, 자신의 도전적인 실험 정신을 보여 주었다.

호세 무티스의 왕립 自然史 탐험대

호세 무티스는 에스파냐-아메리카 제국과 식민지의 역사에서 매우 중요하면서도 독특한 인물이다. 하지만 독일 중심적 관점에서 훔볼트를 연구하는 학자들은 그동안 무티스의 역사적 위상을 간과해 왔다. 훔볼트의 아메리카 탐험 과정에서 훔볼트를 도와준 인물 정도로만 다루어 왔다. 에스파냐 역사가들도 무티스를 그가 에스파냐 사람이었다는 이유로 에스파냐 중심적 역사의 좁은 틀 안에서만 이해한다. 이런 두 가지 관점에서 벗어나, 무티스를 에스파냐-아메리카 제국과 식민지의 自然史학자로 자리매김을 하면서 새로운 의미를 부여해 보자.

무티스는 에스파냐 남서부의 항구 도시 카디스(Cádiz)에서 태어났다. 카디스는 15세기에 에스파냐가 대서양으로 진출하고 16세기에 아메리카와 태평양 식민지를 개척할 때부터 주요한 무역 항구였다. 무티스는 어릴 때부터 동인도 제도와 서인도 제도에서 갖고 들여오는 신기한 열대 식물, 동물, 광물들을 보면서 자랐다. 그는 당시에 재능이 있는 학생이라면 관심을 갖기 마련인 自然史와 의학을 공부한 다음에 세비야대학을 졸업했다. 약 3년간 식물학 중심의 自然史를 공부한 무티스에게 인생의 전환점이 찾아왔다. 그는 누에바그라나다의 부왕(副王, 재임 기간: 1761-1773)으로 임명된 메시아 데 라 세르다(Pedro Messía de la Cerda)의 개인 의사 자격으로 누에바그라나다 부왕령의 수도 보고타에 온 것이다.

보고타에 도착한 이후로 무티스는 自然史 탐험대를 파견해 달라고 부왕에게 끊임없이 요청했다. 그의 뜻은 20년이 지나서야 결실을 맺었다. 보고타에 새로 부임해 온 주교 카발레로 이 곤고라(Antonio Caballero y Góngora)가 무티스의 간절한 뜻을 받아들였다. 카를로스 3세는 주교의 요청을 받아들였다. 마침내 무티스는 1783년에 보고타에서 왕립 탐험대의 이름으로 自然史 탐험에 착수했다.

무티스의 自然史 탐험은 에스파냐-아메리카 제국과 식민지의 역사에서 주목을 요한다.

첫째, 보고타에서 20년간 독자적으로 自然史를 조사·연구하고 있던 민간인 신분의 自然史학자가 왕립 自然史 탐험대를 주도했다. 이는 카를로스 3세 시대의 상황에 비추어 매우 이례적인 경우에 해당한다. 당시의 왕립 탐험대는 부르봉 왕실이 직접 나서서 탐험을 명령했다. 그런데, 무티스의 自然史 탐험은 예외였다. 부르봉 왕실의 명령이 아닌 한 개인이 자발적으로 요청해서 이루어진 것이다. 부르봉 왕조 시기에 이루어졌던 57차례의 탐험에서(De La Sota Ríus, 2004: 186-187), 무티스의 自然史 탐험(1783-1816)은 가장 장기간에 걸쳐 이루어졌다. 이 自然史 탐험은 무티스가 1808년에 세상을 떠난 후에도 이어졌다.

둘째, 무티스의 왕립 自然史 탐험대는 누에바그라나다에서 출생한 크리오요 自然史학자들로 이루어졌다. 왕실의 명령으로 에스파냐에서 조직된 自然史 탐험대는 에스파냐에서 태어나고 살고 있던 自然史학자들로 구성되었다. 이에 반해, 보고타에서 강산이 두 번이나 바뀌면서 살았던 무티스로서는 그동안 자신과 함께 협력했던 크리오요 自然史학자들이 더 적합했다. 무티스는 그들과 공동으로 自然史를 연구하면서, 크리오요들에게 근대적 계몽사상을 심어 주었다.

셋째, 보고타의 주교가 적극적으로 나서서 무티스의 自然史 탐험이 이루어지도록 지원했다. 1774년에 가톨릭 신부가 된 무티스는 아메리카의 피식민지 사람들이 자연을 창조한 신을 믿는 데 自然史가 큰 기여를 할 수 있다고 주교를 설득했다. 부르봉 왕실이 경제적, 실용적 이유로 自然史 탐험을 조직했던 것을 고려한다면, 무티스의 自然史 탐험은 종교적인 명분에 의해 허락을 받은 것이다.

무티스의 自然史 탐험이 이베로-아메리카 역사에서 새로운 의미로 다가오는 까닭은 그가 '부르봉 계몽사상'[Israel, 2011: 510-516]과 누에바그라나다 自然史 사이의 식민적 문화융합에서 핵심적인 인물이었기 때문이다. 이는 훔볼트의 自然史를 이해하는 데 매우 중요한 의미를 갖기에, 다음 두 절까지 이에 대한 논의가 계속 이어진다.

부르봉 왕실이 1768년과 1810년 사이에 수십 차례나 아메리카로 보낸 탐험대는 광물학자, 식물학자, 의사, 기후학자, 육군과 해군의 공학자 등 다양한 분야의 기술 전문가들이 주축을 이루었다. 그들은 부르봉 왕실이 보고타(1768), 칠레의 산 펠리페(1768), 리마의 산 마르코스(1771), 카라카스(1786)에 각각 설립했던 대학과 리오데라플라타 대학(1771)에서 크리오요 학생들에게 교육도 하면서 아메리카 自然史 탐험을 수행했다. 에스파냐의 아메리카 식민지에서의 自然史 탐험은 대학 교육과 맞물려 이루어졌던 것이다.

뉴턴이 《프린키피아》(1687)에서 탐구했던 '자연철학의 수학적 원리'는 무티스가 보고타대학에서 가르쳤던 가장 중심적인 과목이었다. 뿐만 아니라, 무티스는 베이컨(Francis Bacon)의 경험주의, 로버트 보일(Robert Boyle)의 화학, 칼 린네의 식물분류학 등 근대적 지식들을 크리오요 학생들에게 가르쳤다. 영국과 프랑스의 계몽사상에 대해 반신반의했던 에스파냐의 식민통치자들은 무티스의 이런 교육에 대해 심히 우려를 나타냈다. 그가 코페르니쿠스의 지동설을 믿었기 때문이다. 이런 의혹을 불식시키기 위해, 무티스는 1773년에 누에바그라나다 부왕령이 참석했던 한 강연에서, 뉴턴의 '자연신학'은 이베로-아메리카의 계몽사상을 굳게 뒷받침할 뿐만 아니라, 무신론자들을 배격할 수 있다고 주장했다[Mutis, 1982(1773): 71; Israel, 2011: 514].

무티스가 부르봉 왕실을 위해 가장 크게 공헌한 것은 안데스 산맥의 경사진 곳에서 '보고타의 차' 키닌을 발견했다는 데 있다. 물론 에스파냐 정부가 파견했던 라 콩다민이 페루에서 키닌이 체열을 낮추는 데 약효가 있다는 것을 먼저 알았다. 그렇지만 무티스가 누에바그라나다에서도 키닌을 발견했다는 것은 부르봉 통치자들에게는 더할 나위 없이 기쁜 소식이었다.

두 가지 이유 때문이다. 하나는, 18세기 말 유럽 사람들에게 체열은 가장 두려운 몸의 증세였기 때문이다. 부르봉 왕실은 키닌을 상품으로 개발하면 경제적 수익을 올릴 수 있다고 판단했다[Cañizares-Esguerra, 2006: 122-123]. 다른 하나는 영국, 프랑스, 네덜란드와의 해외 교역에서 경제적 수지를 개선할 수 있었기 때문이다. 이 세 나라가 카리브 해에서 사탕수수를, 동남아시아에서 차와 커피를 통해 막대한 경제적 부를 획득하고 있었기에, 에스파냐로서는 이 나라들과 교역을 할 수 있는 상품을 확보해야 했다[Israel, 2011: 513]. 이런 상황에서 무티스의 키닌 발견은 부르봉 왕실의 신뢰를 얻는 데 더할 나위 없이 적절했다.

무티스는 린네를 비롯해 유럽의 여러 自然史학자들과 지속적으로 교신하면서 식물을 시각적으로 형상화하는 것이 중요하다는 것을 깨달았다. 린네는 시각적 인식론이 열대 自然史를 묘사하는 데 필수적이라고 생각했다. 그는 〈自然史학자들이 알아야 할 탐험 설명서〉에서 자신의 제자들에게 모든 自然史학자는 식물을 시각적으로 묘사할 수 있는 기술을 터득해야 한다고 강조했다[Linnaeus, 2010: 204]. 린네는 식물화가였던 에르트(George Dionysius Ehret)를 채용하여 수술의 수와 위치에 따라 분류했던 24강(classes)을 그림으로 묘사했다[Bleichmar, 2012: 49-52].

린네의 이런 방법을 적극적으로 배웠던 무티스는 자신의 작업실에서 일하던 60여 명의 크리오요 화가들에게 그것을 전수했다. 훔볼트가 방문했을 때, 보고타 지역의 식물과 동물에 대해 그렸던 5천 장 이상의 그림이 소장되어 있었다[McCrory, 2010: 160]. 그는 무티스가 소장한 도서들과 각종 표본들을 보면서 런던의 조셉 뱅크스를 떠올렸다. 뱅크스보다 분량이 많지는 않았지만 견줄 만했다. 무티스가 죽고 난 후, 약 2만 4천 장의 그림이 왕립 마드리드 식물원으로 이관되었다고 하니, 自然史 작업의 규모를 짐작할 수 있다.

린네의 추천으로 1784년에 왕립 스웨덴과학원의 외국인 회원이 되긴 했지만, 무티스가 린네의 분류법을 그대로 따른 것은 결코 아니다. 그는 린네의 분류법이 누에바그라나다의 自然史를 인식하는 데 들어맞지 않는 사례들을 숱하게 접했다. 무티스만 이런 사실을 알았던 것은 아니다. 당시에 열대 곳곳에서 自然史 연구를 했던 토착 지역의 自然史학자들은 린네의 분류법이 열대 自然史에는 적합하지 않음을 알았다. 보고타 지역의 '개미'의 경우도 그랬다. 퓰리처상을 두 번이나 수상한 에드워드 윌슨과 에스파냐 自然史학자인 호세 두란(José M. Gómez Durán)에 따르면, 무티스는 린네의 분류법이 이 지역의 개미에는 적합하지 않아서 애를 먹었다[Wilson & Durán, 2010: 89-91]. 무티스도 말라스피나와 마찬가지로 열대 아메리카의

自然史가 유럽 중심적 自然史 지식과 때로는 양립할 수 없음을 인식했던 것이다.

'크리오요'의 정치적 독립 의지

훔볼트와 봉플랑은 무티스를 만나기 위해 1801년에 보고타에 도착했다. 인구가 약 2만 1천 명 정도 되는 도시의 중심지를 들어서는 순간, 두 사람에게는 스펙터클과도 같은 사건이 일어났다. 두 사람을 환영하기 위해 거리가 사람들로 가득 찼다. 건물의 창문 너머로 고개를 내민 사람들도 많았다. 두 사람이 이런 대접을 받아 보기는 처음이었다. 보고타보다 도시 규모가 더욱 큰 리마와 키토에서도 부왕령이나 아우디엔시아와 공식적으로 인사하는 정도였다[Guzmán, 2012: 48-49]. 훔볼트는 1801년 9월 21일에 빌헬름에게 다음과 같은 편지를 보냈다.

> 우리가 산타페에 도착한 장면은 마치 전쟁에서 승리를 하고 돌아온 행진과도 같았어요. 주교는 자신이 사용하는 4륜 마차를 보내 주었고, 도시의 주요 인사들이 나와서 반겼답니다. 도시에서 2마일 이상 떨어진 곳에서 만찬이 열렸어요. 60명의 기마병들이 거기까지 우리를 수행했습니다 [Humboldt, 1980: 85].

두 물음이 떠오른다. 첫째, 왜 보고타의 주민들은 훔볼트와 봉플랑의 방문에 대해 거리를 가득 메울 정도로 크게 환영했을까? 여러 상황들이 복합적으로 작용했을 것이다. 보고타의 크리오요들로부터 가장 존경받고 있던 호세 무티스의 경우를 보자. 그는 보고타에서 40년간 살면서 크리오요의 교육과 주민의 계몽을 위해 많은 노력을 경주해 왔다. 가톨릭 신부인 무티스로부터 계몽적 교육도 받고 교회 강론을 들었던 크리오요들은 자신들의 자긍심을 함양하면서 문화적 정체성을 확립해 나갈 수 있었다. 이렇게 그들이 존경하는 무티스를 방문하기 위해 프로이센과 프랑스의 自然史학자가 온다는 것이다. 에스파냐 사람들 이외에 프로이센과 프랑스 사람을 평소에 자주 볼 수 없던 보고타 주민들로서는 궁금할 수밖에 없었다.

이보다도 더 중요한 상황이 에스파냐 지배하의 아메리카에 존재했다. 훔볼트 일행이 아메리카로 왔던 1800년경에 1,370만 명의 원주민이 에스파냐령 아메리카에 살았는데, 그중에서 크리오요들은 320만 명을 차지했고, 에스파냐 본국에서 건너온 사람들은 5%도 안 되었다[Anderson, 2002: 88]. 크리오요들은 에스파냐에서 온 사람들과 같은 피부색을 가졌는데도 아메리카에서 태어났다는 이유로 고위관료가 되는 것은 하늘의 별 따기만큼이나 어려웠다. 게다가 보고타에서 태어났다면, 멕시코나 칠레와 같이 에스파냐 통치하의 다른 아메리카 지역에서는 관리가 될 수 없었다. 크리오요들은 이러한 차별을 더 이상 참을 수 없었다. 16세기 말과 17세기 초부터 시작된 아메리카 식민지와 에스파냐 사이의 정치적 갈등과 경제적 불평등이 더욱 고조되고 있었다[Cañizares-Esguerra, 2005].

이런 상황에서 카리브 해에서 노예혁명이 발발했다는 소식이 보고타에도 전해졌다. 미국 독립과 프랑스혁명에 대한 소식도 들었다. 다른 지역보다도 더 정치적 의식이 뛰어났던 보고타의 크리오요들은 절박하게 독립을 원했다. 그들에게는 누에바그라나다가 세상의 중심이라는 확신이 있었다.

다음 절에서 자세히 설명할 호세 데 칼다스(Francisco José de Caldas, 1768-1816)는 보고타의 어느 크리오요보다도 이런 세계관을 굳건하게 믿었고 실천했던 인물이다. 다음 글은 그가 얼마나 이런 확신에 차 있었는지를 보여준다.

> 누에바그라나다는 우주의 교역을 할 수 있는 지리적 위치에 있다 … 아시아의 모든 향료, 아프리카의 상아, 유럽의 산업 제품, 북구의 모피, 남태평양의 고래 등 세상의 모든 것을 누에바그라나다의 한가운데에서 얻을 수 있다 … 구세계와 신세계 어느 곳도 누에바그라나다보다도 더 좋은 곳은 없다…[Caldas, 1992].

보고타의 크리오요들은 훔볼트의 방문을 계기로 독립에 대한 의지를 에스파냐의 통치자들에게 확실히 표명하고 싶었다. 칼다스가 중심이 되어 무티스에게 배웠던 크리오요 自然史학자와 화가들이 주민들을 동원했다[Guzmán, 2012: 55-58]. 보고타의 통치자들은 훔볼트에게 환호를 보내는 주민들을 통제할 방법이 없었다. 식민통치자들은 노예혁명의 여파가 누에바그라나다에서 어떤 양상으로 전개될 것인지에 대해 불안감을 감추지 못했다. 크리오요들이 메스티소

(mestizo), 물라토, 삼보(sambo/zambo)와 같이 아메리카에서 노동력을 실질적으로 담당하는 주민들에게 미치는 영향도 무시할 수 없었다. 크리오요와 식민통치자 사이에 정치적 긴장감이 더욱 팽배해졌다.

둘째, 훔볼트는 이런 대규모 환영 축제에 대해 어떤 생각을 했을까? 처음에는 주민들의 따뜻한 호응에 기분이 마냥 좋았지만, 시간이 흐르면서 훔볼트는 보고타의 크리오요들의 독립에 대한 의지를 감지할 수 있었다. 특히 칼다스를 포함해서 무티스의 自然史 작업실에 종사하는 크리오요들과 대화를 나누면서 훔볼트는 주민들의 환대에 담긴 정치적, 문화적 의미를 읽었다. 훔볼트는 보고타의 크리오요들의 독립 의지가 어느 다른 지역보다도 확실하다는 것을 깨달았다.

식민적 문화융합

70세의 무티스는 훔볼트에게 또래인 칼다스를 추천하면서 꼭 만나보라고 권했다. 누에바그라나다에서는 뛰어난 自然史학자라는 것도 덧붙였다. 칼다스는 보고타와 키토의 중간에 위치한 포파얀(Popayán)에 살았다. 훔볼트는 키토로 가는 길에 만나겠다고 대답했다.

칼다스는 뉴턴 물리학에 근거해서 설립된 보고타대학에서 공부했다. 自然史, 수학, 물리학이 중심 교과목이었다. 무티스는 5년간 (1762-1767) 가르치면서 칼다스를 주목했다. 칼다스는 처음에는 부모의 뜻을 따라 법률을 공부했고 이 분야로 진출했다. 하지만, 그는 라 콩다민이 키토에서 自然史 탐험을 했다는 기록을 읽고 난 후에 自然史 연구로 자신의 진로를 바꿨다[Appel, 1994: 5]. 칼다스는 무티스로부터 自然史에 대해 이런저런 지식을 습득하면서도 한 걸음 더 나아갔다. 키토는 보고타보다도 안데스 산맥의 특징이 더욱 뚜렷이 드러난다는 점에 착안했다. 그는 키토의 自然史를 조사하면서 여러 산들에 있는 식물들이 고도에 따라 분포 상태가 다르다는 사실을 알았다. 훔볼트와 봉플랑이 키토에 오기 이전부터, 칼다스는 생물지리에 대해 독자적으로 연구를 했던 것이다.

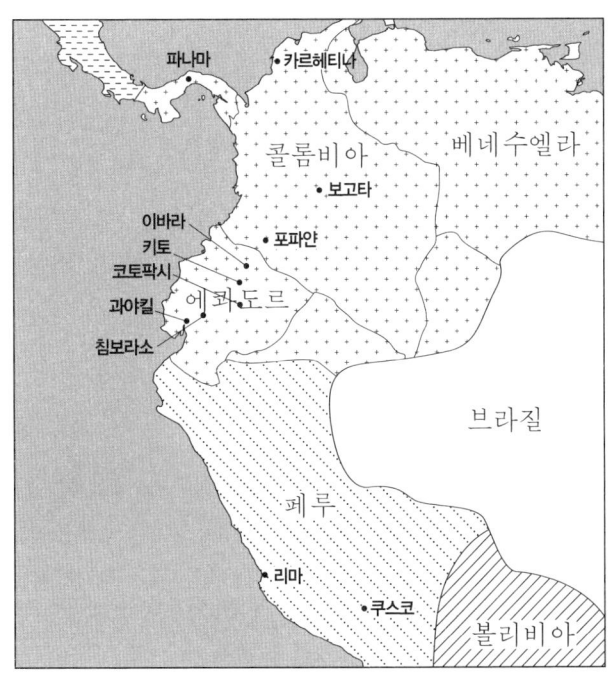

〔지도 4-2. 누에바그라나다 지도〕

훔볼트는 칼다스를 만나기 위해 1801년 11월 4일에 포파얀에 있는 집으로 찾아갔다. 하지만 칼다스는 키토에 있어서 만나지 못했다. 두 사람은 그해 12월 31일에 포파얀과 키토 사이에 있는 소도시 이바라(Ibarra)에서 만났다. 훔볼트는 아메리카 탐험을 시작하고 난 후에 소통이 잘되는 自然史학자를 처음으로 만났다고 느꼈다. 두 사람은 이내 가까워졌다. 훔볼트의 입장에서는, 안데스 산맥의 변화무쌍한 식물지리적 분포에 익숙한 칼다스의 도움을 필요로 했다. 칼다스로서는 유럽 自然史에 대해 깊은 지식을 갖고 있을 뿐만 아니라 유럽의 최신 측정 기구를 갖고 있는, 훔볼트에게 배우고 싶었다.

두 사람은 몇 개월간 키토 지역의 식물지리에 대해 함께 조사하면서 많은 지식을 공유했다. 그렇다면, 유럽의 自然史 지식과 키토의 토착적 지식은 서로 간에 충돌이나 대립하지 않고 양립이 가능했을까.

훔볼트와 봉플랑은 1802년 10월 말에 리마에 도착해서 태평양 연안을 조사했다. 그들은 칠레 남쪽에서 페루 북쪽으로 흐르는 해류가 생각보다 차다는 것을 알았다. 몇 년 후에, 이 해류는 '훔볼트 해류'로 불렸다. 훔볼트도 인정했듯이, 이 해안의 어부들은 오래전부터 이 해류의 존재를 알았다. 하지만 그가 이 해류에 대해 자세히 탐구했기에 훔볼트 해류로 불린 것이다. 현재 이 지역에서는 '페루 해류'로 부르는데, 서구 중심적 지리학에서는 여전히 훔볼트 해류라는 명칭을 선호한다.

1803년 2월에 에콰도르의 항구 도시 과야킬(Guayaquil)로 돌아온 훔볼트와 봉플랑은 멕시코의 아카풀코(Acapulco)로 떠날 준비를 했다. 여기서 훔볼트는 〖그림 4-4. 침보라소와 코토팍시의 식물지리〗

(171쪽 볼 것)를 처음으로 그렸고, 이 밑그림의 사본이 포함된 작은 부피의 보고서를 무티스에게 보냈다. 그 보고서의 이름은 다소 길다. 《열대 자연도가 포함된 식물지리학에 대한 견해 – 1799, 1800, 1801, 1802, 1803년에 북위 10도와 남위 10도에서 관찰하고 측정한 것에 근거함》[Humboldt, 1985]. 훔볼트는 보고서에서 무티스에 대한 존경의 마음을 듬뿍 담았다.

> 제가 관찰한 것이 정확한지를 확인하는 데 선생님보다도 더 적합한 인물은 없습니다. 또한 선생님만큼, 40년 이상이나 직접 누에바그라나다를 조사한 인물도 없습니다. 유럽에서 멀리 떨어져 계시면서도 과학적 결과를 바로 흡수해 왔습니다. 모든 고도마다 다르게 분포되어 있는 열대 식물들도 관찰했습니다[Humboldt, 1985: 80].

문제는 훔볼트가 과야킬에서 그린 밑그림과 칼다스의 도판이 유사하다는 데 있다. 왜 그럴까? 매우 흥미롭고 미묘한 이야기가 전개된다. 훔볼트가 보고타에 체류했을 때 칼다스의 친구인 아로요(Santiago Arroyo)는 훔볼트가 그린, 산의 고도에 따른 식물의 분포에 관한 그림을 봤다. 아마도 그 그림은 《그림 4-4》의 초기 형태였을 것이다. 아로요는 훔볼트에게 어렵게 부탁해서 이 지도의 사본을 칼다스에게 보냈다. 이를 받아본 칼다스는 다음과 같이 말했다. "(이 지도는 콜롬비아 북부의 항구 도시) 카르타헤나(Cartagena)에서 산타페에 이르는 지역의 위도, 고도, 광물 등을 표시한 기압 측정 도표이다."[Posada, 1917: 100]. 훔볼트는 칼다스를 만나기 이전부터 식물지리적 분포의 시각화 작업을 실행하고 있었다.

그러고 난 후에 어느 날 훔볼트가 칼다스의 집을 방문했는데 칼다스는 마침 집을 비웠고 그의 아버지가 훔볼트를 맞았다. 칼다스의 작업실에 들어간 훔볼트는 허락을 받지 않은 채로 몇몇 중요한 자료를 갖고 나왔다. 이에 대해 훔볼트가 칼다스의 성과를 '도용'했는지 아닌지를 두고 여러 논의들이 있어 왔다[Canizares-Esguerra, 2005]. 어쩌면 훔볼트는 자신이 보고타에서 아로요에게 건네준 기압 측정 도표의 사본을 칼다스의 집에서 봤을 수 있다. 아니면, 훔볼트는 칼다스가 수행했던 키토 지역의 산들에 대한 식물지리 자료들을 칼다스의 집에서 봤을지도 모른다. 이 자료 속에는 칼다스가 만든 〔지도 4-3. 칼다스의 식물지리학〕(171쪽 볼 것)[3]의 초기 작업 단계에 해당하는 도판이 포함되었을 수도 있다.

이 사건 이후로 훔볼트와 칼다스는 서로 경쟁의식을 분명히 느꼈다. 칼다스가 아로요에게 보낸 편지에 의하면, 무티스의 부탁을 받은 훔볼트는 칼다스에게 누에바페루 지역의 自然史 탐험에 동참해도 좋다고 말했다. 하지만, 칼다스의 집을 방문하고 난 후에 훔볼트는 칼다스에게 한 약속을 번복했다[Gonzales-Orozco, 2015]. 동행할 수 없다고 선을 그었다.

---

3 지도 한가운데 화산 폭발이 일어난 산이 코토팍시다. 보고타의 안데스대학(Universidad de los Andes) 역사학과의 마우리시오 올아르테(Mauricio Nieto Olarte) 교수에게 《호세 데 칼다스의 지도 제작》(La obra cartografica de Francisco Jose de Caldas, 2016)에 있는 지도 사용을 허락해준 데 대해 감사를 표한다.

훔볼트와 봉플랑은 때마침 반가운 제안을 받았다. 에스파냐에서 키토로 건너왔던 후안 피오 데 몬투파르(Juan Pío de Montúfar) 공작은 자신의 아들 카를로스(Carlos)를 탐험에 참여시켜 주면 훔볼트에게 탐험 비용을 지원하겠다고 약속했다. 어머니에게 물려받은 유산을 사용하면서 아메리카 탐험에 나선 훔볼트 입장에서는 거절할 수가 없었다. 훔볼트와 봉플랑이 아직 침보라소 산을 탐험하기 이전의 일이다. 상황이 급변했다.

무티스는 가장 아끼는 제자인 칼다스가 동행할 수 없다는 소식을 듣고는 훔볼트에게 질책의 편지를 보냈다. 이 사건이 도화선이 되어 칼다스는 훔볼트와 카를로스 몬투파르가 서로 좋아한다는 소문을 퍼뜨렸다.

훔볼트가 키토를 떠난 후에 칼다스는 무티스의 지원을 받으면서 식물지리에 대한 연구를 계속했다. 그는 고도를 측정할 수 있는 온도계를 '발명'했다[Gonzales-Orozco, 2015]. 하지만, '칼다스 측고 온도계'로 불리는 이 기구는 훔볼트가 프로이센에서 갖고 온 기압계와 고도 측정기를 모방한 것이다. 여하튼 칼다스로서는 훔볼트가 떠나 버린 상태에서 독자적으로 연구를 수행할 수밖에 없었다.

침보라소와 코토팍시, 훔볼트 自然史의 백미

현재 세계에서 가장 높은 산은 에베레스트 산이다. 하지만 19세기 초까지만 하더라도 침보라소가 지구에서 가장 높은 산으로 간주되었다. 왜냐하면, 당시에는 해수면을 기준으로 산의 높이를 측정했기 때문이다.

몬투파르 공작의 도움을 받은, 훔볼트와 봉플랑은 키토에서 8개월간 체류했다. 멕시코 다음으로 오랜 기간을 키토에 머물렀던 이유는 침보라소의 높이를 측정하기 위해서였다. 우선 그는 다른 탐험가들의 기존 측정치를 조사했다. 훔볼트보다도 앞서서 아메리카를 탐험했던 라 콩다민은 6,274미터, 에스파냐 지질학자인 돈 호르헤 후안(Don Jorge Juan)은 6,586미터, 에스파냐 최고의 탐험가 말라스피나는 6,352미터라고 각각 말했다[Humboldt and Bonpland, 2009: 83].

1802년에 훔볼트는 봉플랑, 카를로스, 그리고 이름이 알려지지 않은 3명의 토착 自然史학자와 함께 침보라소 산의 정상을 향했다. 그들은 현지인의 도움을 받아 산 정상에 도달하려고 했으나 고산병으로 더 이상 올라가지 못하고 하산해야 했다. 이때의 높이가 5,875미터였다. 훔볼트는 어쩔 수 없이 삼각측량법을 활용해서 높이를 추정할 수밖에 없었다. 그는 1802년에 빌헬름에게 보낸 편지에서 침보라소 높이가 6,367미터라고 말했다.

그런데, 당시 수학자이면서도 천문학자였던 라플라스는 파리로 귀환한 훔볼트에게 새로 개발한 기압계 측정 방식을 알려 주었다. 라플라스의 방식을 적용해서 다시 측정한 결과, 침보라소의 높이는 6,544미터가 된다고《식물지리학》에서 밝혔다[Humboldt and Bonpland, 2009: 83].

그들은 침보라소 산을 등정한 후에 그 오른편에 위치하고 있는, 코토팍시 산도 도전했다. 하지만, 날씨가 너무 좋지 않아서 아쉽게도 중단을 하고 하산을 했다. 훔볼트는 지질학적으로 코토팍시가 침보라소에 기대어 있다고 생각했다. 그래서 코토팍시 산을《열대 자연도》에 포함하기로 했다. 그는 다른 측정 방법을 통해 코토팍시 산 높이가 5,752미터라고 밝혔다[Humboldt and Bonpland, 2009: 84].

〔그림 4-5. 키토에서의 훔볼트의 복장〕(172쪽 볼 것)이 보여주듯이, 훔볼트는 키토에서 공식적으로 사람들을 만날 때 실제로 이런 복장을 했다. 그가 프로이센에서 광산청에 근무할 당시에 입었던 제복이다. 키토 지역의 몬투파르 공작이 이 지역의 화가인 호세 코르테스(José Cortes)에게 이 그림을 부탁했다. 이 초판 그림은 안타깝게도 분실되었다가 독일 화가인 카를 지그문트 잘뷔르크(Karl Sigmund von Sallwürk)가 1944년에 복원했다[Dobat, 1987: 177]. 괴테도 훔볼트의 이 복장이 프로이센의 자긍심을 높여줄 것이라고 격려를 했다.

〔그림 4-6. 침보라소 화산의 기슭에 있는 훔볼트와 봉플랑〕(172쪽 볼 것)은 훔볼트에 관한 이미지를 검색하면 가장 많이 등장하는 그림들 중의 하나다. 독일 사람들은 특히 이 그림을 선호한다. 하지만, 이 그림에서 카를로스 몬투파르의 모습은 찾을 수 없다. 그가 그림에서 배제된 까닭은 무엇일까? 가장 개연성이 높은 설명은, 칼다스가 말했듯이 훔볼트와 카를로스가 연인 관계였을 수도 있기 때문이다. 독일인의 입장에서는 탐탁지 않은 점이다.

이 그림에서 정작 주목해야 할 인물이 있다. 훔볼트 옆에 서 있는 토착 自然史학자이다. 이름을 몰라 아쉽다. 하지만, 훔볼트와 함께 측정 기구를 들고 있는 그가 없었다면, 훔볼트와 봉플랑의 탐험은 예측할 수 없는 난관에 봉착했을 것이다. 두 사람은 아메리카 탐험의 현장 곳곳에서 이런 토착 自然史학자들과 소통했다. 이것이 바로 식민적 문화융합의 모습이다.

몬투파르는 어떻게 되었을까? 훔볼트는 키토, 멕시코시티, 아바나, 미국 수도 워싱턴에도 그를 데리고 갔다. 그리고 파리로 돌아갈 때도 같이 갔다. 훔볼트가 파리에서《식물지리학》을 집필하는 동안에 몬투파르는 훔볼트의 작업을 열심히 도왔다. 파리에 체류한 다음에, 그는 마드리드에서 군사 학교에 입학했다. 키토로 돌아온 그는 시몬 볼리바르가 주도했던 독립 혁명이 누에바그라나다 전역으로 퍼져 나갔을 때, 볼리바르의 측근이 되어 중심적인 역할을 맡았다.

훔볼트와 봉플랑의 식물지리학을 두 인물의 독자적인 성취로만 평가할 수 없다. 무티스, 칼다스, 몬투파르를 중심으로 한 키토의 크리오요를 비롯해, 물라토, 메스티소, 삼보 등 여러 사회계층의 지원 인력이 없었다면, 보고타에서 리마에 이르기까지의 自然史 탐구는 불가능했을 것이다. 특히 침보라소의 식물지리학은 칼다스와 몬투파르를 중심으로 한 토착 自然史학자와, 훔볼트와 봉플랑으로 대변되는 유럽 自然史학자 사이의 식민적 문화융합을 통해서 정립된 것이다.

해양공간의 '발명': '南洋'인가 '태평양'인가

약 18개월에 걸쳐 안데스 산맥을 따라 남쪽으로 내려가면서 훔볼트는 광활한 '南洋'(South Seas)을 마주했다. 훔볼트는《코스모스》에서 "태평양은 마젤란이 처음으로 붙인 이름"[Humboldt, 1997(1848): Ⅱ: 269]이라고 말하면서, '태평양'(Oceano Pacifico)이라고 명명했다. 훔볼트는 마젤란의 필리핀 항해(1519-1522)에 참가해서 이를 상세히 기록했던 피가페타(Antonio Pigafetta)가 그렇게 적었다고 말했다. 그런데, 이를 상세히 분석한 어느 역사학자에 의하면, 피가페타는 결코 이렇게 말한 적이 없다[Spate, 1977]. 그럼에도, 오늘날 사람들은 마젤란이 '태평양'을 처음 사용했다고 믿는다.

훔볼트가 피가페타의 기록에만 의존해서 이렇게 말한 것은 아니다. 그는 250년간 지속된 갈레온 무역 항로의 역사적 의미와 필리핀이 누에바에스파냐 부왕령에 귀속된 역사적 과정을 살펴본 다음에, 남양보다는 태평양이 더 적합하다고 말한 것이다.

태평양은 원래 '거기에' 있지 않았다. 사람들이 태평양이 지금과 같이 거기에 있다고 생각하게 된 것은 에스파냐가 16세기에 열대 태평양을 공간적으로 발명한 이후부터다. 해양공간의 중요성을 인식했던 훔볼트는 《코스모스》를 집필하면서, 마젤란과 태평양을 기표로 삼았으며 에스파냐 제국에 의한 열대 해양공간의 발명을 기의로 삼은 것이다.

16세기는 에스파냐와 포르투갈이 해양의 공간적 발명을 주도했던 시대이다. 그 역사적 의미를 일찍이 간파했던 역사학자 필립 커틴이 《경제인류학으로 본 세계 무역의 역사》에서 '해양혁명'[4]이라고 부르면서 15-16세기에 항해술의 혁명이 일어났다[Curtin, 2007: 231]고 언급한 것은 16세기 역사를 부분적으로 파악한 것에 불과하다. '대항

---

4 '임진동아시아 전쟁'(1592)이 해양혁명의 시기에 일어난 것은 결코 우연이 아니다.

해시대'도 서구적 근대의 역사적 본질을 정확하게 드러내 주는 개념이 아니다. '해양공간의 발명'이 16세기 역사의 본질을 더욱 적확하게 나타내 준다.

멕시코시티에 평생 살고 싶었다, 왜?

누에바에스파냐는 훔볼트에게 이전의 아메리카와는 확연하게 다르게 다가왔다. 마침내 에스파냐 식민지로서는 최종 목적지인 멕시코시티에 1803년 4월 11일에 도착했다. 19세기 전반기에 미국과 유럽 열강들은 누에바에스파냐를 차지하기 위해 서로 각축전을 벌이고 있었다. 훔볼트는 멕시코시티에 도착한 순간부터 이 점을 익히 알고 있었다. 그가 멕시코에서 1년이나 체류했던 이유도 이런 사정과 연관되어 있다. 《누에바에스파냐 왕국의 정치 에세이》를 프랑스어로 출간했던 1811년 그리고 이후로도, 훔볼트는 멕시코가 서구 사회에서 얼마나 첨예한 이해충돌의 공간인지에 대해 한시라도 신경을 쓰지 않은 적이 없었다.

프랑스어로 처음 출간된 이 저작은 훔볼트의 이름을 본격적으로 서구 사회에 널리 알리게 된 저작이다. '멕시코혁명'이 1810년에 발발하자 유럽인들이 이 지역에 대해 가졌던 많은 궁금증을, 이 저서는 시의적절하게 해결해 주었다[Weiner, 2014]. 런던과 뉴욕에서 영어 번역판이 바로 다음 해에 나왔고 1814년과 1822년에 다시 출간되었다. 1809년에 일부가 출간된 독일어판이 1811년에 완간되었다.

1822년에 파리에서 에스파냐어 번역판이 나왔고, 1825년에 프랑스어 개정판이 나왔으며, 이것의 에스파냐어 번역판이 1827년에 출간되었다. 그리고 이 책에 관한 서평들이 수많은 신문과 유인물에 지속적으로 소개되었다. 이 책이 모두 4권에 달하는 무려 2천 페이지가 넘는 분량이었기에 여러 유형의 축약본들도 쏟아져 나왔다.

 이 저작은 단순한 여행기가 아니다. 훔볼트가 쓴 《쿠바의 정치 에세이》와도 양적으로나 질적으로 큰 차이를 보여준다. 멕시코의 지리, 인구 및 인종, 무역 및 경제, 광물 및 농업, 군사, 전염병, 음식 등을 모두 아우르는, 멕시코에 대한 모든 것을 설명한, 명실상부한 백과사전이었다. 하지만 이렇게 중요한 저작에 대해 훔볼트 연구자들은 그동안 대체로 무시했다. 전체 4년여 간의 아메리카 탐험에서 가장 긴 시간을 멕시코에서 보낸 것만으로도 훔볼트의 멕시코 自然史 탐험은 중요하다. 그럼에도 멕시코에 대한 그들의 무시 또는 무관심이 훔볼트의 삶과 사상을 왜곡시킬 수 있음에 대해서는 이미 언급했다.

 훔볼트는 왜 멕시코시티에서 한평생 살고 싶었을까? 무엇이 그를 사로잡았을까? 약 4년의 아메리카 탐험 기간 중에서 거의 1년간 무엇을 하면서 멕시코시티에서 시간을 보냈을까? 꼬리에 꼬리를 물고 궁금증이 이어진다.

 결론부터 말하면, 멕시코에 무궁무진하게 분포되어 있는 광물 자원 때문이다. 훔볼트는 그 가치가 4억 5백만 프랑에 달한다고 말했다 [McCrory, 2010: 186]. 먼저, 파우스토 엘후야르(Fausto Elhuyar, 1755-1833)가 어떤 인물인지 파악할 필요가 있다. 그는 훔볼트의 스승인 아브라함 베르너와 함께 당대 유럽 최고의 광물학자였다.

1786년에 카를로스 3세는 부르봉 개혁의 일환으로 엘후야르에게 멕시코의 광물 자원 전체를 책임지게 했다. 그의 주도로 광업 아카데미가 멕시코시티에 설립되었다(1792).

엘후야르는 프라이베르크 광업 아카데미에서 이미 훔볼트를 만난 적이 있었다. 그래서, 멕시코 전역의 광물 분포에 대한 지도 작업을 그에게 맡겼다. 에스파냐가 멕시코를 지속적으로 식민통치할 수 있는지 여부가 달려 있을 정도로 중차대한 과업이었다.

유럽에서 기존에 발간된 지도만으로는 충분하지 않았다. 그 어떤 지도도 연간 2천만 프랑의 은을 채굴할 수 있는 포토시 관할 지역의 레알 드 카토르세(Real de Catorce)의 위치를 보여주지 않았다. 하지만, 훔볼트는 3백 개의 광산 지역을 새로운 지도에 정밀하게 포함시켰다.

이렇게 누에바에스파냐의 방대한 광물 자원들을 조사하면서, 훔볼트는 앞으로 멕시코시티 인근 지역에 세계 최고의 광업 아카데미를 설립하고 여생을 보내기로 굳게 결심했다. 훔볼트는 2백만 프랑이 소요된다고 재원 규모도 추산했다.

하지만, 세상이 훔볼트의 뜻대로 돌아가지 않았다. 이 재원을 어떻게 마련할 것인가? 그는 아바나를 두 번째 방문했을 때 만났던, 미국의 쿠바 영사 그레이(Vincent F. Gray)의 얼굴을 떠올렸다.

미국 대통령 4명에 혼신의 정열을 쏟다

그레이 영사는 훔볼트가 미국 정부가 그토록 갖고 싶어 하는 누에바에스파냐에 관한 각종 통계와 자료들을 갖고 있음을 알았다. 당시 미국과 에스파냐 사이의 영토 분쟁이 있던 상황에서 훔볼트의 모든 자료들은 미국 정부에 더할 나위 없이 도움이 된다고 판단했다. 그레이 영사는 당시 국무장관인 매디슨(James Madison) — 4대 대통령이 되었다 — 에게 훔볼트를 만나볼 것을 강력히 추천했다[Rebok, 2014: 20]. 그레이가 훔볼트에게 토머스 제퍼슨 대통령을 만나 보기를 권유한 기록은 현재로서는 없다. 하지만, 매디슨에게 훔볼트를 추천한 그레이의 태도로 봐서, 훔볼트에게 워싱턴 방문을 권했다고 봐도 무리가 없다.

바로 이러한 사정으로 훔볼트는 누에바에스파냐의 自然史 탐험을 마치고 바로 귀국하지 않고 토머스 제퍼슨을 만나러 수도 워싱턴으로 향한 것이다.

물론 훔볼트는 학문적으로도 제퍼슨을 만나고 싶어 했다. 제퍼슨은 당시 미국철학학회(American Philosophical Society, 1743)[5]의 회장도 맡을 정도로, 自然史를 비롯해서 학문 전반에 대해 상당한 조예가 있었다. 서구의 모든 지성들과 광범위한 서신 네트워크를 형성했던 훔볼트는 제퍼슨과의 교류는 앞으로도 자신에게 큰 도움이 될 것이라고 판단했다. 하지만, 이는 훔볼트가 워싱턴을 향해 출발했던 실제적인 이유는 아니었다.

---

5 영국의 왕립학회를 모델로 삼아, 미국 건국의 지도자로 추앙받는 벤저민 프랭클린(Benjamin Franklin)이 1743년에 설립했다. 인문학의 한 분과 학문으로서의 철학을 전공하는 학자들의 조직체인 미국철학회(American Philosophical Association)와는 성격이 전혀 다른 학회이다.

훔볼트는 자신의 평생 꿈을 실현하기 위한 재원을 마련하기 위해 1804년 5월에 봉플랑, 몬투파르와 함께 미국철학학회가 있는 필라델피아에 도착했다. 수도 워싱턴의 제퍼슨에게 보낸 5월 24일자 편지에서, 그는 지난 몇 년간 아메리카에서 自然史 탐험과 관련해 머물렀던 지역들을 열거하면서 자신이 무엇을 했는지를 개략적으로 밝혔다[Rebok, 2014: 143-146]. 두 사람은 6월 5일 워싱턴의 대통령 관저에서 처음으로 만났다[Peale, Selected Papers, 5: 332; Rebok, 2014: 23]. 그리고 제퍼슨의 배려로 훔볼트는 대통령의 별장에서 약 한 달간 보내면서 이런저런 대화를 나누었다.

그렇지만 두 사람이 이 만남에서 어떤 대화를 나눴는지에 대해 어떤 기록도 남아 있지 않다. 두 사람이 구체적으로 무엇을 서로 주고받으려고 했는지를 알 수 없다. 다만, 훔볼트가 파리로 돌아간 후 서로 간에 오고 간 여러 차례의 편지들이 남아 있기에 이 편지들과 관련 사료들을 읽어 보면, 제퍼슨이 훔볼트에게 무엇을 요청했는지는 알 수 있다. 하지만, 훔볼트가 제퍼슨에게 구체적으로 무엇을 원했는지에 대해서는 현재로서는 정확한 사료가 발견되지 않아 알 수 없다.

제퍼슨은 훔볼트의 소망을 들어주는 척하면서 그가 갖고 있던 매우 귀중한 정보에 대해 눈독을 들였다. 제퍼슨은 6월 9일자 훔볼트에게 보낸 편지에서 미국과 에스파냐의 영토 분쟁 지역의 인구와 광물 자원에 대한 자료를 보내줄 수 있는지를 물었다[Jefferson Letter; Rebok, 2014: 146]. 현재로서는 이 구절이 제퍼슨이 훔볼트에게 무엇을 원했는지를 추정할 수 있는 유일한 단서이다. 훔볼트는 매디슨 국무장관에게 멕시코의 광물 지도를 포함해서 여러 유형의 지도들을 보냈다. 그리고 갤러틴(Albert Gallatin) 재무성 장관에게도 통계 자료들을 추가로 보냈다[Botting, 1973: 175]. 하지만, 이것으로 끝났다. 훔볼트는 어떤 대답도 듣지 못했다. 하는 수 없이 훔볼트, 봉플랑, 몬투파르는 6월 13일에 워싱턴을 떠나 필라델피아를 거쳐 8월 1일에 보르도에 도착했다. 일단 4년의 길고 긴 아메리카 自然史 탐험이 무사히 끝났다.

훔볼트는 파리로 돌아온 후에도 제퍼슨, 매디슨, 나중에 5대 대통령이 되는 제임스 먼로(James Monroe)와 6대 대통령이 될 존 퀸시 애덤스(John Quincy Adams)와도 계속 서신 교환을 했다. 심지어 애덤스의 경우에는 그가 영국 대사로 와 있을 때 파리까지 찾아가서 만나기도 했다. 이런 정황으로 추정하건대, 훔볼트는 재원을 마련하기 위해 상당히 심혈을 기울였을 것이다. 결과적으로, 훔볼트는 자신이 원했던 재원을 마련하지 못했다.

독자들과 함께 생각해 본다. 세상에 어느 누가 미국의 현직 대통령을 포함해서 향후 대통령이 될 인물까지 4명이나 만났을 정도로, 혼신의 정열을 쏟을 수 있을까?

5장

'훔볼트과학'에서 '열대 自然史혁명'으로

자연의 상관(像觀)은 열대 식물의 재배, 열대 自然史의 풍경화, 낭만주의적 언어의 힘에 의해 형성된다.

— 훔볼트

일단 측정된 것은 측정되기 전과 같이 존재하지도 않고 존재할 수도 없다.

— 카를 프리드리히 가우스

5장
'훔볼트과학'에서 '열대 自然史혁명'으로

훔볼트는 과학혁명을 어떻게 이해했을까

훔볼트는 17세기 과학혁명을 어떻게 인지했을까. 18세기 유럽의 교양인들에게 과학혁명이 무엇인지를 물어봤다면, "그런 것은 없었다[Shapin, 1996]"라고 단언하면서 고개를 갸우뚱거렸을 것이다. 그들 중 어떤 누구도 케플러가 천문학에서, 베이컨이 실험 방법에서, 데카르트와 라이프니츠가 기하학과 수학에서, 갈릴레이와 뉴턴이 역학에서, 보일이 화학에서, 하비가 생리학에서, 각각 이루었던 지식의 성취를 통합해서 과학혁명의 개념으로 파악하지 않았다.

유기체의 철학자로 평가받는 알프레드 노스 화이트헤드(Alfred North Whitehead)가 '천재의 세기'[Whitehead, 2008(1925): 77–104]라고 불렀던 17세기에 자신이 과학혁명을 수행하고 있다는 생각을 한 '과학자'는 단 한 명도 없었다. 1장에서도 말했듯이, 과학자라는 개념 자체가 1830년대에 처음으로 등장했음에 유념하자. 이런 상황에서 훔볼트가 과학혁명에 대한 전체적인 그림을 파악했을 리가 없다. 대신에 그는 自然史에 관해 나름대로의 지식체계를 만들어 가려고 했다. 이를 자세히 설명하기 이전에 과학혁명에 대해 집착할지도 모르는 독자들을 위해 다음 이야기를 들려주고 싶다.

종교사학자이며 과학철학자인 쿠아레(Alexandre Koyré)가 1930년대에 최초로 과학혁명이라는 용어를 창안했다. 이후 역사학자 버터필드(Herbert Butterfield)가 《근대과학의 기원》[Butterfield, 1949; 1973]에서 이를 대중화했다. 하지만, 과학혁명에 대한 개념적 정의는 과학사학자 루퍼트 홀(Rupert A. Hall)이 1954년에 쓴 《과학혁명, 1500-1800: 과학적 태도의 근대성》[Hall, 1956]에서 비로소 이루어졌다. 이때부터 과학혁명은 산업혁명과 함께 서구의 진보를 높이 휘날리는 깃발이 되어 왔다. 한국 사회에 이 개념이 회자된 것은 토머스 쿤의 《과학혁명의 구조》가 1981년에 번역·소개되었을 때이다. 그의 '패러다임' 개념이 널리 알려지면서 과학혁명의 용어도 대중화되었다. 또한 약 30여 년이 지나는 동안 한국의 고등학교 교과서에 완전히 자리를 잡았다.

1장에서도 논의했던, 한국의 고등학교 교과서 《세계사》 저자들이 17세기 데카르트와 뉴턴의 이성주의에 근거한 과학혁명에 과도하게 집착하는 이유는 무엇일까? 크게 보면, 두 가지 이유 때문이다.

첫째, 그들은 16세기 유럽에서 발달했던 지도학, 自然史, 약초생물학, 탐험학, 항해학, 부기(簿記) 등과 같은 지식체계는 과학이라고 간주하기를 꺼리기 때문이다[Crosby, 1997; 山本義隆, 2010]. 정작 그들은 포르투갈과 에스파냐에 의한 '신항로 개척'을 주요 항목으로 설명하고 있으면서도 이를 위해 필수적이었던 지식체계를 교과서의 서술에서 배제시켰다. 그들에게 자연과학의 본령은 수학, 물리학, 역학, 생리학, 화학에 한정되어 있다. 광물학과 지질학도 빠져 있다. 自然史가 빠져 버린 채로, 인류사 중심으로만 세계사를 서술하기 때문이다.

둘째, 《세계사》의 저자들은 '17세기의 총체적 위기'를 결과적으로 무시하고 외면하기 때문이다. 17세기 위기를 세계사적 관점에서 설명한다면, 학생들은 17세기 한국사 그리고 동양사와도 유기적으로 연결해서 생각할 수 있다. 17세기 위기의 핵심은 소빙하기로 인한 전 지구적 기후변화이다[조지형, 2011; Parker, 2013; Parker & Smith, 1997]. 인류사에 근거한 기존의 설명으로는 인류와 전 지구적 기후변화 사이의 상호작용에 대해 파악할 수 없다. 이런 이유로 훔볼트가 한평생 지향했던 인류사와 自然史의 융합적 지평이 요청되는 것이다.

훔볼트과학의 스펙트럼: 세 층위

훔볼트를 연구하는 학자라면 '훔볼트과학'(Humboldtian science)이라는 용어를 만나게 된다. 이 용어는 훔볼트가 수행했던 과학을 명명하는 것이 아니라, 훔볼트에게만 고유한 과학적 이론과 방법, 실천 방식을 포괄하는 고유명사이다.

《탐험과 제국》(1978)으로 퓰리처상을 받았던, 미국의 역사학자 윌리엄 고에츠만(William H. Goetzmann)이 1959년에 이 용어를 처음으로 사용했으나 그 후로 주목을 받지 못했다. 그러다가 영국의 과학사학자 캐넌(Susan Faye Cannon)이 《초기 빅토리아 시대 문화 속의 과학》의 '3장 훔볼트과학'[Cannon, 1978: 73-110]에서 자세히 설명하면서 주류 과학사 분야에서 회자되기 시작했다. 그렇지만, 이 용어는 주로 영미권에서 사용되며, 독일과 프랑스에서는 상대적으로 사용되지 않는 편이다.

무엇보다도 캐넌은 훔볼트가 아메리카 自然史를 탐험하면서 보여준 엄밀한 측정 방법에 주목했다. 등온선[Humboldt, 1817a], 등압선[Humboldt, 1817b], 등자력선(isogam)과 같이, 현대 지구과학에서도 활용되는 다양한 유형의 등치선 지도(iso-line map)들을 중심으로, 훔볼트과학의 특징을 논의했다[Cannon, 1978: 73-110]. 이후로 여러 연구자들이 훔볼트과학의 이런 측면에 주목했다[Nicolson, 1987 & 1990; Home, 1995; Dettelbach, 1996; Rupke, 1996].

그런데, 《누에바에스파냐 왕국의 정치 에세이》를 세밀히 읽어 본다면, 훔볼트과학이 자연 현상에만 해당되지 않는다는 것을 이해할 것이다. 1장에서도 언급했듯이, 《누에바에스파냐 왕국의 정치 에세이》는 《쿠바의 정치 에세이》와 함께 아메리카 自然史에 대한 훔볼트의 가장 핵심적인 입장을 보여주는 저작이다. 《누에바에스파냐 왕국의 정치 에세이》에서 훔볼트는 멕시코의 천연자원에 대한 정치경제학을 상세하게 설명했다. 이 책과 같은 해에 출간한 《누에바에스파냐 왕국의 지리와 자연에 관한 아틀라스》(1811)에서, 훔볼트는 금을 포함한 몇몇 주요한 광물들의 전 지구적 분포를 지도로 보여주면서 '무역선'(trade line)의 개념을 도입했다[Humboldt, 1811b]. 즉, 훔볼트는 무역선도 등치선의 관점에서 파악했던 것이다. 그는 분석적인 수준에서는 자연 현상과 사회 현상을 구분했지만, 세계를 인식하는 수준에서는 양자를 유기적으로 융합했다. 이처럼 훔볼트가 정립하려고 했던 개념이나 사상을 그의 특정 저작이나 논문으로부터 도출하는 것이 얼마나 위험한지를 알 수 있다. 그만큼 훔볼트가 한평생 실천했던 작업은 중층적이면서도 복합적인 층위로 구성되어 있다. 훔볼과학을 자연과학적 학문이라고 규정할 수 없는 이유가 여기에 있다.

유럽에서 '자연과학'에 해당하는 용어는 영어나 프랑스어보다도 먼저 독일어인 'Naturwissenschaft'로 18세기에 사용되었다.[1] 18세기 초에 처음 등장한 이 용어는 '자연철학'과 동의어로 사용되었지만 널리 유포되지는 않았다. 18세기 후반에는 自然史와 동의어로 사용되었다. 19세기를 전후해서 몇몇 독일 학자들이 이 용어를 自然史, 자연철학, 응용수학을 아우르는 개념이라고 정의를 내렸지만, 학문적으로나 사회적으로 이 용어의 정확한 의미에 대해 합의가 이루어지지 않았다[Phillips, 2012: 27-39].

이 시기를 살았던 훔볼트도 이 용어가 갖는 복합적인 의미를 파악했다. 그가 살았던 시기에 Naturwissenschaft를 사용하는 사람이 있었다면, 그는 自然史, 자연철학, 응용수학 중에서 한 가지 영역을 상정했음에 틀림없다. 공간의 정확한 측정을 학문의 지표로 삼았던 훔볼트가 이처럼 복합적인 의미를 갖는 용어를 적극적으로 사용했을 까닭이 없다. 그가 이 용어를 흔쾌히 사용하지 않았던 데는 또 다른 매우 중요한 이유가 있다. 그는 自然史에 대한 탐구와 지식이 경제적이고도 실용적인 차원을 동시에 포괄한다고 생각했다. 프로이센에서의 광물학 연구와 광업 관료로서의 경험을 누에바에스파냐의 풍부한 광산 자원 개발에 적용하는 이론적·실천적 작업은, 훔볼트가 볼 때, Naturwissenschaft의 용어로는 적합하지 않았다. '자연의 경제'

---

[1] 엄밀히 말하면 Naturwissenschaft의 내포와 외연을 모두 아우르는 적확한 영어 용어도, 한국어도 아직 없다.

에 관한 실용적 학문은 자연과학과는 별개의 영역이라고 보았다. 여기서도 훔볼트과학의 중층적인 특성이 드러난다.

그런데, 훔볼트가 Naturwissenschaft를 분명한 개념으로 사용하지 않은 데는 이러한 두 가지 이유보다도 훨씬 더 중요한 이유가 있다. 그에게 자연은 예술과 떼려야 뗄 수 없는 관계를 갖기 때문이다. 왜 그럴까? 그는 먼저 自然史와 인류사의 관계에 주목한다.

> 게오르크 포르스터, 괴테, 뷔퐁, 베르나르댕 드 생 피에르, 샤토브리앙(François-René de Chateaubriand)은 모두 지구상에서 특정 장소에 대해 어느 누구도 비길 데 없는 독특한 진리를 보여주었다 … 세계 곳곳의 自然史에 관한 지식은 인류사와 아주 밀접하게 연결되어 있다[Humboldt, 2014: 160].

훔볼트가 볼 때, 예술가에게는 自然史와 인류사의 이런 불가분의 관계를 포착할 수 있는 감각이 있다. "예술가야말로 광대한 열대 自然史의 특징을 묘사할 수 있는 능력"이 있다[167]. 괴테가《색채론》에서 주장했듯이, 훔볼트는 "사물의 본질을 언어에 의해 손상시키지 않은 채로 눈앞에서 항상 생동하는 모습으로 보여주는 것이 얼마나 어려운지"[Goethe, 2003(1810): 246]를 깨달았다. 이런 맥락에서, 훔볼트는 열대 自然史에 대한 예술적 형상화는 Naturwissenschaft와 양립할 수 없다고 생각했다. 바로 이러한 이유로 훔볼트가 한평생 실현해 갔던 세계의 실체를 현재 사용되는 의미의 자연과학으로 환원시킬 경우, 그 본질을 놓치고 마는 것이다.

〖그림 5-1. 열대 自然史 탐험에 기초한 훔볼트과학의 융합적 지평〗이 보여주듯이, 정확한 측정, 실용적 지도 제작, 예술적 감성, 이 세 층위는 훔볼트가 열대 自然史를 인식하는 데 준거 틀로 작용했다. 훔볼트의 위대한 학문적 성취는, 열대 自然史 탐험에 기초해서 지리학과 지구물리학을 예술적 감성과 결합하여 훔볼트과학의 핵심적인 층위로 만들었다는 데 있다.

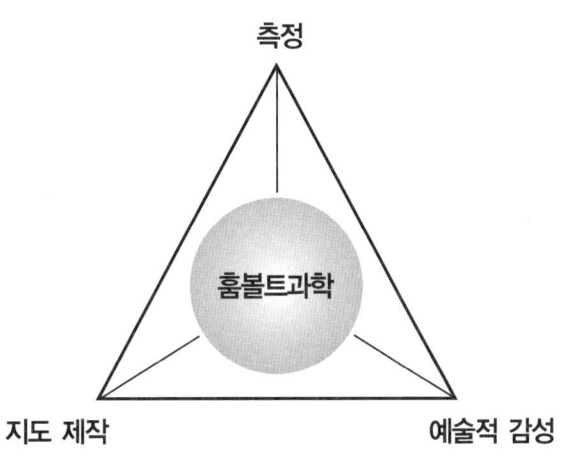

〖그림 5-1. 열대 自然史 탐험에 기초한 훔볼트과학의 융합적 지평〗

훔볼트는 이후로도 이 점을 자신의 모든 작업에서 항상 지표로 삼았다. 이 세 층위가 훔볼트과학에서 구체적으로 어떻게 유기적으로 작용했는지를 살펴본다.

멘델스존의 '훔볼트 칸타타'

1828년 9월 18일 베를린. 알렉산더 훔볼트는 약 6백 명의 自然史 학자와 의사들이 모인 국제학술대회의 개막식에서 '과학의 사회적 효용'이라는 주제로 연설을 했다. 훔볼트가 정중하게 부탁을 하자 괴테가 흔쾌히 축사를 했다. 이 자리에는 '수학의 왕자' 카를 프리드리히 가우스를 비롯해서 유럽의 저명한 학자들이 참석했다.

19세의 쇼팽도 있었다. 동물학자를 따라왔다고 하는데, 자신보다 한 살 어리지만, 모차르트 못지않게 어릴 때부터 음악의 신동으로 널리 알려진, 펠릭스 멘델스존의 연주를 들을 수 있다는 설렘도 있었을 것이다.

멘델스존은 훔볼트의 위촉을 받아 작곡한 칸타타(Cantata)를 이 국제학술대회에서 공연했다. 이 작품은 베토벤의 피아노 소나타 14번 [Op. 27. No. 2]을 《월광 소나타》라고 명명했던 루트비히 렐슈타프(Ludwig Rellstab)의 가사에 멘델스존이 곡을 붙인 것이다. 슈베르트가 가곡 《백조의 노래》의 처음 일곱 곡에 그의 시를 가사로 쓸 정도로, 렐슈타프는 당시에 시인이면서 음악평론가로 독일 음악계에 알려졌던 인물이다[Todd, 2003]. 《훔볼트 칸타타》에서 테너 가수가 아리아(Aria)를 들려준다.

> 거대한 암석이 폭풍우로 인해 갈라지더니
> 천둥소리를 내며 계곡 아래로 굴러 떨어지는데
> 산맥에 가로막힌 파도는 심히 격노하면서

깊은 협곡을 만들어 내고
지구의 아주 깊은 곳을 휘몰아치는
불의 거대한 힘은 참으로 두렵다[Rellstab, 2004: 13].

이 가사에는 19세기 전후 유럽 지질학자들은 물론이거니와 칸트, 헤겔, 괴테와 같은 사상가들에게 초미의 관심이 되었던 문제가 깊이 녹아 있다. 당시 유럽에서는 지구 암석의 생성 원인을 둘러싸고 수성론(neputism) 대 화성론(plutonism)이 대립되었다. 전자는 암석이 해양에 녹아 있는 물질의 침전에 의해 형성되었다는 입장이며, 후자는 지구 내부에 용융 상태로 있는 물질이 지각을 뚫고 올라오거나 지표로 흘러나와 암석으로 냉각되었다는 것이다. 훔볼트의 지질학 교수인 아브라함 베르너가 수성론을 지지했지만, 칸타타가 연주되었던 1820년대에 훔볼트는 여러 실험들을 통해 화성론이 옳다고 생각했다. 그렇지만 이 아리아의 가사에는 양쪽의 입장이 서로 녹아 있다. 렐슈타프는 이런 미묘한 상황을 알았으므로 수성론과 화성론의 경계를 절묘하게 넘나들면서 아리아의 가사를 가다듬었다.

멘델스존은 〔훔볼트 칸타타〕 공연을 하기 열하루 전인 9월 7일에 〔고요한 바다〕와 〔즐거운 항해〕를 작곡해서 지휘를 했을 정도로 이때 상당히 분주했다. 이 두 작품은 괴테의 시에 곡을 붙였기에 연주 시간이 짧다[Wenborn, 2010: 88]. 이 공연을 하기 7년 전에, 일흔이 넘은 나이의 괴테 앞에서 10대 초반의 멘델스존은 두 시간이 넘도록 요한 세바스찬 바흐의 푸가를 피아노로 치고 즉흥 연주를 했던 적이 있었다. 이후로도 몇 번 괴테를 만났던 멘델스존에게 그의 문학작품은 음악적 모티브로 강하게 작용했다.

'해양'과 관련된 이 두 작품이 멘델스존의 음악적 변화 과정에서 갖는 의미는 중요하다. 1827년부터 1829년까지 그는 베를린대학에 다녔다. 여기서 당대 최고의 지리학자로 평가받는 카를 리터(Carl Ritter, 1779-1859)의 강의에 몰입했다. 훔볼트는 리터와 가까이 교류도 했는데, 지리학에 관한 한 최고의 경쟁 상대였다. 2천 페이지에 달하는 19권 분량으로 된 《자연과 인류의 역사에 관한 지리학》(1816-1859)은 리터가 40여 년에 걸쳐서 썼던 대작이다. 그는 지리학을 의학에 비유하면서 "지리학은 지구의 생리학이며 비교해부학이다."라고 말했다. 이처럼 멘델스존은 대학에서는 리터를 통해서, 개인적으로는 훔볼트를 통해서, 해양과 항해에 대한 음악적 상상력을 작품으로 승화시켰다.

멘델스존 음악 연구로 정평이 나 있는 음악학자 토드(Larry Todd)에 따르면, 멘델스존은 칸타타를 공연하기 6일 전에 겨우 악보를 완성했다. 시간에 쫓겼다. 공연 이후로도 멘델스존은 악보를 수정하거나 출간하지 않았다. 이런 사정으로 현재 음원을 통해 이 칸타타를 감상할 수 없다.

훔볼트와 멘델스존의 가문은 3대째 교류를 해왔다. 훔볼트 자신과 멘델스존 가문 사이의 신뢰 관계는, 훔볼트가 열대 아메리카 탐험을 마치고 파리로 돌아왔던 1806년으로 거슬러 올라간다. 이때 훔볼트는 멘델스존의 할아버지이며 칸트도 경의를 표했던, 계몽주의 철학자인 모시스(Moses) 멘델스존의 막내아들인 공학자 나단(Nathan)이 안정적인 재정을 확보하도록 도와주었다.

이 시기에 훔볼트는 어머니로부터 물려받은 유산을 아메리카 탐험에 대부분 사용하면서, 재산이 크게 축소되었다. 이번에는 모시스 멘델스존의 두 아들로서 프로이센의 손꼽히는 금융자산가로 성공한 조지프(Joseph)와 아브람스(Abrahms)가 훔볼트의 어려운 경제 사정을 도와주었다. 그들은 1842년부터 훔볼트가 살고 있던 집을 구입해서 1859년에 훔볼트가 세상을 떠날 때까지 살 수 있도록 배려를 해주었다. 더 나아가서 조지프의 아들인 알렉산더는 훔볼트의 서거 이후에 '자연탐구와 여행을 위한 훔볼트재단' — 현재 베를린에 본부가 있는 훔볼트재단의 전신 — 을 설립함으로써, 향후 세계 곳곳의 많은 학자들이 훔볼트재단의 지원을 받아 연구를 수행하는 데 큰 기여를 했다.

수학자 가우스는 훔볼트에게 지자기(地磁氣) 실험을 계속하라고 재촉했다. 그래서 그는 베를린의 중심가인 라이프치히 거리 3번지에 위치한 멘델스존 가문 소유의 거대 저택 — 목장과 농장 등 이런저런 시설들을 제외하고 주택만 하더라도 방이 19개나 있었다 — 의 야외 정원에 구리로 만든 별도의 실험실을 설치했다.

멘델스존은 초연(1729)이 되고도 백 년이나 잊혔던 바흐의 《마태수난곡》을 1829년에 발굴했는데, 공연을 위한 리허설을 여기서 했다. 이 작업실이야말로 지구과학과 음악의 융합 공간이 된 것이다.

멘델스존의 《마태 수난곡》 공연은 서양음악사에서 길이 남는 사건이다. 이 공연과 관련하여 재미있는 이야기가 전해진다. 1829년 3월 11일 저녁 6시에 베를린 징아카데미에서 공연이 시작되었다. 그런데, 이 공연이 있기 약 40일 전인 1월 31일에, 훔볼트는 멘델스존과 식사를 하면서 매일 오후 3시부터 다음 날 오전 7시 사이에 매 시간

마다 지자기 측정을 해야 한다고 말했다. 자신에게 큰 도움을 준 멘델스존의 공연에 참석할 수 없는 사정에 대해 일찌감치 양해를 구했다. 자신의 세계를 추구하고 실현하기 위해서 절치부심하면서도 은인을 위해 인간적인 따뜻함을 보여준 것이다.

훔볼트의 풍경화와 멘델스존의 음악을 가까이했던, 괴테는 색채와 음향의 관계에 대해 주목하면서 다음과 같이 말했다.

> 하나의 산에서 발원하면서도 전혀 다른 상황으로 완전히 별개의 지역으로 흘러가는 두 강이 있다고 하자. 이런 경우 우리는 한 강의 개별적인 지점을 다른 강의 그것과 비교할 수 없다. 색채와 음향이 바로 이러한 두 강에 해당한다. 색채와 음향은 분리와 결합, 흔들림과 가라앉음, 이리 쏠리고 저리 쏠리는 보편적이고 근원적인 작용을 나타낸다 [Goethe, 2003: 244].

서양음악의 7음계와 무지개의 일곱 가지 색깔을 대응시키려고 했던 뉴턴의 시도에 대해, 괴테는 이처럼 다른 방식으로 접근을 했다. 훔볼트의 풍경화와 멘델스존의 음악은 괴테를 통해 더욱 소통할 수 있었고 융합의 공간은 확대될 수 있었다.

'내'가 이때 태어나 훔볼트와 함께 탐구를 같이 했더라면, '지구의학'(earth medicine)을 정립했을지도 모른다. 유럽 사상사에서 지리학과 의학의 상동 관계는 그다지 새로운 것은 아니다. 3장에서도 설명했던, 히포크라테스가 《물, 공기, 대지》에서 의료지리학에 관해 다룬 이후로, 이 주제는 잊히지 않았다. 16세기 프랑스 의학자 장 페르넬(Jean Fernel)은 "지리학과 역사학의 관계는 해부학과 생리학의 관계에 비유된다."라고 말하지 않았던가. 지구의학이 탄생했더라면, 지금과 같은 실험의학 중심의 현대 의료는 자연의 위대한 '치유력' 앞에서 훨씬 더 절제와 겸손의 미덕을 갖추었으리라.

지구 : 몸 = 지리학 : 의학

이러한 등식은, 3장에서 언급했던 포이어바흐의 언어를 빌리면 다음과 같은 철학적 정당성을 갖는다. "지구의 실존이 인간적 실존의 근거이고, 지구의 본질만이 인간적 본질의 근거"이다[Feuerbach, 2006: 157].

'열대성': 자연의 상관

풍경은 이를 바라보는 관찰자의 의식 바깥에 실재하지 않는다. 관찰자의 심상지리가 바로 풍경이다[김우창, 2003; 李孝德, 1996; Arnold, 2006; Tuan, 2013]. 그렇다면, 콜럼버스 이래로 열대에 왔던 유럽인들은 어떤 심상지리로 열대의 풍경을 바라봤는지 무척 궁금하다. 여기서는 이 문제를 본격적으로 다룰 수 없기에, 훔볼트의 경우는 어떠했는지에 초점을 맞춘다.

더 이상 설명이 필요 없는 미술사학자 에른스트 곰브리치(Ernst Hans Josef Gombrich)는 서양미술사 분야에서는 널리 알려진 글,

〈르네상스 예술 이론과 풍경화의 등장〉(1953)에서 유럽 풍경화는 16세기에 나타났다고 말했다[Gombrich, 1966]. 이에 대해 서구에서 최고의 문예비평지 중의 하나로 평가받는, 《비평 탐구》를 주도하는 미첼(W. J. T. Mitchell)은 곰브리치를 비판하면서, 풍경화는 17세기에 등장해서 19세기에 절정에 도달했다고 주장했다. 풍경은 제국주의와 연관된 특정한 역사적 구성체이며, 서구적 근대의 시각적 본질이다[Mitchell, 1993: 5-7]. 하지만, 미첼의 설명은 제국주의에서 더 이상 깊이 들어가지 않는다. 그는 풍경화가 열대와 서구 사이의 식민적 문화융합을 통해서 어떻게 형성되었는지에 대해 관심을 갖지 않는다. 열대 풍경은 서구 미술사학계에서도 여전히 객체로 존재할 뿐이다. 미첼의 관점은 여전히 서구 중심적이다. 열대 自然史가 서구적 근대의 본질로서의 풍경을 어떻게 만들어 갔는지는 해명되지 않는다.

　이런 문제의식에서 볼 때, 열대 自然史에 대한 훔볼트의 인식은 이를 규명할 수 있는 중요한 출발점이 된다. 왜냐하면, 그는 '자연의 상관'(physiognomy)이라는 개념을 통해 열대 自然史를 시각적으로 재현했기 때문이다. 그는 《코스모스》에서 자연의 상관이 세 가지 힘, 즉 열대 식물의 재배, 열대 自然史의 풍경화, 열대가 촉발시키는 낭만주의적 언어의 힘에 의해 형성된다고 주장했다[Humboldt, 1997: Ⅱ: 105]. 훔볼트는 이런 생각을 〈식물의 상관에 대한 이념〉(1806)에서 이미 밝혔다. 이 글은 독일어로 처음 출간된 《자연의 관점》[2]의

2　이 책의 2판은 1826년에 파리에서 출간되었고 3판은 1849년에 훔볼트 자신이 직접 독일어로 써서 출간했다.

5장에 포함되었다.

이렇게 볼 때, 《자연의 관점》을 탐독하고 난 후에 《코스모스》를 읽는 것이 자연스럽다. 《자연의 관점》을 쓰게 된 두 가지 목적에 대해 훔볼트는 서문에서 분명히 밝혔다. 하나는 생생한 재현을 통해 자연을 향유하기 위함이며 다른 하나는 당시의 지식수준에 따라 自然史에 작용하는 힘의 조화에 대한 대중의 식견을 고양하기 위해서였다 [Humboldt, 2011: xi].

"자연의 위대함에 대한 감각을 열대보다도 더 깊고도 강렬하게 느끼는 곳은 없다."[Humboldt, 2011: 154]. 자연에 대한 묘사는 자연이 인간의 감정 상태와 조화를 이루는 것에 비례하여 인간에게 강하게 또는 약하게 영향을 미친다. 왜냐하면 자연 세계는 인간의 감각 세계가 어느 정도로 활발한지에 따라 다르게 받아들여지기 때문이다.

훔볼트는 1801년에 아바나에서, 2장에서 언급했던, 베를린의 自然史학자 빌데노프 앞으로 보낸 편지에서 자신의 심정을 밝혔다. "에스파냐를 떠난 이후로 열대의 더위와 습기에도 불구하고 건강과 정신은 눈에 띄게 향상되었습니다. 열대는 내 몸을 형성하는 요소가 되었습니다. 지난 2년간 건강이 이렇게 지속적으로 좋아진 적이 없었습니다."[Löwenberg, et al., 2012: Ⅰ: 286]. 열대가 훔볼트의 자아에 깊이 내면화되고 있음을 알 수 있다.

훔볼트는 '원시림'이 열대의 가장 중요한 특성을 보여준다고 강조했다. 그는 오리노코 강과 아마존 강을 연결하는 광활한 산림을 원시림이 가장 두드러지게 발달한 지역이라고 간주했다. 원시림은 오로지 열대에서만 존재한다. 원시림의 기본 특징은 사람이 '침투할 수 없음'이라고 파악했다[Humboldt, 2011: 193]. 훔볼트의 이런 열대 인식은 조셉 콘라드가 《암흑의 심장》에서 콩고 강 유역을 '침투할 수 없는 공간'이라고 파악한 것과 맥락을 같이한다[이종찬, 2016b: 446].

열대에 대한 훔볼트의 관점은 명료하다. 열대에 접근하면 할수록, 식물의 구조가 더욱 다양해지며, 형태가 더욱 우아해지고, 여러 유형의 색깔이 더욱 많아지며, 생명력을 더욱 오랫동안 지속하게 된다. 유럽과 같은 온대 지역에서 한평생 살거나, 식물지리학을 모르는 사람들은 열대 식생의 이런 특성에 대해 고개를 갸우뚱거린다[Humboldt, 2011: 215]. 훔볼트는 《식물지리학: 열대 자연도》에서 풍경화야말로 열대 自然史에 대한 유럽인들의 이런 무지를 보완할 수 있는 탁월한 예술이라고 말했다.

> 시인과 화가들의 언어가 더욱 풍성해지고 완전해지거나 상상력과 감수성이 더욱 발휘된다면, 유럽인들은 열대 自然史의 장관을 감상할 수 있다. 그들은 예술 작품을 통해서 열대의 다양한 장관들에 대해 상상력을 발휘한다[Humboldt & Bonpland, 2009: 75].

위대한 화가는 온실에서 식물학자의 묘사를 통해 열대의 식생을 묘사하기보다도, 열대 자연의 웅장한 극장에서 식생의 특징을 연구할 때 더욱 의미가 있다[Humboldt, 2011: 229]. 식생은 작열하는 열대의 태양 아래에서 가장 고귀한 형태를 보여주기 때문이다. 훔볼트는 열대의 위대한 식생을 묘사하려면 언어가 더욱 풍요롭게 발달해야 하며, 시인의 강렬한 상상력과 화가의 풍경화가 더욱 진작되어야 한다고 말했다[Humboldt, 2011: 231].

이렇게 볼 때 《식물지리학: 열대 자연도》와 《자연의 관점》에 담겨 있는 훔볼트의 언어는 낭만주의를 표방한다. 이렇게 두 권의 저서를 집필하면서, 훔볼트는 열대 自然史의 낭만주의적 성격을 어떻게 시각적으로 표현할 것인지에 대해 깊이 골몰했다. 그는 풍경화를 그 방법으로 선택했다.

아름다움, 숭고함, 픽처레스크

움베르토 에코(Umberto Eco)가 쓴 《美의 역사》(Eco, 2005)와 《醜의 역사》(Eco, 2008)를 읽어본 독자라면, 미술비평가 아서 단토(Arthur Danto)가 《예술의 종말 이후》(Danto, 2004)에서 "아름다움은 예술의 본질 가운데 일부에 불과하다."라고 말한 것에 대해 별로 놀라지 않는다.

헤겔의 《예술철학》(1823)으로부터 큰 영향을 받았던, 예술철학자 샤이너(Larry E. Shiner)는 단토의 이런 입장에 대체로 동의하면서, 《순수예술의 발명》에서 '순수예술'은 1750년에서 1830년 사이에 서구에서 어떤 혁명적 과정을 거쳐서 '발명'되었다[Shiner, 2015: 54]고 주장했다. 순수예술은 프랑스혁명을 통해 발명되었다는 것이다.

필자는 순수예술에 대한 이런 서구 중심적 사유를 넘어, 열대 自然

史 탐험이 순수예술의 발명에서 대단히 중요한 혁명적 역할을 했음을 논의할 것이다.

2장에서 윌리엄 호지스가 훔볼트에 미친 영향에 대해 설명했듯이, 열대 自然史에 대한 풍경화는 서구가 자연을 시각적으로 형상화하는 데 중요한 전환점이 되었다. 호주의 미술사학자 버나드 스미스(Bernard Smith)가 쓴 《남태평양을 바라보는 유럽의 시각》[1960; 1985]만큼 이런 주제를 선구적으로 다룬 저술은 없다. 호지스가 그린 타이티 작품들은 스미스가 《남태평양을 바라보는 유럽의 시각》에서 가장 집중적으로 분석한 풍경화이다. 곰브리치에게 미술사를 배웠던, 그의 기본적 논점은 다음과 같다. 서구의 남태평양 탐험은 열대 自然史에 대한 시각적 형상화에 영향을 미쳐서 풍경화를 독립된 예술 분야로 만드는 데 결정적으로 공헌했다. 뿐만 아니라, 이런 탐험은 지질학, 식물학, 동물학, 인류학, 기후학 등의 근대 自然史의 형성을 촉발시켰다[Smith, 1985: 333].

스미스에 주목하는 또 다른 이유가 있다. 그는 에드워드 사이드(Edward W. Said)의 《오리엔탈리즘》(Orientalism, 1978)보다도 10여 년 먼저 '타자'의 문제를 다루었기 때문이다[이종찬, 2012]. 서구와 한국의 주류 미술사학자들이 아직도 관심을 갖지 않는 열대 남태평양의 自然史에 대해, 스미스는 반세기 전에 유럽의 낭만주의와 제국주의의 맥락에서 이를 탐구했다. 그가 自然史와 예술의 상관성과 관련해서 훔볼트의 自然史 탐험에 주목했음에도 불구하고, 유럽의 훔볼트 연구자들과 사이드 연구자들은 스미스의 작업을 비켜 갔다. 이처럼 스미스의 예리한 문제의식은 서구와 한국에서 아직까지도 공유되지 못하고 있다.

훔볼트는 한평생 약 1,200개의 동판화를 만든 것으로 알려져 있다[McCrory, 2010: 131]. 이탈리아에 주로 살았던 17세기 풍경화가 로랭(Claude Lorraine)의 영향을 받은 훔볼트의 동판화 속의 풍경은 대체로 '픽처레스크'(Picturesque) 풍경에 해당한다.

픽처레스크는 아름다운 감정을 자아내는 풍경이나 숭고한 감동을 일으키는 것과는 구별된다. 1782년에 영국 화가 길핀(William Gilpin)이 처음으로 이 개념을 풍경화에서 사용했다. 아름다움과 숭고함의 차이를 철학적으로 탐구했던 버크(Edmund Burke)와 칸트의 논의[Burke, 2006(1756); Kant, 2005(1764)]에 대해 알았던 유럽 사람들은 픽처레스크 풍경에 대해 호기심을 가졌다.

당대 영국에서 '마카로니'로 불렸던 프라이스(Uvedale Price)가 쓴 《숭고함, 아름다움과 비교되는 픽처레스크 에세이》(1794)는 세 가지 다른 감정이 녹아 있는 풍경화에 대한 논쟁을 촉발시켰다. 아름다움, 숭고함, 픽처레스크 사이의 "가장 본질적 차이는 숭고함은 그 엄숙함으로 인해 아름다움에서의 사랑스러운 감정과는 거리가 있으며, 픽처레스크는 사람을 매료시키는 데 있다."[Price, 2014(1794): 83-84]. 훔볼트도 픽처레스크 풍경화에 빠져들었다. 훔볼트가 숭고함이나 아름다움보다는 픽처레스크를 선택했던 이유는, 아메리카의 산과 계곡, 숲과 나무, 들판을 自然史 본연의 모습으로 묘사하는 데 가장 적합했기 때문이다.

〔그림 5-2. 안데스 산맥의 킨디오 통과 경로〕(173쪽 볼 것)는 훔볼트의 동판화 중에서 널리 알려져 있는 픽처레스크 풍경화이다. 이 동

판화는 앞에서 언급했던 훔볼트의 독특한 저서 《아메리카 산맥의 광경과 원주민 유적》에 포함되어 있다[Humboldt, 2012(1810-1813): 32]. 이 그림은 훔볼트와 봉플랑 일행이 보고타에서 포파얀으로 가는 길에 킨디오 지역을 통과하는 풍경을 보여준다. 훔볼트 동판화에 가장 흔하게 등장하는 산이 중앙에 위치하고 왼편 너머로 침보라소가 보인다. 훔볼트가 '일꾼'(silleros)의 등에 반대 방향으로 올라타 있고, 봉플랑은 걸어서 가는 장면이 관심을 끈다. 훔볼트의 설명에 따르면, 길의 밑바닥은 당나귀도 못 지나갈 정도로 길이 질퍽거리며 매우 협소하다. 이 일꾼은 인디오가 아니라 메스티소이거나 때로는 백인인 경우도 더러 있었다.[3] 이런 일을 하고 그는 15일에 때로는 25-30일에 60-70프랑 정도를 받았다[Humboldt, 2012: 33].

훔볼트과학과 낭만주의 풍경화의 공명

아메리카 탐험을 마친 훔볼트는 베를린에서 오랫동안 만나지 못했던 사람들과 오랜만에 회포를 풀었다. 하지만, 빌헬름이 바티칸에서 프로이센 대사로 근무하고 있어서 형과의 만남은 뒤로 미루었다. 그리고 자신이 스스로 두 번째 고향이라고 생각한 파리로 되돌아왔다. 나폴레옹이 집권하면서 파리의 自然史, 자연과학, 예술이 더욱더 발달하고 있음을 감지했다. 실제로도 파리는 이 분야에서 유럽의 중심지로 바뀌어 있었다[Higonet, 2002]. 시인 앙리-알퐁스 에스키로

---

[3] 훔볼트가 백인이라고 표현한 사람들은 사실 크리오요들이다.

(Henri-Alphonse Esquiros)의 말대로, 19세기 초 파리는 "식물원에서 시작하여 식물에서 동물로, 동물에서 사람으로, 마지막으로 사람으로 진행하는"[Higonet, 139] 그런 도시였다. 훔볼트가 보기에 파리 自然史박물관은 유럽에서는 필적할 만한 기관이 전혀 없었다.

아메리카에서 돌아왔던 훔볼트가 《식물지리학: 열대 자연도》[4]를 제일 먼저 출간한 것도 식물지리학이 自然史의 가장 기초가 되는 방법이라고 생각했기 때문이다.

형과의 만남을 뒤로 미룰 정도로 이 저술을 서둘러 출판했던 또 다른 중요한 이유가 있다. 당시 프랑스 自然史의 권위자인 라마르크(Jean-Baptiste Lamarck)는 원래 1788년에 쓴 《프랑스의 식물상》을 식물학자인 캉돌(Augustin Pyramus de Candolle)과 함께 전면적으로 개정해서 1805년에 출간했다[Ebach & Goujet, 2006]. 훔볼트는 캉돌의 식물지리학 연구가 이 책에 그대로 반영되어 출간된다는 소식을 접했다. 캉돌도 훔볼트가 아메리카 탐험을 통해서 식물지리학에서 '불멸의 명예'를 누리고 있다는 사실을 알았다[Candolle & Sprengel, 2011(1821): 331]. 그는 훔볼트가 식물지리학의 창시자가 되는 것에 대해 불편한 심기를 드러냈다[Candolle, 2004: 231-232; Drouin, 2011: 263]. 그래서, 캉돌은 칼 린네를 식물지리학의 창시

---

4 《열대 자연도》는 파리에서 프랑스어로 처음 출간된 《식물지리학》(1805)에 포함되어 있다. 여기서 주의를 요하는 점은, 《식물지리학》은 훔볼트와 봉플랑의 공저로 출간되었지만, 《열대 자연도》는 훔볼트가 혼자서 썼다는 것이다. 전자에서는 '우리'를 의미하는 프랑스어 'Oui'를, 후자에서는 '나'를 뜻하는 'Je'를 사용했기 때문이다.

자로 설정하고 자신이 린네의 계승자라고 말했다. 이처럼 식물지리학에 관한 한, 훔볼트와 캉돌은 서로 경쟁적 관계에 있었다. 뿐만 아니라, 훔볼트는 누에바그라나다의 크리오요 自然史학자인 칼다스가 독자적으로 식물지리학 연구를 한다는 소식도 들었다. 집필을 서둘러야 했다.

《식물지리학: 열대 자연도》가 한 권으로 출간되긴 했지만, 엄밀히 말하면 두 책, 《식물지리학》과 《열대 자연도》로 이루어졌다고 말할 수 있다. 또한 후자가 전자에 비해 훨씬 분량이 많을 뿐만 아니라 질적인 차원에서도 더 중요한 내용이 포함되어 있다. 《식물지리학: 열대 자연도》의 서문에서, 훔볼트는 1790년에 식물지리학에 대해 처음으로 생각했고 이를 게오르크 포르스터에게 밝혔다고 썼다 [Humboldt, 1990(1807): vi]. 자신의 연구가 캉돌보다 먼저 시작되었음을 강조한 것이다.

훔볼트는 1805년에 《식물지리학: 열대 자연도》의 초판을 출간하고 난 후에 로마로 떠났다. 무엇보다도 형을 만나야 했다. 예나에서 같이 있었던 이후로 몇 년 만인가! 10년도 더 지났다. 두 사람은 예나 시절의 추억은 물론이거니와 아메리카 탐험을 두고 이야기꽃을 피웠다.

괴테가 '세계의 수도'라고 불렀던 로마에서 훔볼트가 다른 일정이 없을 리가 없었다. 당시 로마에서 활동하던 오스트리아 화가 조제프 안톤 코흐(Joseph Anton Koch)를 만났다. 훔볼트는 코흐에게 《그림 5-3. '슈마드리바흐(Schmadribach) 폭포'의 원본》(173쪽 볼 것)

을 부탁했다.[5] 훔볼트는 이 그림을 《식물지리학》의 프랑스어 개정판 (1807)에 포함했다. 훔볼트와 코흐의 만남은 열대 自然史와 낭만주의 예술의 공명에서 중요한 촉매제가 되었다.

코흐를 비롯해서 당시 독일과 오스트리아의 화가들은 역사지질학, 식물학, 동물학, 천문학, 기상학과 같은 自然史에 대해 깊은 관심을 갖고 공부를 했다[Smith, 1985; Mitchell, 1993; Klonk, 1996]. 그는 1790년대부터 산맥을 타고 흘러내리는 폭포를 소재로 삼아 '영웅적 풍경화'라는 장르에 담았다. 폭포는 모든 생명이 시작되는 근원적인 공간으로 설정되었다. 〔그림 5-3〕에서 아래 보이는 마을은 화가가 인위적으로 만들어낸 모습이다. 영웅적 풍경화는 17세기 화가 클로드 로랭과 니콜라스 푸생이 개척했는데[Blunt, 1944], 훔볼트는 이들의 작품에 매료되었다. 코흐는 1791년에 라인 강의 폭포를 보면서 벅찬 감정에 휩싸여 다음과 같이 적었다.

> 폭포수가 쏟아지는 웅덩이 위로 순백의 물보라가 덮인다. 천둥소리를 내며 내팽개쳐진 물길이 산산조각으로 부서져 하늘을 향해 튕겨 오른다 … 이 숭고한 연극은 거짓 신들한테 억압당한 내 영혼을 맹렬히 뒤흔들었다. 내 혈관은 거친 격류처럼 용솟음치고 심장이 가빠왔다[Warnke, 1997: 166].

---

5 훔볼트의 《식물지리학: 열대 자연도》(1807)에는 그림 제목이 없고 그림만 있을 뿐이다[Humboldt, 1990: 그림 10]. 코흐는 1806년과는 다른 별도의 그림을 1823년에 '슈마드리바흐 폭포'라는 제목을 붙여서 그렸다. 1823년도 그림에 대해서는 《열대의 서구, 조선의 열대》[이종찬, 2016b: 429]를 볼 것.

훔볼트는 풍경화를 '자연의 진정한 초상'이라고 주장했던 코흐에게 슈마드리바흐 폭포의 광경을 화폭에 담아 달라고 요청했다. 슈마드리바흐 산맥과 폭포의 영웅적 풍경화를 침보라소에 투사하고 싶었다. 훔볼트는 침보라소와 코토팍시로 상징되는 아메리카의 自然史와 슈마드리바흐로 상징되는 유럽의 自然史를 소통시킬 수 있는 매체로 풍경화를 설정했다. 이렇게 해서 코흐의 풍경화가 《식물지리학: 열대 자연도》의 1807년도 개정판에 포함되었다.

  미술사학자 티모시 미첼(Timothy F. Mitchell)이 《독일 풍경화의 예술과 과학, 1770-1840》에서 주장한 대로, 1780년부터 1830년에 이르기까지 낭만주의적 감수성과 역사지질학의 '황금시대'가 서로 일치한 것은 결코 우연이 아니다[Mitchell, 1993: 2]. 원래 신고전주의를 추구했던 코흐는 헤르더의 《인류의 역사철학에 관한 이념》을 읽으면서 역사지질학적인 풍토 이론에 흥미를 느꼈다. 아울러, 빈에서 프리드리히 슐레겔을 만나 직접 소통하면서 낭만주의적 예술철학에 대해 심취했다[Mitchell, 1993: 128-134]. 〔그림 5-3〕에서 느낄 수 있는, 슈마드리바흐 폭포에 대한 숭고한 감정은 낭만주의적 지리와 맞물려 있다[Tuan, 2013: 5]. 이 지점에서 훔볼트의 열대 自然史와 코흐의 낭만주의 풍경화가 공명하기 시작했다.

  독일 낭만주의의 완결성을 믿는 학자, 비평가, 예술가들은 훔볼트가 셸링이나 실러의 영향을 받아서 열대 自然史에 대한 낭만주의적 인식을 하게 되었다고 말한다[Cunningham & Jardine, 1990]. 하지만, 훔볼트는 독일의 초기 낭만주의 사상가들로부터 일방적으로 영향을 받은 것이 결코 아니었다. 메리 루이스 프랫이 《제국의 시선》에서 적절하게 논의했듯이, 훔볼트의 열대 아메리카 自然史와 독일의 초기 낭만주의는 서로 상보적인 관계에 놓여 있다[Pratt, 2008(1992): 134].[6] 여기서 강조해야 할 점은, 훔볼트는 당대의 저명한 예술가들과 교류하면서 열대 自然史를 낭만주의적 방식으로 형상화할 수 있는 예술적 양식을 선구적으로 실현했다는 점이다.

낭만주의는 훔볼트과학과 공명할 수 있는 예술 사상이었을 뿐만 아니라, 열대 自然史 공간을 시각적으로 형상화할 수 있는 예술 양식이었다. 훔볼트는 측정과 지도 제작만으로는 공간화를 할 수 없는 열대 自然史를 어떻게 공간적으로 시각화할 것인지를 고민했던 것이다.

19세기 유럽인들은 훔볼트의 많은 풍경화(동판화)를 감상하면서, 아메리카의 自然史가 실제로 이런 공간으로 이루어져 있다고 간주했다. 이처럼, 아메리카 自然史는 훔볼트가 시각적으로 형상화했던 방식을 통해 공간적으로 발명된 것이다. 아메리카의 이런 공간적 정체성은 이후로 문학·예술 작품이나 다양한 방식을 통해 재현되어 왔다.

이렇게 훔볼트가 열대 自然史를 시각적으로 공간화하려고 했던 문제의식에 대해, 문화지리학자인 코스그로브(Denis Cosgrove)는 '인식론적 열대'(epistemological tropics)라고 부르면서, 이는 원래 존재해 왔던 열대 그대로의 모습인 '존재론적 열대'(ontological tropics)와 구분해야 한다고 말했다[Cosgrove, 2005]. 다시 4장으로 돌아가

---

6 프랫은 풍경화가 열대 自然史에 대한 훔볼트의 인식에서 중요한 역할을 했다는 사실을 놓쳤다.

서 크리오요 自然史학자인 칼다스의 문제의식이 존재론적 열대에 맞닿아 있다면, 훔볼트의 그것은 상대적으로 인식론적 열대와 상통한다고 볼 수 있는 것이다. 그렇다면, 훔볼트의 열대 인식의 방법이 궁금해진다.

공간의 제국적 시각화

《열대 식물의 지리학》에 포함되어 있는 〔지도 5-1. 열대 자연도〕 (174쪽 볼 것)는 훔볼트와 관련된 이미지 중에서 가장 널리 알려져 있다. 이 자연도는 기본적으로 지도이다. 그렇다면, 〔그림 4-4〕는 어떤 과정을 거쳐서 〔지도 5-1〕로 변화되었을까?

파리로 돌아온 훔볼트는 유능한 지도제작자로 알려진 쇤베르거(Lorenz Adolf Schönberger)에게 의뢰해서 이 스케치를 큰 도판으로 만들었다. 그런 다음에 화가이면서 식물학자인 튀르팽(Pierre Jean François Turpin)에게 부탁해서 세밀한 부분까지 수정·보완해서 〔지도 5-1〕을 완성했다. 기하학적 정밀함과 예술적 효과라는 서로 대립되는 이해관계가 한 장의 지도로 탄생되었다[Humboldt, 1990(1807): 47; 2009: 81]. 그의 이런 입장은 이 지도에만 해당하지 않는다. 정확한 측정과 미적인 효과의 조화는 훔볼트가 작업했던 모든 유형의 지도를 만드는 데도 중요한 기준이 되었다.

이 지도에서 중앙의 왼편에 보이는 만년설 침보라소와 화산 폭발이 진행 중인 오른편의 코토팍시 산은 '식생 제국'(vegetable empire)

의 특성을 가장 명확하게 보여준다. 특히, 코토팍시 산에는 수많은 식물들의 이름이 적혀 있다(Humboldt & Bonpland, 2009: 145-157). 산의 고도에 따라 식생이 다양하게 변하고 있음을 알 수 있다. 훔볼트의 이 지도는 근대 기후학의 이론적 기초가 되었다[Schönwiese, 2007: 3 & 69].

기후(Klima)란 일반적인 의미로 우리의 기관에 현저하게 영향을 주는 대기권에서의 모든 변화를 의미한다. 즉 기온, 습도, 기압의 변화, 공기의 고요한 상태 또는 서로 반대 방향으로 부는 바람의 작용, 전하(電荷)의 크기, 대기의 순도 또는 깨끗한 공기와 유해한 기체의 혼합, 하늘의 투명 정도와 맑음을 말한다. 이것은 지면의 열복사 증가, 식물 기관의 발달과 과일의 숙성에 대해 중요할 뿐 아니라, 인간의 감수성과 정신적 상태에도 중요하다[Humboldt, 1997: Ⅰ: 317-318].

훔볼트는 이 지도의 왼편과 오른편에 있는 도표 속에 위의 항목들을 배치하면서, 이것들이 식물의 지리적 분포에 영향을 미치는 주요한 변수들이라고 간주했다. 예를 들어 오른편 도표의 3항은 대기의 화학적 성분을 나타낸다. 가스 성분 측정기를 사용해서 측정한 3열을 보면, 침보라소 산의 대기는 산소 21%, 질소 78.7%, 탄산 0.3%로 구성되어 있음을 알 수 있다. 하지만, 이 수치는 실제로 훔볼트가 침보라소에서 측정한 결과가 아니었다. 침보라소의 대기를 측정하는 데 실패했던 그는 유럽으로 돌아가서 몇 년 사이에 볼타와 게이뤼삭이 만든 더 효과적인 가스 성분 측정기를 사용했다. 이렇게 이 지도에 나와 있는 각종 수치 중에는 그가 유럽으로 돌아가서 측정했던 것들이 부분적으로 포함되어 있다[Jackson, 2009: 226].

이 지도의 최대 특징은 침보라소의 식생을 유럽 — 아프리카 — 아메리카를 잇는 노예무역의 관점에서 파악했다는 데 있다. 예를 들어 왼편 도표의 6항 '해수면 높이에 따른 토양 경작'을 살펴보자. 유럽에서 갖고 온 밀은 3열의 고도에서, 열대 플랜테이션에서 재배되는 커피와 면은 4열에서, 역시 카리브 해의 사탕수수, 인디고(indigo), 코코아, 옥수수, 바나나, 포도는 5열에서 각각 경작할 수 있다. 훔볼트는 "유럽의 문명화된 사람들이 데리고 온 아프리카 노예들"이 5열에 포함된 작물들을 경작한다는 점을 지적함으로써, 이 지도에 정치경제학적인 의미도 부여했다.

뒤에서 다시 논의하겠지만, 침보라소는 훔볼트가 〔지도 5-1〕을 제작하기 전과 제작한 이후의 그 공간적 의미가 완전히 달라졌다. 제작하기 전의 침보라소는 서구의 제국적 이해관계와는 무관한 채로, 이 지역의 토착 원주민들의 삶과 유기적 관계를 유지해 왔던 존재론적 열대 공간이었다. 하지만, 훔볼트가 지도를 제작한 후의 침보라소는 아프리카 노예들의 노동력을 통해 서구의 무역 발달에 기여하는 자원 공간으로 변화되었다. 훔볼트의 이런 지도 제작 방법은, 북위 10도와 남위 10도 사이에 속하는 모든 열대 지역에 대한 서구 지리학의 '인식론적 틀'[Lowenthal, 1961]이 되었다.

그런데, 왜 훔볼트는 오직 한 장의 도판만을 이용해서 열대 자연도의 모든 특징을 보여주었을까? 두 인물이 여기에 영향을 미쳤다.

먼저, 중농주의의 선구자인 케네(François Quesnay, 1694-1774)에게서 영감을 받았다. 루이 15세의 외과 주치의였던 케네는 윌리엄 하비의 혈액순환설을 경제순환 이론에 적용하면서[Vardi, 2012], 《경제표》(1758)[Quesnay, 2016]를 발표했다. 이른바 '경제표'는 한 장으로 된 표에 경제에 관한 모든 흐름을 추상화시킨 것이다[Romanowski, 2009: 177].

다음으로, 당대 최고의 정치경제학자인 플레이페어(William Playfair)가 그림을 통해 사회를 분석하는 작업도 훔볼트로 하여금 안데스 산맥을 시각적으로 표현하는 데 도움을 주었다. 플레이페어는 1801년에 출간했던 《상업과 정치 아틀라스》와 《통계 작성 표준 지침서》에서 각종 통계를 그래프로 시각화했다.

이렇게 훔볼트는 케네와 플레이페어의 방법을 접목함으로써, 침보라소와 코토팍시를 중심으로 아메리카에 대한 '제국적 시각화'를 한 장의 지도에 담았다.

괴테 풍경화에 대한 역사지질학적 도상해석

1805년부터 괴테는 바이마르의 귀족 부인들을 대상으로 自然史에 대한 강좌를 연속적으로 해나갔다. 1807년이 되던 어느 날 괴테는 훔볼트가 자신에게 헌정했던 《식물지리학: 열대 자연도》의 독일어판을 읽고 난 후에 〖그림 5-4. 구세계와 신세계의 頂上〗(Höhen der alten und neuen Welt, 175쪽 볼 것)을 그렸다. 괴테는 이 그림을 훔볼트에게 보내면서 "반은 재미로 반은 진지한 마음으로" 그렸다고 하면서 "색깔과 모습을 수정해줄 것을 부탁했다."[Buttimer, 2012: 13].

하지만 훔볼트는 괴테의 부탁에 응하지 않았다. 훔볼트로서는 괴테의 그림이 자신의 열대 自然史 탐험을 너무 과대평가한다고 생각했기 때문에 사양했을지도 모른다. 어쩌면 함께 다녀왔던 봉플랑을 의식했을 수도 있었을 것이다. 여하튼 훔볼트가 아무런 회신을 하지 않자, 괴테는 이 그림을 소장 창고에 넣어 두고 한동안 생각하지 않았다. 그러다가 1813년에 괴테를 방문했던 바이마르의 출판업자가 우연히 이 그림을 발견했다. 출판을 제안받은 괴테는 몇 가지를 수정·보완하겠다고 말했다. 이렇게 해서 〔그림 5-5. 구세계와 신세계의 頂上〕(수정본, 175쪽 볼 것)[7]이 세상에 알려졌다.

〔그림 5-4〕와 〔그림 5-5〕가 무엇을 묘사했는지를 살펴보기 이전에 괴테가 풍경화를 어떻게 인식했는지를 알아본다. 괴테는 풍경화가의 직관적 통찰력에 대해 다음과 같이 말했다.

> 풍경화가는 많은 지식을 알고 있어야 한다. 원근법, 건축술, 사람과 동물의 해부학만으로는 충분하지 않고, 식물학과 광물학에 대해 어느 정도의 직관적 통찰력까지 갖추어

---

[7] 이 수정본은 여러 가지 판본이 있는데, 그 이유는 영국과 프랑스의 출판업자들이 이 그림을 다양한 색깔과 모양으로 수정했기 때문이다. 〔그림 5-5〕는 학술지 《Allgemeinen Geographischen Ephemeriden》 (Vol. 41, 1813)에 실려 있다.

야 한다. 식물학은 나무나 식물의 특징을 표현하는 데, 광물학은 다양한 산들의 특징을 적절하게 표현하는 데 필요하다 [Eckermann, 2008: Ⅰ: 732].

괴테는 자신이 풍경화가로서의 소양을 갖추고 있다고 생각했다. 훔볼트가 괴테에게 《식물지리학》을 헌정하자, 기회가 왔다고 생각한 괴테는 풍경화를 그렸다. 두 그림에서 왼쪽은 유럽의 몽블랑 산을 정점으로 한 알프스 산맥의 '구세계'를 나타내며, 오른쪽은 훔볼트가 탐험했던 침보라소 산을 중심으로 한 안데스 산맥의 '신세계'를 나타낸다. 괴테는 15세기 이탈리아 건축가 알베르티(Leon Battista Alberti)가 《회화론》(1435)에서 말했던 원근법[Alberti, 1998]에 충실하면서, 안데스와 알프스가 만나는 지점을 '소실점'으로 삼았다. 그는 색채에 대해서도 세심하게 다루었다. 뉴턴의 입장을 강력하게 반박하기 위해 《색채론》을 썼던, 괴테는 알베르티가 말한 대로 네 가지 기초색 [Alberti, 1998: 30]에 근거하여 대서양을 초록색으로, 대기를 파란색으로, 화산에서 뿜어져 나오는 불의 색을 붉은색으로, 대지의 색을 누런색으로 각각 묘사했다.

괴테가 직접 설명한 바에 따르면, 몽블랑 산 정상에는 유럽의 저명한 역사지질학자이며 식물학자인 호라스-베네딕트 드 소쉬르(Horace-Bénédict de Saussure)가 서 있고, 침보라소 산 위에는 훔볼트가 서 있다. 괴테는 대서양에 거대한 암석을 묘사하고 '알렉산더 훔볼트'라고 이름을 새겨 넣었다.

질문 1. 괴테는 왜 훔볼트와 소쉬르를 대비시켰을까?

제네바 태생의 소쉬르는 역사지질학과 물리학, 식물학에 관심을 가지면서 알프스 산맥으로 탐사를 자주 다녀왔으며 수성론을 지지한 인물이다. 알프스 탐험이 지구의 이론을 해명하기 위한 핵심적인 열쇠라고 믿었던 소쉬르는 몽블랑의 정상을 처음으로 등정하는 사람에게 상을 수여하겠다고 제안했다. 소쉬르 자신이 1785년에 여기에 도전했지만 실패했다. 自然史학자인 파카르(Michel Paccard)와 발마(Jacques Balmat)가 1786년에 정상에 오른 다음 해에야 소쉬르는 세 번째로 몽블랑 정상을 밟았다. 소쉬르의 등정은 유럽인들에게 지구의 이론에 대한 흥미를 불러일으켰다. 소쉬르와 훔볼트의 관심 영역은 비슷해서 학문적 경쟁이 시작되었다. 예를 들어, 소쉬르는 하늘의 푸른 정도를 측정하는 청도계를 1789년에 처음 발명하였는데, 훔볼트도 아메리카 탐험에서 자신이 직접 제작한 청도계와 소쉬르의 것을 함께 사용하면서 측정에 만전을 기했다.

괴테는 두 인물에 주목했다. 신세계 침보라소의 훔볼트와 구세계 알프스의 소쉬르를 비교함으로써 두 사람의 이미지 대비를 극대화했다.

훔볼트 : 소쉬르 = 침보라소 : 몽블랑

질문 1에 대한 대답만으로는 독자들은 아직도 이 그림이 무엇을 의미하는지 알 수 없다. 다음 질문으로 자연스럽게 이어진다.

질문 2. 괴테는 왜 이 그림을 그렸을까?

이 시기에 '지구란 무엇인가?'라는 물음이 유럽 사회에서 화두로 떠올랐다. '지구의 自然史'에 대한 관심이 폭발적으로 일어나면서 중요한 의미를 갖게 되었다. 뷔퐁의 《自然史》가 이런 흐름을 촉발시키면서, 역사지질학이 학문적으로 정립되기에 이르렀다[Rudwick, 2005, 2008 & 2014]. 괴테도 이탈리아 여행(1786-1788) 중에 나폴리에서 베수비오 화산에 직접 올라가 분화구를 직접 관찰할 정도로 역사지질학을 깊이 공부했다[Goethe, 1962: 193-194]. 괴테의 경우에 흥미로운 점은 지질학적 현상을 시각적으로 형상화했다는 것이다. 예를 들어, 그는 프랑스 지형학자 베나르(Jacques-François Bénard)가 베수비오 화산 분출에 관해 그린 그림을 보면서 자신이 눈으로 본 장면을 그렸다.

1755년 리마 지진부터 1815년 인도네시아 숨바와 섬의 탐보라(Tambora) 화산 폭발까지[Buffon, 1831: Ⅰ: 102-103], 열대 자연은 혁명적인 변화를 보여주었다. 유럽의 풍경화가들은 이런 변화를 화폭에 담았는데, 그들은 기존의 원근법적 관점으로는 이를 묘사하는 데 만족할 수 없었다. 지리학자와 지도학자들이 제작한 '지형학적'(topographical) 지도는 역사지질학 중심의 自然史 풍경을 묘사하는 데 새로운 방향이 되었다[Rudwick, 1976]. 마찬가지로 역사지질학자들도 지형의 시각적 형상화를 적극적으로 수용함으로써 학문적 정립을 추구하면서 대중적 이해에도 공헌했다[Keller, 1998].

〚그림 5-4〛와 〚그림 5-5〛는 이런 점에서 괴테의 문제의식을 분명

히 보여준다. 알베르티의 원근법을 따르면서도 침보라소와 몽블랑을 기표로 삼아 아메리카와 유럽의 역사지질학적 공간을 시각화하려는 그의 문제의식이 역력히 드러나 있다. 다시 강조하지만, 역사지질학적 공간에 대한 이런 시각적 형상화는 괴테의 풍경화에서만 나타난 것이 아니다. 《보이는 것과 보이지 않는 것》으로 한국 독자에게도 알려진 미술사학자 켐프(Martin Kemp)가 말한 대로, 이 시기 유럽 풍경화의 특징은 기존의 원근법적 관점에서 벗어나 역사지질학적 지평에서 지형학적 묘사를 추구하는 방향으로 변화해 갔다는 데 있다 [Kemp, 1990: 221; Greppi, 2005: 32].

질문 3. 괴테는 왜 게이뤼삭의 '열기구'를 포함했는가?

〔그림 5-5〕의 상단 한가운데에서 약간 오른편에 아주 작은 크기의 '열기구'가 보인다. 화살표로 표시했다. 괴테는 프랑스 화학자 게이뤼삭(Joseph Louis Gay-Lussac)이 열기구를 타고 대서양의 하늘에 떠 있는 광경을 포함했다. 왜 그랬을까? 훔볼트가 아메리카로 떠나기 이전부터 서로 친했던 게이뤼삭은 동료인 비오(Jean-Baptiste Biot)와 함께 1804년에 파리 상공에 열기구를 띄워 7천여 미터까지 올라갔다. 두 사람은 고도에 따라 대기의 성분이 어떻게 변화하는지를 측정했다. 파리 사람들은 물론이거니와 유럽인들은 이 열기구를 타고 미지의 세계로 날아가고 싶은 욕망에 휩싸였다. 괴테는 대중들의 이런 심리에 주목했다. 또한 게이뤼삭이 1805년에 훔볼트와 함께 물의 구성 성분이 수소 : 산소 = 2 : 1로 이루어진다는 것을 처음으로 밝

했다는 점도 착안했다. 괴테의 수정본은 훔볼트와 게이뤼삭의 협동 작업을 담아내면서 당대 自然史의 성격을 시각적으로 형상화했다.

역사학자 버크(Peter Burke)는 《이미지의 문화사》에서 풍경화에 대한 도상학 또는 도상해석학은 역사학과 더욱 긴밀하게 접속되어야 한다고 강조했다[Burke, 2001: 40-45]. 이런 맥락에서 괴테의 풍경화는 1770년부터 1840년에 이르기까지 유행이 되었던 '독일 풍경화'[Mitchell, 1993]의 일반적인 흐름 이상의 두 가지 중요한 의미를 보여준다.

첫째, 칸트와 헤르더를 중심으로 한 독일 사상가들의 주요 관심사가 되었던 自然史와 인류사의 상관성에 대해, 괴테는 이 그림을 통해 자신의 입장을 표명했다. 그는 칸트와 같이 애매모호한 태도를 취하지도 않았고, 헤르더처럼 自然史에 대한 역사철학적 입장에서 물러나지도 않았다. 몽블랑과 침보라소로 대비되는 구세계 유럽과 신세계 아메리카의 自然史가 훔볼트 암석으로 상징되는 대서양의 自然史와 유기적으로 통합되어 있다는 점을 형상화했다. 이것이야말로, 훔볼트가 《코스모스》를 집필하는 내내 일관되게 유지했던 문제의식이다. 이 그림은 괴테가 칸트도 아니고 헤르더도 아닌, 제3의 길을 어떤 방식으로 지향했는지를 묘사했다는 점에서 대단히 중요한 의미를 갖는다.

둘째, 自然史의 관점에서는 유럽, 대서양, 열대 아메리카를 역사지질학적 유기체로 구성했지만, 인류사의 차원에서 볼 때 그의 시선은 여전히 제국적이다. 괴테가 의도했건 아니건 간에, 이런 풍경화에 나타나는 제국적 시선에서는 열대의 크리오요, 물라토, 메스티소,

삼보 등의 토착 원주민들이 은폐되어 있다. 여하튼 괴테는 훔볼트의 탐험을 통해 유럽, 대서양, 아메리카가 단일 세계로 통합되었다는 혁명적 의미를 부여했다. 독자들이 훔볼트의 [지도 5-1]과 괴테의 [그림 5-4]와 [그림 5-5]를 함께 감상한다면, 두 인물의 그림이 서구의 제국적 욕망을 절묘하게 형상화하고 있음을 느낄 수 있을 것이다.

근대 공간의 발명

정작 훔볼트는 자신이 한평생 성취한 것을 어떻게 평가했을까? 출판사 대표였던 코타(Georg von Cotta)에게 보낸 편지(1854년 10월 31일자)에서 훔볼트는 세 가지 점, 즉, 식물지리학과 열대 자연도, 등온선 이론과 지도 제작, 지자기와 자기장의 정립을 손꼽았다[Biermann, 1971: 95]. 그의 탁월한 세 가지 업적을 열대 공간의 관점에서 추상화한다면, 이 셋은 서로 연결되면서 열대 공간의 발명으로 귀결되었다고 말할 수 있다. 이제부터 자세히 설명한다.

공간은 열대 우림에 사는 원주민들에게는 전체적인 구조가 없는 장소일 뿐이다[Tuan, 1977: 119-120]. 그 장소는 열대 특유의 다양한 식물과 숲, 강, 습지, 산, 암석, 초원, 동물들로 오밀조밀하게 짜여 있는 自然史의 망이다. 훔볼트는 이러한 열대 自然史의 망을 선, 각, 숫자, 지도, 지자기로 이루어진 근대적 그물망으로 측정했다. 그는 칸트의 공간론을 신봉했다[Beck, 1987: 224-226; Hartshorne, 1958: 100]. 칸트는 《순수이성비판》(1781)에서, 공간은 전체적으로

균질적이며, 본질적으로 하나인 공간으로 표상될 수 있다고 말했다 [Kant, 2006: Ⅰ: 245].

훔볼트에게 사물과 장소의 측정은 이런 공간을 만들기 위한 방법이었다. 〖지도 5-1〗을 다시 예로 들면, '열'로 배치된 독립변수들과 '항'으로 배열된 종속변수들은 근대 공간이라는 함수를 표현하기 위한 변수이다.

수학자 가우스도 말했듯이, 측정되기 이전의 공간은 측정되고 난 후의 공간과 다를 수밖에 없다. 즉, 측정 이후의 공간은 새로이 발명된 공간이다. 거꾸로 말해서, 공간이 존재하려면 어떤 사물과 장소이건 측정이 되어야 한다. 훔볼트가 제작했던 등온선과 지자기에 관련된 모든 지도들은 이런 측정에 기초했으며, 이 측정을 통해 등온선이라는 새로운 공간이 발명된 것이다.

아메리카 自然史에 대한 훔볼트의 측정은 에스파냐로 대변되는 서구의 식민적 이해관계의 맥락에서 이루어졌다. 프랑크푸르트 학파의 철학자 마르쿠제(Herbert Marcuse)가 말했듯이, 자연과 인간을 지배하기 위한 "특정한 목적과 관심이 사후에 기술의 외부에서 주어지는 것이 아니라 기술적 장치의 구성 자체 안에 이미 들어가 있다."[Habermas, 1993: 58]. 이렇게 볼 때, 훔볼트가 개인적으로 노예제도를 반대한 것과 그의 측정 기술에 서구의 제국적 이해관계가 내장되어 있다는 것은 서로 다른 차원의 문제이다. 이처럼, 열대를 지배하려는 서구의 욕망은 열대 自然史를 측정하는 데 동원된 과학기술적 장치, 즉 훔볼트과학에 내장되었다. 같은 측정 기구를 사용했지만 예나에서 자연 현상을 실험했을 때의 의미는, 침보라소 산을 측정했을 때와 다른 의미를 가진다. 소쉬르가 알프스의 대기를 측정했을 때와, 훔볼트가 침보라소의 그것을 측정했을 때의 욕망과 이해관계는 서로 달랐다. 결국 제국의 욕망과 이해관계가 훔볼트과학에 내장된 것이다.

훔볼트의 〖지도 5-1〗이 칼다스의 〖지도 4-3〗과 다를 수밖에 없는 이유도 여기에 있다. 훔볼트가 탐험하기 이전의 아메리카 自然史와 그가 측정하고 지도를 제작하고 화가들과 함께 풍경화를 만든 후의 그것은 다른 공간이다. 훔볼트가 의식했건 아니건 간에, 훔볼트과학은 근대 공간의 발명으로 이어졌다.

화이트헤드가 《과학과 근대세계》에서 19세기의 최대 발명은 '발명 방법의 발명'[Whitehead, 2008: 173]이라고 말했을 때, 훔볼트과학 이상으로 열대 아메리카의 自然史를 근대 공간으로 바꾼 혁명적인 공간 발명 방법은 없다. 이런 인식이 중요한 까닭은, 근대 공간 발명이 서구가 근대 국민국가로 확립되는 과정, 서구의 열대 식민화 과정과 맞물려 이루어졌기 때문이다[이종찬, 2016b: 2장 & 3장].

훔볼트 이래로 정립되어 왔던 근대 공간론은 한국에 살 때는 별로 문제를 느낄 수 없지만, 열대 현장을 탐사할 경우에는 전혀 다르다. 수많은 공간 이론들이 열대 자연과 맞지 않음을 치열하게 느끼게 된다. 공간에 관한 담론이 물리학[Jammer, 2008(1969)]에 근거하고 있건, 인문학적 사유[강학순, 2011; Bachelard, 2003(1957); Crang & Thrift, 2013(2000)]에 토대를 하고 있건, 사회과학적 논의[이진경, 2010; Crang & Thrift, 2013(2000); Lefebvre, 1991(1974)]를 하건 간에, 이들의 공간론은 열대 공간을 인식하는 데 양립할 수 없는 점들이 숱하게 많다. 이에 대한 논의는 별도의 탐구를 필요로 한다. 다만, 공간이 되었건, 시간이 되었건, 인간이 되었건 간에, 아마존이나 콩고와 같은 열대에도 보편성의 이름으로 근대적 사유를 정당화하려는 오류를 극복해야 할 것이다.

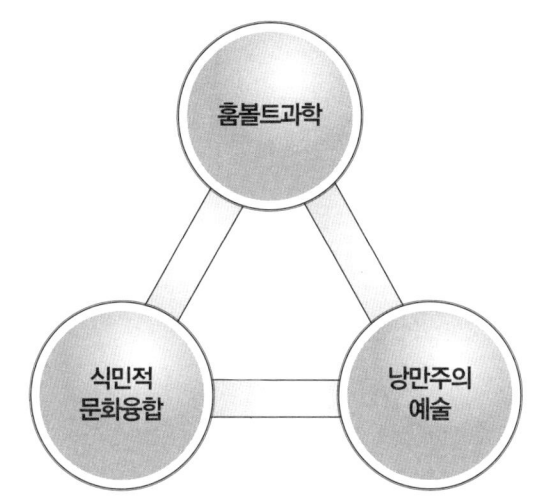

〔그림 5-6. 훔볼트과학에 기초한 '근대 공간'의 발명〕

이 책을 세밀히 읽은 독자라면, 〔그림 5-1〕이 자연스럽게 〔그림 5-6. 훔볼트과학에 기초한 '근대 공간'의 발명〕으로 논리적으로 이어진다는 것을 쉽게 이해할 것이다. 열대 自然史는 훔볼트과학 — 식민적 문화융합 — 낭만주의 예술이라는 세 차원의 유기적 네트워크를 통해 근대 공간으로 발명되었다. 바로 이것이야말로, 열대 自然史혁명의 요체이다.

열대 自然史혁명의 선구자들

서구 사회는 열대 自然史를 은폐시켜 왔다. 서구 정체성에 대해 이념적 정당성을 부여해 왔던 과학혁명의 신화화를 지속시키기 위해, 역사학자와 과학사학자들은 열대 自然史를 망각의 늪으로 밀어내야 했기 때문이다.

과학혁명이 실제로 존재했음을 믿는 과학사와 과학철학의 주류는 17세기를 서구 문명이 크게 진보한 시기로 파악하면서 신화로 만들었다. 한국의 고등학교 교과서에도 과학혁명의 신화가 소개되어 있다. 自然史를 철학적으로 사유했던 스티븐 툴민(Steven Toulmin)이 《코스모폴리스》에서 설파했던 다음 구절을 깊이 음미할 때다. 과학혁명의 "이런 신화화가 역사를 얼마나 망쳐 버렸는가에 관해 뼛속 깊이 반성해야 마땅하다."(Toulmin, 1997: 276).

17세기 과학혁명에 대한 과학사학자들의 과도한 쏠림은 열대 自然史에 대한 무관심으로 이어졌다. 설상가상으로 조선과 같이 열대 해양무역 네트워크로부터 스스로 고립을 자초했거나, 한국과 같이 그 역사를 은폐시킨 사회에서는 더 그렇다.

다시 반복하건대, 프랑스혁명이나 미국 독립혁명과 같은 인류사혁명이 18세기 말에서 19세기 초에 이르기까지 일어났다. 사실이다. 그런데, 훔볼트가 강조했던 것처럼 열대 自然史와 인류사가 깊이 연관되어 있다면, 같은 시기에 어떤 유형의 自然史혁명이 인류사혁명과 공명을 일으켰어야 하지 않은가? 이 시기 서구의 사람들은 혁명들을 일으켰다고 하는데, 自然史는 고대 그리스나 로마 시대와 같이 그대로 존재했겠는가?

칼 린네는 17명의 제자들이 전 지구적으로 열대 自然史를 탐험하면서 열대의 수많은 섬들의 식물상을 바꿔 놓았다는 점에서, 유럽에서 최초의 열대 自然史혁명의 선구자로 간주된다. 그리고 뷔퐁은 대작《自然史》를 통하여 우주와 自然史에서 인간의 위상을 어떻게 설정할 것인지를 탐구했다. 아울러 조셉 뱅크스와 게오르크 포르스터는 뷔퐁의 自然史 이론을 열대 탐험을 통해 실천적으로 검증했다.

이처럼 서구에 의한 열대 自然史 탐험은 自然史혁명을 추동시켰던 가장 핵심적인 동력으로 작용했다. 수많은 탐험 과정을 거치면서, 훔볼트의 사례가 명확하게 보여주듯이, 서구와 열대의 自然史학자들 사이에서 식민적 문화융합이 활발하게 일어났다. 훔볼트과학과 낭만주의의 공명은 이러한 문화융합의 역사적 맥락에서 이루어졌다. 그 결과 열대 自然史는 근대 공간으로 발명되었다. 이런 발명을 통해 은을 비롯한 다양한 광물, 설탕, 커피, 담배, 차 등이 블랙홀처럼 서구의 무역 시장으로 빨려 들어갔다. 훔볼트는 이를 분명히 인지하면서 自然史와 인류사의 공명을 주창했다는 점에서, 열대 自然史혁명을 추동시켰던 선구자임에 틀림없다.

역사지질학적 행위자로서의 인간에 주목하는 인류세(Anthropocene)의 관점에서 볼 때, 이 혁명은 더욱더 중차대한 의미를 갖는다. 알프레드 윌리스와 찰스 다윈의 '진화론'과 함께, 훔볼트에 의한 근대 공간의 발명은 열대 自然史혁명의 두 축으로 작용하면서, 근대 세계에 엄청난 영향을 미쳐 왔으며 앞으로도 그럴 것이다.[8]

---

8 이는 필자의《근대 自然史의 선구자》에서 더욱 구체적으로 다루어질 것이다.

부록

부록 1. 훔볼트 연보

연도	훔볼트	관련된 사건
1769	프로이센 장교 알렉산더 게오르크 폰 훔볼트와 마리 엘리자베트 폰 훔볼트 사이에서, 알렉산더 폰 훔볼트가 베를린 테겔에서 태어나다.	
1779	아버지가 세상을 떠나다.	
1787–88	프랑크푸르트대학에서 공부하다.	
1789–90	괴팅겐대학에서 형 빌헬름과 함께 공부하다.	프랑스혁명이 일어나다.
1790	게오르크 포르스터와 함께 네덜란드를 거쳐 영국을 여행하고 돌아오는 길에 프랑스를 방문하다. 《라인 강변의 몇 가지 현무암에 대한 광물학적 관찰》을 출판하다.	
1790–91	함부르크의 무역 아카데미에서 공부하다.	괴테가 《식물의 변태》를 발간하다.
1791	프라이베르크 광업 아카데미에서 광물학과 지질학을 공부하다. 베를린식물원에서 식물학자 빌데노프를 만나다.	생도맹그에서 세계 최초로 노예혁명이 일어나다.
1792	프로이센 광산감독국에 감독관으로 채용되다.	
1795	예나에서 빌헬름과 함께 실러와 괴테를 만나다. 실러가 주관했던 잡지에 글을 기고하다. 이탈리아와 스위스에서 지질학과 식물학 탐사를 하다.	
1796	어머니의 죽음으로 많은 유산을 물려받다.	에드워드 제너가 천연두 백신을 발견하다.

286 훔볼트 세계사

1797	예나에서 3개월간 체류하면서 괴테와 함께 해부학 강의를 듣고 실험도 같이 하다.	
1798	식물학자이면서 해군 외과의사인 에메 봉플랑을 만나다. 부르봉 왕조가 아메리카 탐험을 허락하다.	나폴레옹이 이집트 정복에 나서다.
1799	대서양 항해를 통해 카라카스에 도착하다.	
1800	오리노코 강을 탐사하다. 쿠바를 향해 쿠마나를 떠나다.	
1801	쿠바를 떠나. 마그달레나 강을 타고 탐험하다. 보고타에서 식물학자 호세 무티스를 방문하다.	
1802	침보라소에서 식물지리 탐사를 하다. 페루 리마에 도착하다. 크리오요 自然史 학자 호세 데 칼다스를 만나다.	황열이 생도맹그에서 창궐하다.
1803	아카풀코에 도착하다. 멕시코시티에서 1년간 체류하다.	미국이 루이지애나를 프랑스로부터 사들이다.
1804	쿠바를 두 번째 방문하다. 토머스 제퍼슨 대통령을 만나다. 유럽으로 돌아오다.	
1805	《식물지리학》을 프랑스어로 출판하다. 바티칸의 프로이센 대사로 근무하던, 형 빌헬름을 로마에서 만나다. 풍경화가 요제프 안톤 코흐를 로마에서 만나다.	
1807	《식물지리학》의 프랑스어 수정본과 독일어판을 출간하다.	
1808	파리에서의 생활을 시작하다. 《자연의 관점》을 독일어로 출판하다. 《누에바 에스파냐 왕국의 정치 에세이》를 완성하다.	

1810	《열대 아메리카 여행기》를 프랑스어로 출간한다. 《아메리카 산맥의 광경과 원주민 유적》을 프랑스어로 출판한다.
1811	12월에 파리로 다시 돌아가서 1813년 4월까지 체류하다. 영국에 파리로 다시 돌아가서 1813년 4월까지 체류하다.
1814	국왕 프리드리히 빌헬름 3세를 수행해 런던으로 가다. 《열대 아메리카 여행기》를 영어로 번역 출간하다.
1815	영국 왕실 대사로 체류하던 존 퀸시 애덤스를 파리에서 만나다. 빌헬름 3세를 수행하게 파리를 다녀오다. 탐보라 화산이 폭발하다.
1818	빌헬름 3세가 아시아 탐험에 대한 재정적 지원을 제안한다.
1822	베로나에서 열리는 회의에 빌헬름 3세를 수행하다. 이탈리아에서 머물며 베수비오 화산을 세 번 탐사하다.
1825	파리에서 '세계의 물리적 서술'에 관한 강연을 하다.
1827	파리 생활을 마치고 베를린으로 되돌아오다. 《코스모스》로 연결되는 일련의 강연을 시작하다.
1828	독일 자연사학자와 의사협회가 주최했던 국제회의에서 개회 연설을 하다. 멘델스존이 작곡한 《훔볼트 칸타타》가 여기서 초연되다. 《코스모스》의 출판 계약을 맺다.
1829	러시아-시베리아와 중국 국경까지 탐험을 하다.

288 훔볼트 세계사

1831	바이마르의 괴테를 방문하다. 《아시아의 지질학과 기후학》 일부를 출판하다.	프랑스와 영국을 비롯해서 유럽에서 '아시아발 콜레라'가 창궐하다.
1835	형 빌헬름이 세상을 떠나다. 외교 사절로 파리를 방문하다.	
1836–39	《신세계의 지리와 역사와 15–16세기 해양 천문학의 발전에 관한 비판적 탐구》를 출판하다.	
1840	프로이센 주임원 위원으로 임명되다.	카를 마드크스가 빌헬름 4세에 의해 프로이센에서 추방당하다.
1842	국왕 프리드리히 빌헬름 4세와 함께 런던에 가다.	
1843–44	파리에서 《중앙아시아》를 출판하다. 외교 사절로 파리를 일곱 번째 방문하다.	
1845	《코스모스》 1권을 출판하다. 1847–1862년에 2–5권을 출판하다.	
1847	이듬해 1월까지 파리 외교 사절로 활동하다.	
1848	베를린 봉기에서 사망한 183명의 장례 행렬을 주도하다.	프로이센과 프랑스에서 혁명이 일어나다.
1859	《코스모스》의 교정쇄를 최종 검토하다. 테겔에 안장되다.	다윈이 《종의 기원》을 출판하다.

부록 1. 훔볼트 연보 **289**

부록 2. 훔볼트 저서 분류 (* 표기는 봉플랑과 함께 쓴 공동 저작임.)

분류	연도	제목
HumA	1793	Florae fribergensis specimen
HumA	1797–99	Versuche über die gereizte Muskel– und Nervenfaser nebst Vermuthungen über den chemischen Process des Lebens in der Thier– und Pflanzenwelt
HumA	1798	Über Ernährung der Pflanzen und Fruchtbarkeit des Bodens
HumA	1799	Ueber die unterirdischen Gasarten und die Mittel ihren Nachtheil zu vermindern
	1805	Essai sur la géographie des plantes*
	1808	Celebrating the 10th Anniversary for the Institute for Tropical Studies
	1810	Vues des cordillères, et monumens des peuples indigènes de l'Amérique
HumB	1810	Recueil d'observations astronomiques, d'opérations trigonométriques et de mesures barométriques, faites pendant le cours d'un voyage aux régions équinoxiales du Nouveau continent, depuis 1799 jusqu'en 1803*
HumB	1810	[Relation historique du] voyage aux régions équinoxiales du nouveau continent: fait en 1799, 1800, 1801, 1802, 1803, et 1804*
	1811	Essai politique sur le royaume de la Nouvelle-Espagne
	1811	Atlas geographique et physique du royaume de la Nouvelle-Espagne, 1811

HumB	1811	Atlas geographique et physique du royaume de la Nouvelle-Espagne, 1811
	1817	Des lignes isothermes et de la distribution de la chaleur sur le globe
	1823	Essai géognostique sur le gisement des roches dans les deux hémisphéres
	1826	Essai politique sur l'île de Cuba
	1836–39	Examen critique de l'histoire de la géographie du nouveau continent
HumC	1808	Ansichten der Natur mit wissenschaftlichen Erläuterungen
	1815–32	Reise in die aequinoctial-gegenden des neuen continents
	1845–62	Kosmos
HumD	1860	Letters of Alexander von Humboldt written between the years 1827 and 1858 to Varnhagen's Diaries, and Letters from Varnhagen and Others to Humboldt
	1994	Correspondence 1805–1858
HumE		발굴중

참고문헌

1. 1차 사료

❶ 훔볼트 단독 저술

Humboldt, Alexander. 1793. *Florae fribergensis specimen*. Berolini: Apud Henr. Augustum Rottmann.
_____. 1797–1799. *Versuche über die gereizte Muskel- und Nervenfaser nebst Vermuthungen über den chemischen Process des Lebens in der Thier- und Pflanzenwelt*. 2 Vols. Berlin: Heinrich August Rottmann.
_____. 1798. *Über Ernährung der Pflanzen und Fruchtbarkeit des Bodens*. Leipzig: Schäferischen Buchhandlung.
_____. 1799. *Ueber die unterirdischen Gasarten und die Mittel ihren Nachtheil zu vermindern*. Braunschweig: Friedrich Vieweg.
_____. 1808. *Ansichten der Natur: mit wissenschaftlichen Erläuterungen*. Tübingen, J.G. Cotta. Translated by E.C. Otté and Henry G. Bohn. 1850. *Views of Nature: Or Contemplations of the Sublime Phenomena of Creation; with Scientific Illustrations*. London: Henry G. Bohn; 2014. *Views of Nature*. Translated by Mark W. Person. Edited by Stephen T. Jackson and Laura Dassow Walls. Chicago: The University of Chicago Press.
_____. 1810. *Vues des cordillères, et monumens des peuples indigènes de l'Amérique*. Paris: F. Schoell; Translated by Helen Maria Williams. 1814. *Researches, Concerning the Institutions & Monuments of the Ancient Inhabitants of America*. London: Longman, Hurst, Rees, Orme & Brown, J. Murray & H. Colburn.
_____. 1810–1813. *Vues des Cordillères, et monumens des peuples indigènes de l'Amérique*. Kutzinski, Vera M. and Ette, Ottmar ed. 2012. *Views of the Cordilleras and Monuments of the Indigenous Peoples of*

the Americas: A Critical Edition. Chicago and London: University of Chicago Press.

_____. 1811a. *Essai politique sur le royaume de la Nouvelle-Espagne*. Paris: F.Schoell; Translated by John Black. 1811. *Political Essay on the Kingdom of New Spain*. London: Longman, Hurst, Rees, Orme, and Brown; New York: I. Riley; 1822. *Political Essay on the Kingdom of New Spain*. 4 Vols. reprinted ed. London: Printed for Longman.

_____. 1811b. *Atlas géographique et physique du royaume de la Nouvelle-Espagne : fondé sur des observations astronomiques, des mesures trigonométriques et des nivellements baromét*. Paris: F.Schoell; 2015. Paris: Generic.

_____. 1815-32. *Reise in die aequinoctial-gegenden des neuen continents*. Stuttgart and Tübingen: Cotta.

_____. 1817a. *Des lignes isothermes et de la distribution de la chaleur sur le globe*. Paris: Imprimerie de V. H. Perronneau.

_____. 1817b. "Sur des lignes isothermes," *Annales de Chimie et de Physique*, par M. M. Gay-Lussac et Arago, tome 5, Cahier 1. pp. 102-111.

_____. 1823. *Essai géognostique sur le gisement des roches dans les deux hémisphéres*. Paris: Levrault; Translated by the Unknown. 1823. *A Geognostical Essay on the Superposition of Rocks in both Hemispheres*. London: Longman, Hurst, Rees, Orme, Brown, and Green.

_____. 1826. *Essai Politique sur l'Île de Cuba*. Paris: Gide, J. Smith; Kutzinski, Vera M. and Ette, Ottmar ed. 2011. *Political Essay on the Island of Cuba: A Critical Edition*. Chicago and London: University of Chicago Press.

_____. 1836-1839. *Examen critique de l'histoire de la géographie du nouveau continent : et des progrès de l'astronomie nautique aux 15me et 16me siècles*. Paris: Gide.

_____. 1845-1862. *Kosmos: Entwurf einer physischen Weltbeschreibung*. Volume I [1845], II [1847], III [1850], IV [1858] and V [1862; 2 Books] of 5 Vols. Stuttgart and Tübingen: Cotta; 1846. Translated by Edward Sabine. *Cosmos: A Sketch of a Physical Description of the Universe*. 4 Vols. London: Longman, Brown, Green and Longmans.; 1848-1851. Translated by E. C. Otté. *Cosmos: A Sketch of a Physical Description of the Universe*. Volume Ⅰ [1848], Ⅱ [1849] and Ⅲ [1851]. London: Henry G. Born.; 1852. Translated by E. C. Otté and B. H. Paul. *Cosmos: A Sketch of a Physical Description of the Universe*. Volume Ⅳ. London: Henry G. Born.; 1858. *Kosmos: Entwurf einer physischen Weltbeschreibung*. Volume Ⅳ of 5 Vols. Stuttgart and Tübingen: Cotta; 1858. Translated by E. C. Otté, E. C. and W. S. Dallas. *Cosmos: A Sketch of a Physical Description of the Universe*. Volume V. London: Henry G. Born.; 1997[1866]. Translated by E.C. Otté. *Cosmos: A Sketch of A Physical Description of the Universe*. 2 Vols of 5 Volumes. Baltimore and London: The Johns Hopkins University Press. [독일어판 Kosmos의 권수와 영어 번역판 Cosmos의 권수는 일치하지 않음].

_____. 1985[1803]. *Ideas para una Geografía de las Plantas más un Cuadro de la Naturaleza de los Países Tropicales*.

_____. 2006[1907]. *Personal Narrative of Travels to the Equinoctial Regions of America during the Years, 1799-1804*. 3 Vols. London: BiblioBazaar.

_____. 2009[1860]. *Letters of Alexander von Humboldt written between the years 1827 and 1858 to Varnhagen's Diaries, and Letters from Varnhagen and Others to Humboldt*. Cambridge: Cambridge University Press.

❷ 훔볼트와 봉플랑의 공동 저술

Humboldt, Alexander and Bonpland, Aimé. 1805. *Essai sur la géographie des plantes: accompagné d'un tableau physique des régions équinoxiales, fondé sur des mesures exécutées, depuis le dixième degré de latitude boréale jusqu'au dixième degré de latitude australe, pendant les années 1799, 1800, 1801, 1802 et 1803*. rédigée par Alexander Humboldt. Paris: Chez Levrault, Schoell et compagnie.

_____. 1810. *Recueil d'observations astronomiques, d'opérations trigonométriques et de mesures barométriques, faites pendant le cours d'un voyage aux régions équinoxiales du Nouveau continent, depuis 1799 jusqu'en 1803*. Paris: F. Schoell.

_____. 1810. *Relation historique du voyage aux régions équinoxiales du nouveau continent: fait en 1799, 1800, 1801, 1802, 1803, et 1804*. rédigé par Alexandre de Humboldt; *Voyage aux régions équinoxiales du nouveau continent*. Paris: F. Schoell etc.; 1815. *Voyage aux régions équinoxiales du nouveau continent*. Paris: Librairie Grecque-Latine-Allemande; Translated by Helen Maria Williams. 1815. *Personal Narrative of Travels to the Equinoctial Regions of the New Continent during the Years 1799–1804*. Philadelphia: M. Carey; London: Longman, Hurst, Rees, Orme, and Brown, J. Murray and H. Colburn.

_____. 1994. *Correspondence 1805–1858*. Reprinted, Paris: Editions L'Harmattan.

_____. 2009[1807]. *Essay on the Geography of Plants*. Stephen T. Jackson. ed. translated by Sylvie Romanowski. Chicago and London: The University of Chicago.

2. 훔볼트 전기, 평전, '훔볼트과학'

김영식 & 임경순. 2007. 《과학사신론》. 2판. 다산출판사.
김미연. 2014. 《훔볼트 형제의 통섭》. 역락.
이종찬. 2017a. 〈열대 自然史(自然史) 탐험에서 근대 공간의 발명으로 : '훔볼트과학'과 풍경화를 중심으로〉. 서양사론. 134: 186–216.
_____. 2017b. 〈알렉산더 훔볼트와 '크리오요' 自然史학자의 식민적 문화융합〉. 부산경남사학회. 104: 229–264.
_____. 2016c. 〈알렉산더 훔볼트, 유럽을 넘어 융합의 세계로〉. 동서인문. 5: 83–120.
임경순 & 정원. 2014. 《과학사의 이해》. 다산출판사.
Ackerknecht, Erwin H. 1955. "George Forster, Alexander von Humboldt, and Ethnology," Isis. 46(2): 83–95.
Beck, Hanno. 1987. 〈The Geography of Alexander von Humboldt〉. Hein, Wolfgang-Hagen. ed. 1987. *Alexander von Humboldt: Life and Work*.

Frankfurt: C.H. Boehringer Sohn · Ingelheim am Rhein. pp. 221-238.
Beer, Gillian. 2000. *Darwin's Plots*. 남경태 번역. 2008. 《다윈의 플롯》. 휴머니스트.
Berghaus, Heinrich. 2014. *Physikalischer Atlas*. Frankfurt and Main: Eichborn Verlag.
Botting, Douglas. 1973. *Humboldt and Cosmos*. New York: Harper & Row.
Butterfield, Herbert. 1965[1949]. *The Origins of Modern Science, 1300-1800*. Revised ed. New York: Free Press. 차하순 번역. 1973. 《근대과학의 기원: 1300년부터 1800년까지》. 전파과학사.
Cahan, David ed. 2003. *From Natural Philosophy to the Sciences: Writing the History of Nineteenth-Century Science*. Chicago and London: University of Chicago Press.
Cannon, Susan Faye. 1978. *Science in Culture: The Early Victorian Period*. New York: Science History Publications.
Clark, Rex and Lubrich, Oliver. eds. 2012a. *Transatlantic Echoes: Alexander von Humboldt in World Literature*. New York and Oxford: Berhahan Books.
_____. eds. 2012b. *Cosmos and Colonialism: Alexander von Humboldt in Cultural Criticism*. New York and Oxford: Berhahan Books.
Cunningham, Andrew and Jardine, Nicholas. eds. 1990. *Romanticism and the Sciences*. Cambridge: Cambridge University Press.
Dettelbach, Michael. 1996a. 〈Global Physics and Aesthetic Empire: Humboldt's Physical Portrait of the Tropics〉 in Miller, David Philip and Reill, Peter Hanns eds. *Visions of Empire: Voyages, Botany, and Representations of Nature*. New York, Cambridge University Press: pp. 258-292.
_____. 1996b. 〈Humboldtian Science〉 in N. Jardine, J. A. Secord & E. C. Spary. *Cultures of Natural History*. Cambridge: Cambridge University Press. pp. 287-304.
_____. 2005. 〈The Stimulation of Travel: Humboldt's Physiological Construction of the Tropics〉 in Driver, Felix and Martins, Luciana. eds. *Tropical Visions in an Age of Empire*. Chicago: The University of Chicago Press. pp. 43-58.

Dobat, Klaus. 1987. 〈Alexander von Humboldt as a Botanist〉. Hein, Wolfgang-Hagen. ed. *Alexander von Humboldt: Life and Work*. pp. 167-194.

Finger, Stanely, Marco Piccolino and Frank W. Stahnische. 2013. 〈Alexander von Humboldt: Galvanism, Animal Electricity, and Self-Experimentation Part 1: Formative Years, Naturphilosophie, and Galvanism〉. *Journal of the History of the Neuroscience*. 22(3): 225-260.

_____. 2013. 〈Alexander von Humboldt: Galvanism, Animal Electricity, and Self-Experimentation Part 2: the Electric Eel, Animal Electricity, and Later Years〉. *Journal of the History of the Neurosciences*. 22(4): 327-352.

Guzmán, Rodolfo M. 2017. 〈Welcoming Alexander von Humboldt in Santa Fé de Bogotá, or the Creoles' Self-Celebration in the Colonial City〉. in Kutzinski, Vera M. ed. 2012. *Alexander von Humboldt's Transatlantic Personae*. London: Routledge. pp. 45-64.

Hein, Wolfgang-Hagen. ed. 1987. *Alexander von Humboldt: Life and Work*. Frankfurt: C.H. Boehringer Sohn · Ingelheim am Rhein.

Helferich, Gerhard. 2004. *Humboldt's Cosmos: Alexander Humboldt and the Latin American Journey That Changed the Way We See the World*. New York: Gotham Books.

Home, R. W. 1995. 〈Humbodtian Science Revisited: an Australian Case Study〉. *History of Science*. 33: 1-22.

Israel, Jonathan I. 2002. *Radical Enlightenment: Philosophy and the Making of Modernity 1650-1750*. New York: Oxford University Press.

_____. 2006. *Enlightenment Contested: Philosophy, Modernity and the Emancipation of Man, 1670-1752*. New York: Oxford University Press.

_____. 2011. *Democratic Enlightenment: Philosophy, Revolution, and Human Rights, 1750-1790*. New York: Oxford University Press.

Jackson, Stephen T. 2009. 〈Instruments Utilized in Developing the Tableau physique〉. A. Humboldt and A. Bonpland. 2009. *Essay on the Geography of Plants*. pp. 221-226.

Jammer, Max. 1954. *Concepts of Space*. 이경직 번역. 2008. 《공간개념: 물리학에 나타난 공간론의 역사》. 나남.

Keller, Susanne B. 1998. 〈Visual Representation in Eighteenth-Century Earthquake Studies〉. *British Journal for the History of Science*. 129-159.

Knobloch, Eberhard 2006. 〈Alexander von Humboldt: The Explorer and the Scientist〉. Presidential Address on the Occasion of the 2nd International Conference on the European Society for the History of Science.

Kulke, Ulli. 2010. *Alexander von Humboldt: Reise nach suˊdamerika*. 최윤영 번역. 2014. 《훔볼트의 대륙: 남아메리카의 발명자, 훔볼트의 남미 견문록》. 을유문화사.

Kutzinski, Vera M., Ottomar Ette, and Laura Dassow. eds. 2012. *Alexander von Humboldt and the Americas*. Berlin: Verlag Walter Frey.

Lack, H. Walter. 2009. *Alexander von Humboldt and the Botanical Exploration of America*. Munich: Prestel.

Löwenberg, Julius, et al. 1871. *Alexander von Humboldt, eine wissenschaftliche Biographie*, Karl Bruhns. ed. 2012(1873). *Life of Alexander von Humboldt*, translated by Jane and Caroline Lassell. 2 vols. Cambridge: Cambridge University Press.

MacGillivray, William. 1852[1832]. *The Travels and Researches of Alexander von Humboldt, Enlarged Edition, With a Narrative of Humboldt's Most Recent Researches*. London and Edinburgh: Nelson; 2009. Cambridge: Cambridge University Press.

McCrory, Donald. 2010. *Nature's Interpreter: The Life and Times of Alexander Von Humboldt*. Lutterworth Press. 정병훈 번역. 2017. 《하늘과 땅의 모든 것, 훔볼트 평전》. 알마.

Newton, Isaac. *Principia*(Philosophiæ Naturalis Principia Mathematica, 1687; 1713; 1726). 이무현 번역. 2008-2009. 《프린키피아》. 3권. 교우사.

Nicolson, Malcom. 1987. 〈Alexander von Humboldt, Humboldtian Science and the Origins of the Study of Vegetation〉. *History of Science*. 25: 167-194.

_____. 1990. 〈Alexander von Humboldt and the Geography of Vegetation〉 in Cunningham, Andrew and Jardine, Nicholas. eds. 1990. *Romanticism and the Sciences*, Cambridge: Cambridge University Press. 169-185.

Osterhammel, Jürgen. 1999. 〈Alexander von Humboldt: Historiker der Gesellschaft, Historiker der Natur〉. *Archiv für Kulturgeschichte*. 81: 105–131.

Phillips, Denise. 2012. *Acolytes of Nature: Defining Natural Science in Germany, 1770–1850*. Chicago: The University of Chicago Press.

Rebok, Sandra. 2014. *Humboldt and Jefferson: A Transatlantic Friendship of the Enlightenment*. Charlottesville, V.A.: University of Virginia Press.

Ross, Sydeny. 1964[1962]. 〈Scientist: The Story of a Word〉. *Annals of Science*. 18(2): 65–88.

Rupke, Nicolaas A. 1996. 〈Humboldtian Medicine〉. *Medical History*. 40: 293–310.

_____. 2008. *Alexander von Humboldt: A Metabiography*. Chicago: The University of Chicago Press.

Schaumann, Caroline. 2009. 〈Who Measures the World? Alexander von Humboldt's Chimborazo Climb in the Literary Imagination〉. *The German Quarterly*. 82(4): 447–468.

Schönwiese, Christian-Dietrich. 2003. *Klimatologie*. 2nd ed. 김종규 번역. 2007[2006]. 《기후학》. 시그마프레스.

Shapin, Steven. 1996. *The Scientific Revolution*. Chicago: University of Chicago Press.

Vardi, Liana. 2012. *The Physiocrats and the World of the Enlightenment*. Cambridge: Cambridge University Press.

Walls, Laura Dassow. 2009. *The Passage to Cosmos: Alexander von Humboldt and the Shaping of America*. Chicago and London: The University of Chicago Press.

Whitehead, Alfred North. 1925. *Science and the Modern World*. 오영환 번역. 2008. 《과학과 근대세계》. 서광사; 김준섭 번역. 1993. 《과학과 근대세계》. 을유문화사.

Wulf, Andrea. 2015. *The Invention of Nature: Alexander von Humboldt's New World*. Knopf Doubleday Publishing Group. 양병찬 번역. 2016. 《자연의 발명: 잊혀진 영웅 알렉산더 폰 훔볼트》. 생각의 힘.

3. 自然史와 탐험

이종찬. 2007. 〈유럽의 열대 자연에 대한 식물지리학적 발견〉. 한국과학사학회지. 29(2): 261-291.
정미경. 2009. 〈19세기 과학탐험(1799-1804)과 훔볼트: 그의 식물지리학을 통해 본 과학의 전위활동으로서의 탐험의 승화〉. 한국과학사학회지. 31: 169-206.
조지형. 2011. 〈17세기, 소빙기, 그리고 역사추동력으로서의 인간 – 거대사적 재검토〉. 梨花史學研究. 43: 1-38.
和辻哲郎. 1935. 《風土-人間學的 考察》. 박건주 번역. 1993. 《풍토와 인간》. 장승; 영어판은 Watsuji Tetsuro. 1961. *A Climate: A Philosophical Study*. Translated by Geoffrey Bownas. Tokyo.
Acosta, Joseph(José) de. 1590. *Historia natural y moral de las Indias*. Translated by Frances López-Morillas. 2002. *Natural and Moral History of the Indies*. Edited by Jane E. Mangan with an Introduction and Commentary by Walter D. Mignolo. Durham and London: Duke University Press.
_____. 1590. *Historia natural y moral de las Indias*. Translated by Edward Grimston. 2009[1880; 1604]. *The Natural and Moral History of the Indies*. 2 Vols. Cambridge: Cambridge University Press.
Arnold, David 1996. *The Problem of Nature: Environment, Culture and European Expansion*. 서미석 번역 2006. 《인간과 환경의 문화사》. 한길사.
Barrera-Osorio, Antonio. 2006. *Experiencing Nature: The Spanish American Empire and The Early Scientific Revolution*. Austin, Texas: Univ. of Texas Press.
Berry, Andrew ed. 2003. *Infinite tropics: An Alfred Russel Wallace Anthology*. London & New York: Verso.
_____. 2000. 〈Illusory Riches: Representations of the Tropical World, 1840-1950〉. *Singapore Journal of Tropical Geography*. 21(1): 6-18.
Bewell, Alan. *Natures in Translation*. 2017. Baltimore and London: The Johns Hopkins University Press.
Bleichmar, Daniela, 2012. *Visible Empire: Botanical Expeditions & Visual*

Culture in the Hispanic Enlightenment. Chicago: University of Chicago Press.
Bleichmar, Daniela. et al. 2008. *Science in the Spanish and Portuguese Empires, 1500-1800*. Stanford: Stanford University Press.
Brianta, Donata. 2000. 〈Education and Training in the Mining Industry, 1750-1860: European Models and the Italian Case〉. Annals of Science. 52: 67-300.
Browne, Janet. 1996. *Charles Darwin: A Biography*. Vol. 1. *Voyaging*. Princeton, NJ: Princeton University Press.
_____. 2003. *Charles Darwin: A Biography*. Vol. 2. *The Power of Place*. Princeton, NJ: Princeton University Press.
Candolle, Augustin Pyramus de & Sprengel, Kurt. 1820. *Grundzüge Der Wissenschaftlichen Pflanzenkunde*. 2011(1821). Translated. *Elements of the Philosophy of Plants*. Edinburgh, Cambridge: Cambridge University Press.
Carney, Judith A. 2003. 〈African Traditional Plant Knowledge in the Circum-Carribean Region〉. *Journal of Ethnobiology*. 23(2): 167-185.
Carney, Judith A. & Richard Nicholas Rosomoff. 2011. *In the Shadow of Slavery: Africa's Botanical Legacy in the Atlantic World*. Berkeley and Los Angeles: University of California Press.
Cook, James and King, James. 2017(1784). *A voyage to the Pacific ocean. Undertaken, by the command of His Majesty, for making discoveries in the Northern hemisphere, to determine the position and extent of the west side of North America; its distance from Asia; and the practicability of a northern passage to Europe. Performed under the direction of Captains Cook, Clerke, and Gore, in His Majesty's ships the Resolution and Discovery, in the years 1776, 1777, 1778, 1779, and 1780*. London, Printed by W. and A. Strahan, for G. Nicol, & T. Cadell. 4 Vols. Miami: The Hard Press.
Cosgrove, Denis. 2005. 〈Tropic and Tropicality〉 in Felix Driver and Luciana Martins eds. *Tropical Visions in an Age of Empire*. Chicago: The University of Chicago Press. pp. 197-216.
Darwin, Charles. 2004(1839). *The Voyage of Beagle*. Washington D.C.: National Geographic Adventure Classics.

De Botton, Alain. 2004. *The Art of Travel*. 정영목. 2011.《여행의 기술》. 개역판. 청미래.

De La Sota Ríus, José. 2004. 〈Spanish Science and Enlightenment Expeditions〉. → see Ichikawa. ed. *Science in the Age of Exploration*. pp. 159-188.

De Pauw Cornelius, 2018(1768). *Recherches philosophiques sur les Américains, ou Mémoires intéressants pour servir à l'histoire de l'espèce humaine*. Vols. 3. New York: Forgotten Books.

Driver, Felix and Martins, Luciana eds. *Tropical Visions in an Age of Empire*. Chicago: The University of Chicago Press.

Drouin, Jean-Marc. 2008. *L'herbier des philosophes*. 김성희 번역. 2011.《철학자들의 식물도감》. 알마. 2011.

Eco, Umberto, Kristen Lippincott and Ernst H. Gombrich. eds. 1999. *The Story of Time*. 김석희 번역. 2000.《시간 박물관》. 푸른숲.

Eliade, Mircea. 1957. *Das Heilige und das Profane: Vom Wesen des Religiosen*. 이은봉 번역. 1998.《聖과 俗》. 한길사.

_____. 1949. *Traité d'histoire des religions*. 1954. Tranlated by Rosemary Sheed. *Patterns in Comparative Religion*. 이은봉 번역. 1995.《종교형태론》. 한길사.

_____. 1949. *Le Mythe de l'éternel retour*. 1954. *The Myth of the Eternal Return*. 심재중 번역. 2003.《영원 회귀의 신화》. 이학사.

Engstrand, Iris. H. W. 1981. *Spanish Scientists in the New World: The Eighteenth-Century Expeditions*. Seattle & London: University of Washington Press.

Feuerbach, Ludwig. 1851. *Vorlesungen über das Wesen der Religion*. 강대석 번역. 2006.《종교의 본질에 대하여》. 한길사.

Foucault, Michel. 1966. *Les Mots et les Choses: Une archéologie des sciences humaines*. Translated by Alan Sheridan. 1994. *The Order of Things: An Archeology of the Human Sciences*. 이규현 번역. 2012.《말과 사물》. 민음사; 이광래 번역. 1987.《말과 사물》. 민음사.

Goetzmann, William H. 1959. *Army Exploration in the American West, 1803-1863*. New Haven: Yale University Press.

_____. 1978. *Exploration and Empire: The Explorer and the Scientist in the Winning of the American West*. New York: Norton.

Grove, Richard H. 1995. *Green Imperialism: Colonial Expansion, Tropical Island Edens, and the Origins of Environmentalism, 1600−1860*. Cambridge: Cambridge University Press.
Huntington, Ellsworth. 1971(1915). *Civilization and Climate*. 3rd ed. New Haven: Yale University Press.
Ichikawa, Chiyo. ed. 2004. *Spain the Age of Exploration*. Seattle: Seattle Art Museum.
Jardine, N., J. A. Secord & E. C. Spary. 2004. *Cultures of Natural History*. Cambridge University Press.
Johnson, James. 1821. *The Influences of Tropical Climates on European Constitutions; Being a Treatise on the Principal Diseases Incidental to Europeans in the East and West Indies, Mediterranean, and Cost of Africa*. 3rd edition. London: Printed for Thomas & George Underwood.
Kenney, Dane. ed. 2014. *Reinterpreting Exploration: The West in the World*. Oxford: Oxford University Press.
Kricher, John. 2011. *Tropical Ecology*. Princeton: Princeton University.
_____. 2017. *The New Neotropical Companion*. Princeton: Princeton University.
Krockow, Christian, Graf von. 2003. *Der grose Traum von Building*. 안미란 번역. 2005. 《쿡 선장과 게오르크의 바다의 학교》. 들녘.
Osborne, Patrick L. 2012(2000). *Tropical Ecosystems and Ecological Concepts*. 2nd ed. Cambridge: Cambridge University Press.
Quesnay, François. 1758. *Tableau économique*. 김재훈 번역. 2016. 《경제표》. 지만지.
Laudan, 1987. *From Mineralogy to Geology: The Foundations of a Science, 1650−1830*. Chicago: The University of Chicago Press.
Linnaeus, Carl. 〈Instructions for Naturalists on Voyage of Exploration〉. in Linnaeus, Carl. 2010−2012. *The Linnaeus Apostles: Global Science and Adventure*. Vols. 8. Edited by Lars Hansen & Transcribed by Viveka Hansen. Whitby: IK Foundation. Vol. 6. pp. 201−211.
Lowenthal, David. 1961. 〈Geography, Experience, and Imagination: Towards a Geographical Epistemology〉. *Annals of the Association of American Geographers*. 51: 241−60.
Lunde, Darrin. 2016. *The Naturalist: Theodore Roosevelt, A Lifetime of*

Exploration, and the Triumph of American Natural History. New York: Crown Publishers.
Macleod, Roy. ed. 2000. *Nature and Empire*. Osiris. Vol. 15. Chicago: University of Chicago Press.
Marsh, George Perkins. 2003[1864]. *Man and Nature*. Edited, with a New Introduction by Lowenthal, David. Seattle & London: University of Wisconsin Press.
Mbiti, John S. 1989[1969]. *African Religions and Philosophy*. 2nd ed. London: Heinemann.
_____. 1991[1975]. Longo Grove, Il.: Waveland Press.
Oviedo, Gonzalo Fernández de. 2018[1535-1549]. *Historia general y natural de las Indias*. Vols. 4. New York: Forgotten Books.
Parker, Geoffrey. 2013. *Global Crisis: War, Climate Change and Catastrophe in the Seventeenth Century*. New Haven & London: Yale University Press.
Parker, Geoffrey & Lesley M. Smith. 1997[1978]. *The General Crisis of the Seventeenth Century*. 2nd ed. London and New York: Routledge.
Parrish, Susan Scott. 2006. *American Curiosity: Cultures of Natural History in the Colonial British Atlantic World*. Chapel Hill, N.C.: The University of North Carolina Press.
Porter, Roy. 2009[1977]. *The Making of Geology: Earth Science in Britain, 1660-1815*. Cambridge: Cambridge University Press.
_____. 1980. 〈The Terraqueous Globe〉. in Rousseau, G. S. & Roy Porter. eds. *The Ferment of Knowledge: Studies in the Historiography of Eighteenth-Century Science*. Cambridge: Cambridge University Press. pp. 285-324.
Radkau, Joachim. 2008[2002]. *Nature and Power: A Global History of the Environment*. Cambridge: Cambridge University Press. 이영희 번역. 2012.《자연과 권력: 인간과 자연, 갈등과 개입 그리고 화해의 역사》. 사이언스북스.
Rudwick, Martin J. 1976. 〈The Emergence of a Visual Language for Geological Science, 1760-1840〉. *History of Science*. 149-195.
_____. 2005. *Bursting the Limits of Time: The Reconstruction of Geohistory in the Age of Revolution*. Chicago: University of Chicago

Press.

──────. 2008. *Worlds Before Adam: The Reconstruction of Geohistory in the Age of Reform*. Chicago: University of Chicago Press.

──────. 2014. *Earth's Deep History: How It Was Discovered and Why It Matters*. Chicago: The University of Chicago Press.

Schabas, Margaret. 2005. *The Natural Origins of Economics*. Chicago: The University of Chicago Press.

Solé, Robert. *Les savants de Bonaparte*. 1998. 이상빈 번역. 2013. 《나폴레옹 이집트 원정기: 백과전서의 여행》. 아테네.

Smethurst, Paul. 2012. *Travel Writing and the Natural World, 1768-1840*. London: Palgrave Macmillan.

Spate, O.H.K. 1977. 〈'South Sea' to 'Pacific Ocean': A Note to Nomenclature〉. *Journal of Pacific History*. 12(4): 205-211.

Stepan, Nancy Leys. 1995. *Picturing Tropical Nature*. Chicago and London: The University of Chicago Press.

Tobin, Beth Fowkes. 2005. *Colonizing Nature*. Philadelphia: University of Pennsylvania Press.

Wallace, Alfred Russel. 1878(2004). *Tropical Nature, and Other Essays*. London: Elibron Classics.

4. 열대 공간과 질병, 생물지리학, 문화융합

강학순. 2011. 《존재와 공간》. 한길사.
서성철. 2013. 〈보두신앙과 정치: 18세기 아이티 노예해방 운동을 중심으로〉. 이베로아메리카. 15(2): 45-69.
이종찬. 2016a. 〈근대 서양사는 열대를 어떻게 은폐시켰는가〉. 서양사론. 128: 64-93.
──────. 2016b. 《열대의 서구, 조선의 열대》. 서강대학교출판부.
──────. 2014a. 〈난학의 세계사: 중화적 세계를 넘어 일본이 유럽과 열대에서 접속하다〉. 알마.
──────. 2014b. 〈레오폴 2세의 콩고 통치에 의한 열대 공간의 식민적 생산:

역사지리(지질)학, 생태인류학, 열대의학의 융합적 인식〉. 문화역사지리. 26(1): 92-107.
_____. 2013. 〈의료지리학: 개념적 역사와 역사적 전망〉. 대한지리학회지. 48(2): 218-238.
_____. 2012. 〈한국 오리엔탈리즘의 중층적(重層的) 구조〉. 한국전통문화대학교. 전통문화연구소 엮음. 《한국문화와 오리엔탈리즘》. 보고사.
_____. 2010. 《파리식물원에서 데지마박물관까지》. 해나무.
_____. 2009a. 《열대와 서구: 에덴에서 제국으로》. 새물결.
_____. 2009b. 《의학의 세계사》. 몸과마음.
이진경. 2010. 《근대적 시·공간의 탄생》. 개정증보판. 그린비.
山本義隆. 2007. 《16世紀文化革命》. 남윤호 번역. 2010. 《16세기 문화혁명》. 동아시아.
和辻哲郎. 1935. 《風土-人間學的 考察》. 박건주 번역. 1993. 《풍토와 인간》. 장승; 서동은 번역. 2018. 《인간과 풍토》. 필로소픽.
Ackerknetcht, Erwin H. 1965. *History and Geography of the Most Important Diseases*. New York: Haftner Press.
Anderson, Benedict. 1991. *Imagined Communities: Reflections on the Origin and Spread of Nationalism*. 윤형숙 번역. 2002. 《상상의 공동체: 민족주의의 기원과 전파에 대한 성찰》. 나남.
Bachelard, Gaston. 1957. *La poétique de l'espace*. 곽광수 번역. 2003. 《공간의 시학》. 문예신서.
Borah, Woodrow. 1992[1976]. 〈The Historical Demography of Aboriginal Colonial America: An Attempt at Perspective〉. in William M. Denevan. ed. 1992[1976]. *The Native Population of the Americas in 1492*. 2nd ed. Madison, W.I.: The University of Wisconsin Press. pp. 13-34.
Bowen, Margarita. 1981. *Empiricism and Geographical Thought: From Francis Bacon to Alxendre von Humboldt*. Cambridge: Cambridge University Press.
Browne, Janet. 1983. *The Secular Ark: Studies in the History of Biogeography*. New Haven and London: Yale University Press.
Cortés, Hernán. 1524. *Cartas de Relación*. 김원중 번역. 2009. 《코르테스의 멕시코제국 정복기》. 2권. 나남출판.
Crang, Mike and Thrift, Nigel. eds. 2000. *Thinking Space*. 최병두 번역.

2013. 《공간적 사유》. 에코리브르.
Crosby, Alfred W. 2004(1986). Cambridge: Cambridge University Press. *Ecological Imperialism*. 안효상·정범진 번역. 2000. 《생태제국주의》. 지식의 풍경.
_____. 2003[1972]. *The Columbian Exchange: Biological and Cultural Consequences of 1492*. 30th Anniversary Edition. Westport, C.T.: Praeger.
_____. 1997. *The Measure of Reality: Quantification and Western World*. 김병화 번역. 2005. 《수량화혁명: 유럽의 패권을 가져온 세계관의 탄생》. 심산.
Delaporte, François. 1989. *Histoire de la fièvre jaune, Naissance de la médecine tropicale*. 1991. *The History of Yellow Fever: An Essay on the Birth of Tropical Medicine*. Translated by Arthur Goldhammer Cambridge: The MIT Press.
Desowitz, Robert S. 1997. *Who Gave Pinta to the Santa Maria?: Tracking the Devastating Spread of Lethal Tropical Diseases into America*. San Diego: Harvest Book.
Deuleze, Gilles & Guattari, Felix. 1991. *Qu'est-ce que la philosophie*. 이정임·윤정임 번역. 1995. 《철학이란 무엇인가》. 현대미학사.
Dorn, Harold 1991. *The Geography of Science*. Baltimore and London: The Johns Hopkins University Press.
Ebach, Malte C. and Gopujet, Daniel F. 〈The First Biogeographical Map〉. *Journal of Biogeography*. 33: 761-769.
Edelman, Marc et al. 2019. *Global Land Grabbing and Political Reactions 'from Below'*. London: Routledge.
Felix Driver. 1992. 〈Geography's Empire: Histories of Geographical Knowledge〉. *Environment and Planning D: Society and Space*. 10: 23-40.
Finnegan, Diarmid A. 2008. 〈The Spatial Turn: Geographical Approaches in the History of Science〉. *Journal of the History of Biology*. 41: 369-388.
Forster, Georg. 2000. *A Voayge Round the World*. Edited by Nicholas Thomas and Oliver Berghof, 2 Vols. Honolulu: University of Hawai'i Press. 이 책의 원제는 A *Voyage Round the World in His Britannic*

    Majesty's Sloop Resolution, Commanded by Capt. James Cook, during the Years, 1772, 3, 4, and 5(London: Printed for B. White, MDCCL XXVII)이다. 포르스터 자신이 독일어로 번역했다. 독일어판은 1권이 1778년에, 2권이 1780년에 *Reise um die Welt während den Jahren 1772–1775 in dem … durch den Capitain Cook geführten Schiffe the Resolution unternommen* (Berlin: Haude, 1784)의 제목으로 발간되었다.

Forster, Johann Reinhold. 1996. *Observations Made During a Voyage round the World.* Edited by Nicholas Thomas, Harriet Guest, Michael Dettelbach. Honolulu: University of Hawai'i Press.

Freudenthal, Gideon & Peter McLaughlin. 〈Classical Marxist Historigraphy of Science: The Hessen-Grossmann Thesis. in Gideon Freudenthal & Peter McLaughlin. eds. 2009. *The Social and Economic Roots of the Scientific Revolution: Texts by Boris Hessen and Henryk Grossmann.* Dordrecht: Springer. pp. 1–40.

Gascoigne, John. 1998. *Science in the Service of Empire: Joseph Banks, the British State and the Uses of Science in the Age of Revolution.* Cambridge: Cambridge University Press.

    _____. 2003. *Joseph Banks and the English Enlightenment: Useful Knowledge and Polite Culture.* Cambridge: Cambridge University Press.

Glacken, Clarence J. 1967. *Traces on the Rhodian Shore: Nature and Culture in Western Thought from Ancient Times to the End of the Eighteenth Century.* Berkeley & Los Angeles: University of California Press. 최병두 외 공역. 2016. 《로도스 섬 해변의 흔적》. 4권. 나남출판.

Geggus, David. 1979. 〈Yellow Fever in the 1790s: the British Army in Occupied Saint Domingue〉. *Medical History.* 23: 38–58.

Gerbi, Antonello. 1955. *La disputa del Nuovo Mondo: Storia di una polemica, 1750–1900.* Translated by Jeremy Moyle. 1973. *The Dispute of the New World: The History of a Polemic, 1750–1900.* Pittsburgh: University of Pittsburgh Press.

    _____. 1975. *La natura delle Indie Nove: Da Cristoforo Colombo a Gonzalo Ferdinandez de Oviedo.* Translated by Jeremy Moyle. 1985. *Nature in the New World: From Christopher Columbus to Gonzalo Fernández de Oviedo.* Pittsburgh, PA: University of Pittsburgh Press.

Gregory, Derek. 1994. *Geographical Imaginations.* Oxford: Blackwell.

_____. 2002. *Haitian Revolutionary Studies*. Bloomington: Indiana University Press.
Grossmann, Henryk. 2009[1935]. 〈The Social Foundations of the Mechanistic Philosophy and Manufacture〉. in Freudenthal & McLaughlin. eds. 2009. *The Social and Economic Roots of the Scientific Revolution*. pp. 103-156.
Habermas, Jürgen. 1968. *Technik und Wissenschaft als 'Ideologie'*. 하석용·이유선 번역. 1993.《'이데올로기'로서의 기술과 과학》. 이성과현실사.
Hall, A. Rupert. 1956. *The Scientific Revolution, 1500-1800 : The Formation of the Modern Scientific Attitude*. Boston: Beacon Press.
Hartshorne, Rihcard. 1939. *The Nature of Geography*. 한국지리연구회 번역. 1998.《지리학의 본질 I & II》. 민음사.
_____. 1958. 〈The Concept of Geography as s Science of Space, from Kant and Humboldt to Hettner〉. *Annals of the Association of American Geographers*. 48(2): 97-108.
Heeren, Arnold H. L. 1971[1809]. *A Manual of the History of the Political System of Europe and Its Colonies*. Freeport, N.Y.: Books for Libraries Press.
Heidegger, Martin. 2000[1954]. *Vorträge und Aufsätze*. 이기상·신상희·박찬국 번역. 2008.《강연과 논문》. 이학사.
Herlihy, David. 1997. *The Black Death and the Transformation of the West*. Cambridge: Harvard University Press.
Hess, Darrel. 2011. *McKnight's Physical Geography*. 윤순옥 외 옮김. 2011.《McKnight의 자연지리학: 경관에 대한 이해》. 시그마프레스.
Hessen, Boris. 2009[1931]. 〈Social and Economic Roots of Newton's Principia〉. in Freudenthal & McLaughlin. eds. 2009. *The Social and Economic Roots of the Scientific Revolution*. pp. 41-101.
Hippocrates. 1923. 〈On Airs, Waters and Places〉. Translated by W. H. S. Jones. Cambridge: Harvard University Press.
Hogarth, Rana A. 2017. *Medicalizing Blackness: Making Racial Difference in the Atlantic World, 1780-1840*. Chapel Hill, N.C: The University of North Carolina Press.
Johnson, Hubert C. 1964. 〈The Concept of Bureaucracy in Cameralism〉.

Political Science Quarterly, 79(3): 378-402.
Kohn, George Childs. ed. 2008(1995). *Encyclopedia of Plague and Pestilence: From Ancient Times to the Present*. 3rd ed. New York: Facts on File.
Lefebvre, Henri. 1874. *La production de l'espace*. Translated by Donald Nicholson-Smith, 1991. *The Production of Space*. Oxford: Oxford University Press.
Livingstone, David N. 1995. 〈The Spaces of Knowledge: Contributions Towards a Historical Geograpyhy of Science〉. *Environment and Planning D: Story and Space*. 13: 5-34.
_____. 2003. *Putting Science in Its Place: Geographies of Scientific Knowledge*. Chicago and London: The University of Chicago Press.
Livingstone, David N. & Charles W. J. Withers. eds. 2005. *Geography and Revolution*. Chicago: University of Chicago Press.
Margulis, Lynn. 1998. *Symbiotic Planet: A New Look at Evolution*. 이한음 번역. 《공생자 행성》. 사이언스북스.
Margulis, Matias E. ed. 2017. *Land Grabbing and Global Governance*. London: Routledge.
Marr, John S. & Cathey, John T. 2013. 〈The 1802 Saint-Domingue Yellow Fever Epidemic and the Louisiana Purchase〉. *Journal of Public Health Management Practice*. 19(1): 77-82.
McClellan Ⅲ, James E. 2010(1992). *Colonialism and Science: Saint Domingue in the Old Regime*. Chicago and London: The University of Chicago Press.
McClellan Ⅲ, James E. and Harold Dorn. 2015(1999; 2006). *Science and Technology in World History : An Introduction*. 3rd ed. Baltimore: The Johns Hopkins University Press.
McCullough, David. 1978. *The Path Between the Seas: The Creation of the Panama Canal, 1870-1914*. New York: Simon & Schuster
McNeill, John R. *Mosquito Empires: Ecology and War in the Greater Caribbean, 1620-1914*. Cambridge: Cambrdige University Press.
McNeill, William H. 1977. *Plagues and Peoples*. New York: Anchor Books. 김우영 번역. 2005. 《전염병의 세계사》. 이산.
Meinig, Donald William. 1986. *The Shaping of America: A Geographical*

Perspective on 500 years of History. 4 Vols. New Haven; London: Yale University Press.

Miller, Shawn William. 1995. *An Environmental History of Latin America*. Cambridge: Cambridge University Press. 조성훈 번역. 2013. 《오래된 신세계: 다음단계의 문명을 위하여》. 너머북스.

Monzote, Reinaldo Funes. 2008. *From Rainforest to Cane Field in Cuba: An Environmental History since 1492*. Translated by Alex Martin. Chapel Hill: The University of North Carolina Press.

Moseley, Benjamin. 2012[1787; 1804]. *A Treatise on Tropical Diseases ; on Military Operations ; and on the Climate of the West-Indies*. 3rd ed. Gale ECCO.

Olwig, Kenneth Robert. 2002. *Landscape, Nature and the Body Politic: From Britain's Renaissance to America's New World*. Madison, W.I.: The University of Wisconsin Press.

Osborne, Michael A. 2014. *The Emergence of Tropical Medicine in France*. Chicago and London: The University of Chicago Press.

Pagden, Anthony. 1986. *The Fall of Natural Man: The American Indian and the Origins of Comparative Ethnology*. Cambridge: Cambridge University Press.

_____. 1994. *European Encounters with the New World: From Renaissance to Romanticism*. New Haven: Yale University Press.

Porter, Roy. 2001. *Bodies Politic: Disease, Death, and Doctors in Britain, 1650-1900*. Ithaca, N.Y.: Cornel University Press.

Pratt, Mary Louise. 2008(1992). *Imperial Eyes: Travel Writing and Transculturation*. 2nd ed. London and New York: Routledge. 김남혁 번역. 《제국의 시선》. 현실문화.

Riley, James C. Riley. 1987. "Chapter 2. Medical Geography and Medical Climatology." *The Eighteenth-Century Campaign to Avoid Disease*, London: The MACMILLAN Press. pp. 37-53.

Ritter, Carl. 1816-1859. *Die Erdkunde Im Verhaltniss Zur Natur Und Zur Geschichte Des Menschen*. Vols. 16. New York: Nabu Press.

Ross, Corey. 2017. *Ecology and Power in the Age of Empire*. Oxford: Oxford University Press.

Rousseau, Jean-Jacques. 1755. *Discours sur l'origine et les fondements de* l'inégalité parmi les hommes. 김중현 번역. 2010. 《인간 불평등 기원론》. 펭귄클래식코리아.

Rupke, Nicolaas. 1999. 〈A Geography of Enlightenment: The Critical Reception of Alxeander von Humboldt's Mexico Work〉. D.N. Livingstone and C.W.J. Withers eds. *Geography and Enlightenment*. Chicago: The University of Chicago Press. pp. 319-340.

Schwartz, Marie Jenkins. 2010. *Birthing a Slave: Motherhood and Medicine in the Antebellum South*. Cambridge: Harvard University Press.

Scott, H. Harold. 1939. *A History of Tropical Medicine: Based on the Fitzpatrick Lectures Delivered before the Royal College of Physicians of London, 1937-38*. 2 vols. London: Edward Arnold & Co.

Small, Albion. 1909. *The Cameralists, The Pioneers of German Social Policy*. New York: Franklin.

Solé, Robert. 1998. *Les savants de Bonaparte*. 이상빈. 2013(2003). 《나폴레옹 이집트 원정기: 백과전서의 여행》. 개정판. 아테네.

Soyinka, Wole. 2012. *Of Africa*. New Haven: Yale University Press.

Tesh, Sylvia Noble. 1988. *Hidden Arguments: Political Ideology and Disease Prevention Policy*. New Brunswick and London: Rutgers University Press.

Toulmin, Stephen Edelston. 1992. *Cosmopolis: the Hidden Agenda of Modernity*. 이종흡 번역. 1997. 《코스모폴리스: 근대의 숨은 이야깃거리들》. 경남대학교 출판부.

Wakefield, Andre. 2009. *The Disordered Police State: German Cameralism as Science and Practice*. Chicago: The University of Chicago.

Weaver, Karol Kimberlee. 2006. *Medical Revolutionaries: The Enslaved Healers of Eighteenth-century Saint Domingue*. Urbana: University of Illinois Press.

Withers, Charles W.J. 2002. 〈The Geography of Scientific Knowledge〉. Nicolaas Rupke. ed. *Göttingen and the Development of the Natural Sciences*. Göttingen: Wallstein. 9-18.

Wood, Denis. 1992. *The Power of Maps*. New York and London: Guilford Press.

5. 콩고-아이티 노예혁명과 열대 해양무역의 세계사

강성호. 2010. 〈유럽중심주의 세계사에 대한 비판과 반비판을 넘어〉.
　역사학연구. 39: 216-244.
강철구 & 안병직. 2011. 《서양사학과 유럽중심주의》. 용의숲.
권기환. 2017. 〈헤르더의 역사철학에서의 개체성과 인간성: 칸트의
　역사철학에 대한 비판을 중심으로〉. 현대유럽철학연구. 47: 1-26.
권윤경. 2014. 〈노예제의 폭력, 노예혁명의 폭력: 아이티 혁명기 폭력의
　성격에 대한 고찰, 1791-1804〉. 서양사론. 122: 31-58.
김기봉. 2004. 〈독일 역사철학의 오리엔탈리즘: 칸트, 헤르더, 헤겔을
　중심으로〉. 담론 201. 7(1): 248-272.
김동하. 2012. 〈헤겔과 근대 서구중심주의: 서구중심주의의 사상적 연원에
　대한 고찰〉. 21세기정치학회보. 22(1): 1-22.
김명섭. 2001. 《대서양문명사 : 팽창·침탈·헤게모니》. 한길사.
김미경. 2005. 〈부르봉 개혁과 대중저항: 1759~1800년 누에바그라나다를
　중심으로 1759~1800〉. 대구사학. 78: 269-303.
김완균. 2013. 〈헤르더의 인류학적 인식론 연구〉. 세계문학비교연구. 44:
　211-230.
김응종. 2007. 〈서구 중심주의 역사학에 대한 비판과 반비판〉.
　프랑스사연구. 16: 225-253.
김택현. 2012. 〈유럽중심주의 비판을 다시 생각함: 최근 서양사학계에서의
　논의에 대하여〉. 서양사론. 114: 324-351.
김호동. 2010. 《몽골제국과 세계사의 탄생》. 돌베개.
＿＿＿. 2007. 《몽골제국과 고려: 쿠빌라이 정권의 탄생과 고려의 정치적
　위상》. 서울대학교출판문화원.
＿＿＿. 2006. 〈몽골제국과 '대원'〉. 역사학보. 192: 221-251.
김희순. 2016. 〈스페인의 식민지배 거점으로서 아바나의 형성과 성장〉.
　한국도시지리학회지. 19(3): 113-129.
나인호. 2019. 《증오하는 인간의 탄생: 인종주의는 역사를 어떻게
　해석했는가》. 역사비평사.
노명식. 2011(1980). 《프랑스혁명에서 파리 코뮌까지, 1789-1871》.
　책과함께.
박용희. 2006. 〈비(非)유럽 사회와 문화에 대한 칸트와 헤르더의 인식:

철학적 인간학 그리고 문화인류학적 견해에 대한 분석을 중심으로〉.
서양사연구. 35: 161-191.
박정훈. 2015.〈헤겔 철학에서 "세계사"의 체계론적 규정〉. 사회와 철학.
3-: 113-140.
서정혁. 2016.〈헤겔의 철학 체계에서 세계사의 의미: '객관 정신'과 '절대 정신'의 관계를 중심으로〉. 철학연구. 114: 241-263.
吳金成. 2003.〈廣東貿易體制 下의 江西의 社會變化〉. 歷史敎育. 86.
유재건. 2003.〈근대 서구의 타자 인식과 서구중심주의〉. 역사와 경계. 46: 31-49.
이동희. 2006.《헤겔과 자연》. 제우스.
이민호. 2002.〈세계사를 어떻게 읽을 것인가 - 유럽중심주의 사관의 극복을 위하여〉. 역사비평 여름호. 174-203.
이상신. 2001(1993).《西洋史學史》. 개정판. 신서원.
이영석. 2015.〈면(綿)의 세계사와 근대문명〉. 영국연구. 34: 321-351.
_____. 2019.《제국의 기억, 제국의 유산》. 아카넷.
조지형 & 김용우. 2010.《지구사의 도전: 어떻게 유럽중심주의를 넘어설 것인가》. 서해문집.
주경철. 2016.〈대서양 세계의 형성과 '서구의 흥기'〉. 역사학보. 232: 1-29.
차하순. 2007.〈새로운 세계사의 조건〉. 서양사론. 92: 255-269.
최갑수. 2000.〈유럽 중심주의의 극복과 대안적 역사상의 모색〉. 역사비평. 52: 95-110.
최성철. 2012.《과거의 파괴: 19세기 유럽의 반역사적 사상》.
서강대학교출판부.
최성환. 2012.《문순득 표류연구-조선후기 문순득의 표류와 세계인식》.
민속원.
하영준. 2010.〈아이티혁명과 근대성의 '구성적 외부': C. L. R. 제임스의 탈식민적 상상력〉. 프랑스사연구. 23: 101-131.
한국서양사학회 엮음. 2009.《유럽중심주의 세계사를 넘어 세계사들로》.
푸른역사.
權左武志(곤자 다케시). 2010.《ヘーゲルにおける理性・国家・歴史》.
이신철 번역. 2019.《헤겔의 이성・국가・역사》. 도서출판b.
_____. 2014.《ヘーゲルとその時代》. 이신철 번역. 2014.
《헤겔과 그의 시대》. 도서출판b.

杉山正明(스기야마 마사아키). 임대희 번역. 1999.《몽골 세계제국》. 신서원.
_____. 2011(1997).《遊牧民から見た世界史》. 이경덕 번역. 2013. 《유목민의 눈으로 본 세계사》. 시루.
柳田謙十郎(야나기다 겐주로). 1957.《歷史哲學》. 이문구 번역. 《역사철학》. 심산.
岡田英弘(오카다 히데히로). 1992.《世界史の誕生》. 이진복 번역. 2002. 《세계사의 탄생》. 황금가지.
Abu-Lughod, Janet L. 1991. *Before European Hegemony: The World System A.D. 1250-1350*. Oxford: Oxford University Press. 박흥식 & 이은정 번역. 2006.《유럽 패권 이전: 13세기 세계체제》. 까치.
Aleni, Julio. 1623.《職方外紀》. 천기철 번역. 2005.《직방외기: 17세기 예수회 신부들이 그려낸 세계》. 일조각.
Appel, John Wilton. 1994. *Francisco José de Caldas: A Scientist at Work in New Granada*, Philadelphia: American Philosophical Society.
Bailyn, Bernard. 2005. *Atlantic History: Concept and Contours*. Cambridge: Harvard University Press. 백인호 번역. 2010.《대서양의 역사: 개념과 범주》. 뿌리와이파리.
Balibar, Etienne. & Immanuel Wallerstein. eds. 1998. *Race, Nation, Class: Ambiguous Identities*. London: Verso.
Bayly, C.A. 2004. *The Birth of the Modern World*. Oxford: Blackwell Publishing.
Beiser, Frederick. 2011. *The German Historicist Tradition*. Oxford: Oxford University Press.
_____. 2005. *Hegel*. 이신철 번역. 2012.《헤겔: 그의 철학적 주제들》.
Blaut, James M. 1993. *The Colonizer's Model of the World: Geographical Diffusionism and Eurocentric History*. New York: Guilford Press. 김동택 번역. 2008.《식민주의자의 세계 모델: 지리적 확산론과 유럽중심적 역사》. 성균관대학교 출판부.
_____. 2000. *Eight Eurocentric Historians*. 2008.《유럽 중심주의를 비판한다》. 푸른숲.
Blackbourn, David. 2003(1997). *History of Germany, 1780-1918: The Long Nineteenth Century*. 2nd ed. London: Blackwell Publishing.
Blackburn, Robin. 1988. *The Overthrow of Colonial Slavery, 1776-1848*.

London: Verso.
Blussé, Leonard. 2008. *Visible Cities: Canton, Nagasaki, and Batavia and the Coming of the Americans*. Cambridge, M.A.: Harvard University Press.
Buck-Morss, Susan. 2009. *Hegel, Haiti and Universal History*. Pittsburgh: University of Pittsburgh Press. 김성호 번역. 2012. 《헤겔, 아이티, 보편사》. 문학동네.
Burbank, Jane and Frederick Cooper. 2010. *Empires in World History*. Princeton: Princeton University Press. 이재만 번역. 2016. 《세계제국사》. 책과함께.
Caldas, Francisco José de. 1992. 〈Ensayo sobre el estado de la geografía en el geografía del virreinato de Santafé de Bogotá con relación a la economía y al comercio〉. in Jeanne Chenu. ed. *Francisco José de Caldas: un peregrino de las ciencias*, Madrid: Historia 16: 276-277.
Cañizares-Esguerra, Jorge. 2006. *Nature, Empire, and Nation: Explorations of the History of Science in the Iberian World*, Stanford, Stanford University Press.
_____. 2005. 〈Racial, Religious, and Civic Creole Identity in Colonial Spanish America〉. *American Literary History*. 17(3): 420-437.
_____. 2001. *How to Write the History of the New World: Histories, Epistemologies, and Identities in the Eighteenth-Century Atlantic World*. Stanford, C.A.: Stanford University Press.
Cantero, Justo Germán. 1857. *Los ingenios: coleccion de vistas de los principales ingenios de azucar de la Isla de Cuba*. Havana. Visual Images.
Césaire, Aimé. 1981. *Toussaint Louverture: la Révolution française et le problème colonial*. Paris: Présence africaine.
Chasteen, John Charles. 2008. *Americanos: Latin Americano's Struggle for Independence*. 박구병 외 번역. 2011. 《아메리카노: 라틴아메리카의 독립투쟁》. 길.
Cline, Howard F. 1964. 〈The Relaciones Geográficas of the Spanish Indies, 1577-1586〉. *Hispanic American Historical Review*. 44: 341-374.
Collingwoold, Robin George. 1993(1946). *The Idea of History*. 김봉호 번역. 2017(1976). 《서양사학사: 역사에 대한 위대한 생각들》. 탐구당.
Comay, Rebecca. 2011. *Mourning Sickness: Hegel and the French*

Revolution. Stanford, C.A.: Stanford University Press.
Cummings, Bruce. 2010. *Dominion from Sea to Sea: Pacific Ascendancy and American Power*. 김동노, 박진빈, 임동명 번역. 2011. 《미국 패권의 역사》. 서해문집.
Curtin, Philip D. 1964. *The Image of Africa: British Ideas and Action, 1750-1850*. 2 Vols. Wisconsin: The University of Wisconsin Press.
_____. 1969. *The Atlantic Slave Trade: A Census*. Madison, W.I: The University of Wisconsin Press.
_____. 1984. *Cross-Cultural Trade in World History*. 김병순 번역. 2007. 《경제인류학으로 본 세계무역의 역사》. 모티브.
_____. 1990. *The Rise and Fall of the Plantation Complex*. Cambridge: Cambridge University Press.
Dubois, Laurent. 2004. *Avengers of the New World: The Story of the Haitian Revolution*. 박윤덕 번역. 2014. 《아이티혁명사》. 삼천리.
DuBois, William Edward Burghardt. 1915. *The Negro*. 황혜성 번역. 2013. 《니그로: 아프리카와 흑인에 관한 짧은 이야기》. 삼천리.
Dun, James Alexander. 2016. *Dangerous Neighbors: Making the Haitian Revolution in Early America*. Philadelphia: University of Pennsylvania Press.
Elliott, John. 2002(1963). *Imperial Spain: 1469-1716*. 2nd ed. London: Penguin Books. 김원중 번역. 2000. 《스페인 제국사》(초판 번역). 까치.
_____. 2007. *Empires of the Atlantic World: Britain and Spain in America, 1492-1830*. 김원중 번역. 2017. 《대서양의 두 제국 - 영국령 아메리카와 에스파냐령 아메리카 1492~1830》. 그린비.
Eltis, David & Richardson, David. 2010. *Atlas of the Transatlantic Slave Trade*. New Haven and London: Yale University Press.
Equiano, Olaudah. 2001[1789]. *The Interesting Narrative of the Life of Olaudah Equiano or Gustavus Vassa, the African*. London: Penguin Books. 윤철희 번역. 2013. 《에퀴아노의 흥미로운 이야기》. 해례원: 미디어동감 [완역은 아님].
Fick, Carolyn. 1990. *The Making of Haiti: The Saint-Domingue Revolution from Below*. Tennessee: University of Tennessee Press.
Figueroa, Víctor. 2006. 〈The Kingdom of Black Jacobins: C. L. R. James and Alejo Carpentier on the Haitian Revolution〉. *Afro-Hispanic Review*.

25(2): 55-71.

Fontana, Joseph. 1994. *Europa ante el espejo*. 김원중 번역. 1999.《거울에 비친 유럽》.

Frank, Andre Gunder. 1998. *ReOrient: Global Economy in the Asian Age*. 이희재 번역. 2003.《리오리엔트》. 이산.

Fuentes, Carlos. 1992. *The Buried Mirror: Reflections on Spain and the New World*. 서성철 번역. 1997.《라틴 아메리카의 역사》. 까치.

Galeano, Eduardo. 1971. *Las venas abiertas de América Latina*. Translated by Cedric Belfrage. 1997[1973]. *Open Veins of Latin America: Five Centuries of the Pillage of a Continent*. 박광순 번역. 1999.《수탈된 대지: 라틴아메리카 5백년사》. 범우사.

Genovese, Eugene. 1979. *From Rebellion to Revolution: Afro-American Slave Revolts in the Making of the Modern World*. Baton Rouge: Louisiana State University Press.

Gilroy, Paul. 1993. *Black Atlantic: Modernity and Double Consciousness*. Cambridge, M.A.: Harvard University Press.

Glick, Thomas F. 1991. 〈Science and Independence in Latin America (with Special Reference to New Granada)〉. *Hispanic American Historical Review*. 71(2): 307-334.

Gray, Basil. 1978. 〈The World History of Rashid al-Din: A Study of the Royal Asiatic Society Manuscript〉. Faber & Faber.

Guha, Ranajit. 2002. *History at the Limit of World-History*. 이광수 번역. 2011.《역사 없는 사람들: 헤겔 역사철학 비판》. 삼천리.

Habermas, Jürgen. 1971. *Theorie und Praxis*. 홍윤기 & 이정원 번역. 1994(1982).《이론과 실천》. 종로서적.

Hannaford, Ivan. 1996. *Race: The History of an Idea in the West*. Washington, D.C.: The Woodrow Wilson Center Press.

Hegel, Georg Wilhelm Friedrich. 1807. *Phänomenologie des Geistes*. 임석진 번역. 2005.《정신현상학》. 2권. 한길사.

_____. 1817. *Enzyklopädie der philosophischen Wissenschaften im Grundrisse und andere Schriften aus der Heidelberger Zeit*. 박병기 번역. 2008.《헤겔 자연철학》. 2권. 나남.

_____. 1820. *Grundlinien der Philosophie des Rechts*. 임석진 번역. 2008.《법철학 강요》. 한길사.

_____. 1822-1831. *Philosophie der Weltgeschichte*. 서정혁 번역. 2012. 《세계사의 철학》. 지만지.

_____. 1823. *Vorlesungen über die Philosophie der Kunst*. 한동원 & 권정임 번역. 2008. 《헤겔의 예술철학》. 미술문화.

_____. 1837. *Vorlesungen über die Philosophie der Weltgeschichte*. Translated by J. Sibree. 1956(1899). *The Philosophy of History*. New York: Dover.

Heine, Heinrich. 1847. *Atta Troll*. 김남주 번역. 1991. 《아타 트롤: 하이네 정치 풍자 시집》. 창작과비평사.

Herder, Johann Gottfried. 1784-1791. *Ideen zur Philosophie der Geschichte der Menschheit*. Translated by T. Churchill. 1800. *Outlines of a Philosophy of History of Man*. Vols. 2. London: Printed for J. Johnson, St. Paul's Church-Yard.

_____. 1996. *On World History: An Anthology*. Translated by Michael Palma. London: Routledge.

_____. 2002. *Philosophical Writings*. Cambridge: Cambridge University Press.

Hobsbawm, Eric J. 1962. *The Age of Revolution, 1789-1848*. New York: Mentor Book. 정도영·차명수 공역. 1998. 《혁명의 시대》. 한길사.

_____. 1997. *On History*. 강성호 번역. 2002. 《역사론》. 민음사.

Hodgson, Marshall G. S. 1993. *Rethinking World History: Essays on Europe, Islam, and World History*. 이은정 번역. 2006. 《마셜 호지슨의 세계사론: 유럽, 이슬람, 세계사 다시 보기》. 사계절.

Hume, David. 1956(1757). *The Natural History of Religion*. 이태하 번역. 2004. 《종교의 自然史》. 아카넷.

Hurbon, Laënne. 1993. *Les Mystères du vaudou*. 서용숙 번역. 1997. 《부두교: 왜곡된 아프리카의 정신》. 시공사.

James, C. L. R. 1963. *The Black Jacobins: Toussaint L'Ouverture and the San Domingo Revolution*. 우태정 번역. 2007. 《블랙 자코뱅》. 필맥.

Jean-Marie, Vivaldi. 2018. *Vodou Cosmology and the Haitian Revolution in the Enlightenment Ideals of Kant and Hegel*. Jamaica, Barbados and Trinidad and Tobago: The University of the West Indies Press.

Kamola, Stefan. 2019. *Making Mongol History: Rashid al-Din and the Jami' al-Tawarikh*. edinburgh: Edinburgh University Press.

Kant, Immanuel. 1781. *Kritik der reinen Vernunft*. 백종현 번역. 《순수이성비판》. 2권. 2006.
____. 1784. 〈Idee zu einer allgemeinen Geschichte in weltbürgerlicher Absicht〉. 이한구 편역. 2009. 〈세계시민적 관점에서 본 보편사의 이념〉. 《칸트의 역사철학》. 개정판. 서광사.
Keen, Benjamin. 1971. *The Aztec Image in Western Thought*. New Brunswick, N.J.: Rutgers University Press.
Keen, Benjamin and Keith Haynes. 2013(1980). *A History of Latin America*. 9th edition. 김원중·이상훈 번역. 2014. 《라틴 아메리카의 역사 상·하》. 그린비.
Klooster, Wim. 2018. *Revolutions in the Atlantic World: A Comparative History*. New York: New York University Press.
Kohlhepp, Gerd. 2005. 〈Scientific Findings of Alexander von Humboldt's Expedition into the Spanish-American Tropics (1799-1804) from a Geographical Point of View〉. *Annals of the Brazilian Academy of Sciences*. 77(2): 325-342.
Krawulsky, Dorothea. 2011. *The Mongol Īlkhāns and Their Vizier Rashīd al-Dīn*. Peter Lang GmbH, Internationaler Verlag der Wissenschaften.
Lafuente, Antonio and Valverde, Nuria. 2005. 〈Linnean Botany and Spanish Imperial Biopolitics〉. in Londa Schiebinger & Claudia Swan. eds. *Colonial Botany: Science, Commerce, and Politics in the Early Modern Worlds*. Philadelphia: University of Pennsylvania Press. pp. 134-147.
Le Roy Ladurie, Emmanuel. 1978. *Le Territoire de l'historien*. tom. 2. Translated by Sian Reynolds & Ben Reynolds. 1981. *The Mind and Method of the Historian*. Chicago: University of Chicago Press.
Lévi-Strauss, Claude. 1955. *Tristes Tropiques*. 박옥줄 번역. 1990. 《슬픈 열대》. 삼성출판사.
Lynch, John. 1973. *The Spanish American Revolutions, 1808-1826*. New York: Norton.
Manning, Patrick. 2003. *Navigating World History: A Guide for Researchers and Teachers*. New York: Palgrave Macmillan.
Louis-Sébastien, Mercier. 1771. *L'An 2440, rêve s'il en fut jamais (L'An 2440, rêve s'il en fut jamais)*. Translated by W. Hoop-er. 1975(1791). *Memoirs of the Year Two Thousand Five Hundred*. Ann Arbor:

University of Michigan Library.
Mignolo, Walter. D. 2005. *The Idea of Latin America*. 김은중 번역. 2010. 《라틴 아메리카, 만들어진 대륙: 식민지 상처와 탈식민적 전환》. 그린비.
Mintz, Sidney Wilfred. 1978. 〈Was the Plantation Slave a Proletarian?〉. *Review*. Ⅱ. Summer. 81−98.
_____. 1985. *Sweetness and Power: The Place of Sugar in Modern History*. New York: Penguin Books.
_____. 2010. *Three Ancient Colonies: Caribbean Themes and Variations*. Cambridge, M.A.: Harvard University Press.
Moreau de Saint-Méry, Médéric Louis Élie. 2018(1797). *Description Topographique, Physique, Civile, Politique Et Historique de la Partie Francaise de l'Isle Saint-Domingue. Avec Des Observations Généales Sur Sa Population*. Tombes 3. Wentworth Press.
Ortiz, Fernando. 1947. *Contrapunteo cubano del tabaco y el azúcar*. Translated by Harriet de Onís. 1995. *Cuban Counterpoint: Tobacco and Sugar*. Durham and London: Duke University Press.
Palmer, Robert Roswell. 2014. *The Age of the Democratic Revolution: A Political History of Europe and America, 1760−1800*. Princeton: Princeton University Press.
Pinkard, Terry. 2000. *Hegel*. 전대호 & 태경섭. 2015.《헤겔》. 길.
Pomeranz, Kenneth & Steven Topik. 2000. *The World That Trade Created: Society, Culture and the World Economy, 1400 to the Present*. 박광식 번역. 2003.《설탕, 커피, 폭력》. 심산.
Posada, Eduardo. ed. 1917. 〈Cartas de Caldas〉. *Biblioteca de Historia Nacional*. Vol. 15. Imprenta, Nacional. Bogotá.
Price, Richard. 2002. *First-time: The Historical Vision of an African American People*. Chicago & London: University of Chicago Press.
Rashīd al-Dīn(라시드 앗 딘). 1307−1316. *Jāmi' al-Tawārīkh*. 김호동 번역. 《부족지》(2002),《징기스칸기》(2003),《칸의 후예들》(2005), 《일 칸들의 역사》(2018). 사계절.
Rattansi, Ali & Sallie Westwood. eds. 1994. *Racism, Modernity and Identity: On the Western Front*. Cambridge: Polity Press.
Raynal, Abbé. 1770. *L'Histoire philosophique et politique des établissements et du commerce des Européens dans les deux Indes*.

Translated by J. O. Justamond, 1969. *A Philosophical and Political History of the Settlements and Trade of the Europeans in the East and West Indies*. 2nd ed. 6 Vols. New York: Negro Universities Press.

_____. 2011[1781]. *The Revolution of America*. Translator Not Mentioned. Cambridge: Cambridge University Press.

Reill, Peter Hanns. 1975. *The German Enlightenment and the Rise of Historicism*. Berkeley and Los Angeles: University of California Press.

Ritter, Jochaim. 1957. *Hegel und die Französische Revolution*. Translated by Richard Dien Winfield. 1982. *Hegel and the French Revolution: Essays on the Philosophy of Right*. Cambridge, M.A.: The MIT Press. 김재현 번역. 1983. 《헤겔과 프랑스혁명》. 한울 [영어본과 다른 판본].

Schelling, Friedrich Wilhelm Joseph. 1980(1797). *Ideen zu einer Philosophie der Natur*. 한자경. 1999. 《자연철학의 이념》. 서광사.

Schopenhauer, Arthur. 1819. *Die Welt als Wille und Vorstellung*. 홍성광 번역. 2015. 《의지와 표상으로서의 세계》. 개정증보판. 을유문화사.

_____. 1851. *Parega und Paralipomena*. 홍성광 (부분) 번역. 2013. 《쇼펜하우어와 니체의 문장론: 책읽기와 글쓰기에 대하여》. 연암서가.

Sobul, Albert. 1995. *La Révolution française*. 최갑수 번역. 2018. 《프랑스혁명사》. 교양인.

Stedman, John Gabriel Stedman. 2010(1790). *Narrative of a Five Years' Expedition against the Revolted Negroes of Surinam*. New York: Open Road Distribution.

Taylor, Charles. 1973. *Hegel*. Cambridge: Cambridge University Press. 정대성 번역. 2014. 《헤겔》. 그린비.

_____. 1989. *Sources of the Self: The Making of the Modern Identity*. Cambridge: Harvard University Press. 권기돈 & 하주영 번역. 2015. 《자아의 원천들: 현대적 정체성의 형성》. 새물결.

Thornton, John Kelly. 1993. 〈'I am the Subject of the King of Congo': African Political Ideology and the Haitian Revolution〉. *Journal of World History*. 4: 181-214.

Tocqueville, Alexis de. 1856. *L'Ancien Régime et la Révolution*. 이용재 번역. 2013. 《앙시앵 레짐과 프랑스혁명》. 지만지.

_____. 1840(1835). *De la démocratie en Amérique*. 이용재 번역. 2018. 《아메리카의 민주주의》. 2권. 아카넷.

Trouillot, Michel-Rolph. 1995. *Silencing the Past: Power and the Production of History*. Boston: Beacon Press. 김명혜 번역. 2011. 《과거 침묵시키기: 권력과 역사의 생산》. 그린비출판사.

Vany Dyke, Paul A. 2007. *The Canton Trade: Life and Enterprise on the China Coast, 1700-1845*. Hong Kong: Hong Kong University Press.

Vos, Paula De. 2007. 〈Natural History and the Pursuit of Empire in Eighteenth-Century Spain〉. *Eighteenth-Century Studies*. 40(2): 209-239.

Walker, Charles F. 2016. *The Tupac Amaru Rebellion*. Cambridge, M.A.: Belknap Press.

Watson, Peter. 2010. *The Great Divide: History and Human Nature in the Old World and the New*. 2016. 조재희 번역. 《거대한 단절: 1만 6500년 동안 신세계와 구세계는 어떻게 달라졌는가》. 글항아리.

Weiner, Richard. 2014. 〈The "Scramble for Mexico" and Alexander von Humboldt's Political Essay on the Kingdom of New Spain〉. https://worldhistoryconnected.press.uillinois.edu/7.3/weiner.html.

Wilhelm Humboldt. 1821. 〈Über die Aufgabe des Geschichtschreibers〉. 1967. 〈On the Historian's Task〉. *History Theory*. 6(1): 57-71.

Williams, Eric. 1994(1944). *Capitalism & Slavery*. Chapel Hill & London: The University of North Carolina Press. 김성균 번역. 2014. 《자본주의와 노예제도》. 우물이 있는 집.

Williams, Eric. 1984(1970). *From Columbus to Castro: The History of the Caribbean, 1492-1969*. New York: Vintage Books.

Wilson, Edward O. and Durán, José María Gómez. 2010. *Kingdom of Ants: José Celestino Mutis and the Dawn of Natural History in the New World*. Baltimore and London: The Johns Hopkins University Press.

Young, Robert C. 2004[1994]. *White Mythologies*. 김용규 번역. 2008. 《백색신화: 서양이론과 유럽중심주의 비판》. 경성대학교출판부.

6. 낭만주의 예술과 괴테

김우창. 2003. 《풍경과 마음: 동양의 그림과 이상향에 대한 명상》. 생각의 나무.

김진. 2010. 〈칸트, 헤르더, 낭만주의: 인류 역사의 철학과 인간성의 이상〉. 인간연구. 18: 173-207.

김학용 & 권호종. 2015. 〈괴테 시가 독일예술가곡(Lied)형성에 미친 영향 연구 - 슈베르트의 가곡을 중심으로〉. 세계문학비교연구. 51: 373-402.

남운. 2013. 〈괴테의「이탈리아 여행」에 나타난 기상 관찰과 서술의 기능과 의미 분석〉. 독어교육. 58: 277-300.

오순희, 2005. 〈예술적 카논의 근대적 재구성: 괴테의 예술론 연구〉. 괴테연구. 17: 45-73.

李孝德. 1996.《表象空間の近代》. 박성관 번역. 2002.《표상 공간의 근대》. 소명출판.

정은혜. 2018. 〈괴테의 여행기를 통해 그려진 지리적 텍스트 분석:『이탈리아 여행(Italienische Reise)』을 중심으로〉. 문화역사지리. 30: 1-19.

Alberti, Leon Battista. 1998. *On Painting*. London: Penguin Books. 김보경 번역. 2011.《회화론》. 기파랑.

Arnold, David. 2006. *The Tropics and the Traveling Gaze: India, Landscape and Science, 1800-1856*. Seattle and London: The University of Chicago Press.

Baron, Frank. 2005. 〈From Alexander von Humboldt to Frederic Edwin Church: Voyages of Scientific Exploration and Artistic Creativity〉. *International Review for Humboldtian Studies*. HiN. Ⅵ (10): 3-17.

Beiser, Frederick. 2003. *The Romantic Imperative: The Concept of Early German Romanticism*. Cambridge, MA: Cambridge University Press. 김주희 번역. 2011.《낭만주의의 명령, 세계를 낭만화하라: 초기 독일낭만주의 연구》. 그린비.

Berlin, Isaiah. 1999. *The Roots of Romanticism*. 강유원 · 나현영 번역. 2005.《낭만주의의 뿌리》. 이제이북스.

Blunt, Anthony. 1944. 〈The Heroic and the Ideal Landscape in the Work of Nicolas Poussin〉. *Journal of the Warburg and Courtauld Institutes*. 7: 154-168.

Burke, Edmund. 1756. *A Philosophical Enquiry into the Origin of Our Ideas of the Sublime and Beautiful*. 김동훈 번역. 2006.《숭고와 아름다움의 이념의 기원에 대한 철학적 탐구》. 고양: 마티.

Burke, Peter. 2001. *Eyewitnessing: The Uses of Images as Historical Evidence*. Ithaka & New York: Cornell University Press. 박광식 번역.

2005.《이미지의 문화사: 역사는 미술과 어떻게 만나는가》. 심산.
Buttimer, Anne. 2001. ⟨Beyond Humboldtian Science and Goethe's Way of Science: Challenges of Alexander von Humboldt's Geography⟩. *Erdkunde*. 55(2): 105-120.
Danto, Arthur. 1997. *After the End of Art*. 김광우 & 이성훈 번역. 2004.《예술의 종말 이후》. 미술문화.
Eckermann, Johann Peter. 1836-1848. *Gespräche mit Goethe*. 장희창 번역. 2008.《괴테와의 대화》. 2권. 민음사.
Eco, Umberto. 2004. *Storia Della Bellezza*. 이현경 번역. 2005.《미의 역사》. 열린책들.
Eco, Umberto. 2007. *Storia Della Bruttezza*. 오숙은 번역. 2008.《추의 역사》. 열린책들.
Fink, Karl J. 1991. *Goethe's History of Science*. Cambridge: Cambridge University Press.
Goethe, Johann Wolfgang. 1813[1807]. ⟨Höhen der alten und neuen Welt, bildlich verglichen⟩. *Allgemeine Geographische Ephemeriden*. 41: 3-8.
_____. 1790. *Versuch die Metamorphose der Pflanzen zu erklären*. 2009. *The Metamorphosis of Plants*. Cambridge, M.A.: The MIT Press.
_____. 1810-1824. *Zur Farbenlehre und Zur naturwissenschaft im allgemeine*. 장희창 & 권오상 번역. 2003.《색채론 & 자연과학론》. 민음사.
_____. 1811-1833. *Aus meinem Leben: Dichtung und Wahrheit*. 이관우 번역. 2006.《괴테 자서전》. 우물이 있는 집.
_____. 1816-1817. *Italienische Reise*. Translated by W. H. Auden and Elizabeth Mayer. 1962. *Italian Journey, 1786-1788*. Penguin Books. 박영구 번역. 2006[1998].《괴테의 이탈리아 기행》. 푸른 숲.
_____. 1817-24. *Zur Naturwissenschaft überhaupt, besonders zur Morphologie*. Stuttgard; Tübingen: J.G. Cotta.
_____. 1832. *Faust*. 정경석 번역.《파우스트》. 문예출판사.
_____. 1989[1952] *Goethe's Botanical Writings*. Translated by Bertha Mueller, with an introduction by Charles J. Engard. Woodbridge, C.T.: Ox Bow Press.
Gombrich, Ernst. 1966. ⟨The Renaissance Theory of Art and the Rise of Landscape⟩, in idem, *Norm and Form: Studies in the Art of the*

Renaissance. Chicago: The University of Chicago Press. pp. 107-21.

Greppi, Claudio. 2005. 〈"On the Spot": Traveling Artists and the Iconographic Inventory of the World, 1769-1859〉. in Driver and Martins. eds. Tropical Visions in an Age of Empire. pp. 43-58.

Hauser, Arnold. 1951. Sozialgeschichte der Kunst und Literatur. 염무웅 & 반성완 공역.《문학과 예술의 사회사 : 로꼬꼬, 고전주의, 낭만주의》. 권 3. 개정2판. 2018.

Immanuel Kant. 1764. Beobachtungen über das Gefühl des Schönen und Erhabenen. 이재준 역. 2005.『아름다움과 숭고함의 감정에 관한 고찰』. 책세상.

Kaemmerling, Ekkehard. 1995. Ionographie und Ikonologie. 노성두 외 번역. 1997.《도상학과 도상해석학: 이론, 전개, 문제점》. 사계절.

Kemp, Martin. 2006. Seen/Unseen. 오숙은 번역. 2010.《보이는 것과 보이지 않는 것: 레오나르도에서 허블 망원경까지》. 을유문화사.

Klonk, Charlotte. Science and the Perception of Nature: British Landscape Art in the Late Eighteenth and Early Nineteenth Century (New Haven & London, 1996).

Kluckhohn, Paul. 1966. Das Ideengut der deutschen Romantik. 이용준 번역. 2017.《독일 낭만주의의 이념》. 지만지.

Kulterman, Udo. 1966. Geschichte der Kunstgeschichte. 김수현 번역. 2001.《미술사의 역사》. 문예출판사.

Lefebvre, Henri. 1992. Elements de rythmanalyse. 정기헌 번역. 2013. 《리듬분석: 공간, 시간, 그리고 도시의 일상생활》. 갈무리.

Manthorne, Katherine Emma. 1989. Tropical Renaissance: North American Artists Exploring Latin America, 1839-1879. Washington, D.C.: Smithsonian Institution Press.

Mitchell, Timothy F. 1993. Art and Science in German Landscape Painting, 1770-1840. Oxford: Oxford University Press.

Mitchell, W. J. T. ed. 2002(1994). Landscape and Power. Chicago: University of Chicago Press.

Panofsky, Erwin. 1939. Estudios Sobre Iconologia (Studies in Iconology: Humanistic Themes in the Art of the Renaissance). 이한순 번역. 2002. 《도상해석학 연구》. 시공사.

Price, Uvedale. 2014(1794). An Essay on the Picturesque as Compared with

the Sublime and the Beautiful. Cambridge: Cambridge University Press.
Richards, Robert J. 2002. *Romantic Conception of Life*. Chicago and London: University of Chicago Press.
Schwetje, Burkhard and Febbraro, Flavio. 2010. *How to Read World History in Art: From the Code of Hammurabit to September 11*. New York: Abrams. 안혜영 번역. 2012. 《세계 명화 속 역사 읽기》. 마로니에북스.
Shiner, Larry E. 2003. *The Invention of Art: A Cultural History*. 조주연 번역. 2014. 《순수예술의 발명》. 인간의 기쁨.
Smith, Bernard. 1985[1960]. *European Vision and the South Pacific, 1768−1860: A Study in the History of Art and Ideas*. 2nd ed. New Haven: Yale University Press.
Todd, Larry. R. 2003. *Mendelssohn: A Life in Music*. Oxford: Oxford University Press.
Vaughan, William. 1978. *Romanticism and Art*. 마순자 번역. 2003. 《낭만주의 미술》. 시공사.
Warnke, Martin. *Politische Landschaft*. 노성두 역. 1994. 《정치적 풍경》. 일빛.
Wenborn, Neil. 2008. *Mendelssohn: His Life and Music*. 김병화 번역. 2010. 《멘델스존, 그 삶과 음악》. 포토넷.
Zamora, Lois Parkinson & Faris, Wendy B. eds. 1997. *Magical Realism: Theory, History and Community*. 《마술적 사실주의》. 2003. 우석균, 박병규 외 공역. 한국문화사.

7. 문학과 지리학

권혁래. 2016. 〈문학지리학 연구의 정체성과 연구방법론 고찰〉. 우리문학연구. 51: 167−197.
김미선. 2009a. 〈알렉산더 폰 훔볼트의 문학적 과학〉. 헤세연구. 21: 79−101.
_____. 2009b. 〈알렉산더 폰 훔볼트의 자연관〉. 브레히트와 현대연극. 21:

235-256.

김연수. 2017. 〈문학적 풍자와 근대과학지식 사이에서 읽는 다니엘 켈만의 《세계를 재다》〉. 외국문학연구. 65: 115-147.

김연신. 2014a. 〈알렉산더 폰 훔볼트 여행기의 서술적 특징 I : 침보라소 등반기록을 중심으로〉. 독일어문학. 64: 79-101.

_____. 2014b. 〈알렉산더 폰 훔볼트 여행기의 서술적 특징 II : 『자연에 관한 고찰』을 중심으로〉. 서강인문논총. 39: 41-66.

김진영·신정엽. 2010. 〈문학 지리학 연구의 정체성과 공간 논의에 대한 재고찰〉. 지리교육논집. 54: 1-15.

박은주. 2015. 〈시간은 지나가고 공간은 구부러져 있다: 다니엘 켈만의 《세계를 재다》에 나타난 "굴절된" 현실상과 카오스에 대한 문학적 변호〉. 독일언어문학. 67: 175-203.

배기정. 2009. 〈독일문명비판 light: 독일문화사의 맥락에서 살펴본 다니엘 켈만의《세계를 재다》〉. 외국문학연구. 36: 171-194.

심승희. 2012. 〈문학교육의 학제적 접근: 지리학과 지리교육이 문학에 접근하는 방식〉. 문학교육학. 37: 87-124.

유봉근. 2010. 〈다니엘 켈만의 팩션《세계를 재다》에서 과학주의적 사유 실험과 통합적 지식의 문제〉. 코기토. 67: 193-220.

유현주. 2013. 〈오리노코 강의 바이마르 고전주의자: 다니엘 켈만의 《세계를 재다》에 나타난 상호문화성〉. 세계문학비교연구. 42: 341-364.

이은숙. 2009. 〈한국 근대문학과 장소의 사회학: 문학 공간의 인식 체계와 특성〉. 현대문학이론연구. 36: 5-21.

_____. 2010. 〈지리학 탐구대상으로서의 문학작품과 지리학 연구수단으로서의 문학작품〉. 문화 역사 지리. 22(3): 146-153.

이종찬. 2012a. 〈帝國의 콩고 식민지배와 조셉 콘라드의 熱帶性에 대한 인식〉. 사회와 역사. 96: 225-260.

_____. 2012b. 〈알프레드 월리스와 조셉 콘라드의 '熱帶性'에 대한 인식: 생물지리학과 문학적 상상력의 융합적 지평〉. 문화역사지리. 24(2): 93-110.

이지은. 2017a. 〈알렉산더 폰 훔볼트의『코스모스』연구(I) - 서술기법을 중심으로〉. 독어독문학. 141: 25-45.

_____. 2017b. 〈알렉산더 폰 훔볼트의『코스모스』연구(II) - 텍스트의 중층구조와 에피스테메를 중심으로〉. 독어독문학. 142: 33-53.

_____. 2017c. 〈알렉산더 폰 훔볼트의『코스모스』연구(III) - 자연관의

개념과 서술 및 과학사적 관점을 중심으로〉. 독어독문학. 144: 5-25.
조동일. 2004. 〈문학지리학을 위한 출발선상의 토론〉. 한국문학연구. 27: 157-182.
조우호. 2019. 《독일문학과 자연과학》. 월인.
채상우. 2001. 〈지리학적 상상력과 위생학의 문법 그리고 전구경쟁의 내면화: 개화기 학회지의 세계인식방법과 문학론〉. 한국문학연구: 331-350.
Conrad, Joseph. 2007[1899]. *Heart of Darkness*. London: Penguin Books. 이상옥 번역. 1998. 《암흑의 핵심》. 민음사; 이석구 번역. 2008. 《어둠의 심연》. 을유문화사.
Kehlmann, Daniel. 2005. *Die Vermessung der Welt*. 2007. *Measuring the World*. Translated by Carol B. Janeway. London: Quercus. 박계수 번역. 2008. 《세계를 재다》. 민음사.
Novalis. 김재혁 번역. 2003. 《푸른 꽃》. 민음사.
Saint-Pierre, Bernardin de. 1787. *Paul et Virginie*. 서호성 번역. 1990. 《클레브 公爵夫人 / 마농 레스코 / 폴과 비르지니》. 金星出版社.
_____. 1784. *Étude de la nature*. Translated by Henry Hunter. 1797. *Studies of Nature*. Vol. 3. Dublin: Printed for P. Byrne.
Tuan, Yi-Fu. 2013. *Romantic Geography: In Search of the Sublime Landscape*. Madison: University of Wisconsin Press.
____. 최지원 번역. 1999. 〈문학과 지리학: 지리학적 연구의 함의〉. 지역문화연구. 5(3): 131-147.

8. 통섭과 융합

김광웅 외. 2011. 《융합학문, 어디로 가고 있나?》. 서울대학교 출판문화원.
박만준. 2009a. 〈지식의 통일은 어떻게 가능한가?: E. O. 윌슨의 통섭을 중심으로〉. 철학논총. 56: 3-23.
박승억. 2008. 〈통섭(Consilience): 포기할 수 없는 환원주의자의 꿈〉. 철학과 현상학 연구. 36: 197-218.
박영균. 2009. 〈이념적 통섭을 통한 학문적 통섭의 모색〉. 문화과학사.

59: 287-317.
설혜심. 2011. 〈학문의 분화와 통섭〉. 학림. 32: 91-124.
송기섭. 2014. 〈문학의 경계넘기와 통섭: 근대소설과 근대건축〉. 현대문학이론연구. 56: 5-29.
송성수. 2009. 〈윌슨의 통섭은 '두 문화'의 간격을 메울 수 있는가?〉. 철학논총. 56: 25-42.
오명석. 2012. 〈지식의 통섭과 인류학〉. 비교문화 연구. 18(2): 175-222.
오은경. 2010. 〈통섭 또는 이종 네트워크: 학제 간 연구를 위한 소통구조 분석〉. 서강인문논총. 29: 265-301.
이남인. 2015. 《통섭을 넘어서: 학제적(學際的) 연구와 교육의 활성화를 위한 철학적 성찰》. 서울대학교출판문화원.
이인식. 2008. 《지식의 대융합: 인문학과 과학기술은 어떻게 만나는가》. 고즈윈.
이인식 외. 2014. 《통섭과 지적 사기: 통섭은 과학과 인문학을 어떻게 배신했는가》. 인물과사상사.
이정덕. 2011. 〈윌슨의 《통섭》에 대한 비판적 고찰: 문화를 중심으로〉. 쌀·삶·문명 연구. 4: 177-205.
장왕식. 2008. 〈통섭(con-silience)vs. 메타-통섭(meta-silience): 종교와 과학의 통합적 시도에 관하여〉. 신학과 세계. 62: 398-445.
전중환. 2017. 〈지식의 합치와 상리적 통섭: 인문학과 자연과학의 상생을 위하여〉. 철학·사상·문화. 23: 216-240.
정정호. 2009. 〈사무엘 존슨과 18세기 계몽주의 공적 지식인의 초상: 21세기 융복합 시대의 새로운 통섭적 지식인을 향하여〉. 18세기영문학. 6(2): 89-115.
정정호. 2009. 《공감의 상상력과 통섭의 인문학: 21세기쇄신의 문화윤리학》. 한국문화사.
최재천 외. 2007. 《지식의 통섭: 학문의 경계를 넘다》. 이음북스.
홍성욱. 2008. 《인간의 얼굴을 한 과학: 융합 시대의 과학 문화》. 서울대학교출판부.
홍성욱 편저. 2012. 《융합이란 무엇인가》. 사이언스북스.
Wilson, Edward O. 1998. *Consilience: The Unity of Knowledge*. 최재천·장대익 공역. 2005. 《통섭: 지식의 대통합》. 사이언스북스.

9. 고등학교 교과서

권동희 외. 2017[2011]. 《고등학교 세계지리》. 천재교육.
권희영 외. 2017[2014]. 《고등학교 한국사》. 교학사.
김덕수 외. 2017[2011]. 《고등학교 세계사》. 천재교육.
김종수 외. 2017[2014]. 《고등학교 한국사》. 금성출판사.
김종욱 외. 2017[2011]. 《고등학교 세계지리》. 교학사.
김형종 외. 2017[2011]. 《고등학교 세계사》. 금성출판사.
도면회 외. 2017[2014]. 《고등학교 한국사》. 비상교육.
손승철 외. 2017[2014]. 《고등학교 동아시아사》. 교학사.
안병우 외. 2017[2014]. 《고등학교 동아시아사》. 천재교육.
위상복 외. 2017[2011]. 《고등학교 세계지리》. 비상교육.
조한욱 외. 2017[2011]. 《고등학교 세계사》. 비상교육.
최변각 외. 2017[2011]. 《고등학교 지구과학2》. 천재교육.
최상훈 외. 2017[2011]. 《고등학교 세계사》. 교학사.
황진상 외. 2017[2014]. 《고등학교 동아시아사》. 비상교육.

10. 인터넷 사이트

열대학연구소 ― www.tropicscosmos.com
Alexander Humboldt in English ― http://press.uchicago.edu/books/humboldt
French National Library ― http://gallica.bnf.fr/
Humboldt Digital Library ― http://www.avhumboldt.net
Internationale Zeitschrift für Humboldt-Studien ― http://www.hin-online.de/index.php/hin/
Map of Francisco José de Caldas ― https://issuu.com/razoncartografica/docs/los_mapas_de_francisco_jos__de_caldas

찾아보기

주제 찾아보기*

훔볼트(Alexander von Humboldt) 10-12, 14-20, 47-52, 54-55, 60, 62-64, 67-92, 98, 101-105, 107-122, 125, 127-131, 133-136, 142, 163-164, 166, 172, 176-178, 180, 187, 195, 198-203, 207-215, 218, 220-239, 243, 245-274, 276-283
- 1828년 9월 18일 베를린 국제 학술대회 250
  ▶ '과학의 사회적 효용' 250
- 근대 기후학의 창시자 269
- 《근육 섬유와 신경 섬유의 자극에 관한 실험》 131, 214
- 《누에바에스파냐 왕국의 정치 에세이》 80-81, 208, 234, 246
- 다윈(Charles Darwin)의 《비글호 항해기》 80
  ▶ 훔볼트에 대한 존경심 80-81
- 등압선 / 등온선 / 등자력선 17, 246, 278-279
- 루터교 163
- 멕시코시티에 평생 살기를 원했던 이유 234-236
- 몬투파르(Montúfar) 부자의 협력 229-232, 238-239
  ▶ 카를로스(Carlos) 몬투파르 229, 231-232, 238-239
- 베르크하우스(Heinrich Berghaus)의 지도 제작 178
- 보고타 주민들의 환영 인파 222
- 빌데노프(Carl Ludwig Willdenow) 113
  ▶ 훔볼트에 미친 영향 260
- 빌헬름(Wilhelm) 훔볼트 47, 82-83, 101-103, 114, 130, 177, 198, 202-221, 230, 262
  ▶ 로마에서 동생과의 만남 264
  ▶ 어린 시절 102
- 《식물지리학: 열대 자연도》 81, 208, 258-259, 263-266, 271
- 시몬 볼리바르(Simón Bolívar)와의 만남 177
- 아브라함 베르너(Abraham Gottlob Werner) 104
  ▶ 괴테 광물학에 대한 언급 114

* 주제 찾아보기는 원래 가나다 순서대로 하지만, 이 책은 훔볼트를 중심으로 전개되므로 제일 앞에 배치했다.

▶ 훔볼트에 미친 영향 260
- 〖안데스 산맥의 킨디오 통과 경로〗 173, 261
- 에메 봉플랑(Aimé Bonpland) 12, 15, 49, 69, 71, 76, 81, 84, 98, 111-113, 117-119, 121-122, 125, 128-129, 131, 142, 163-164, 172, 195, 207, 209-213, 215, 221, 225-226, 229-232, 238-239, 262-263, 272
  ▶ 파리에서의 만남 111
  ▶ 아메리카로 함께 떠남 128, 131
- 아리스토텔레스적인 사고 116
- 어머니(Maria Elisabeth Colomb) 101-102
- 《열대 아메리카 여행기》의 글쓰기 전략 207-209
  ▶ 프리드리히 니체의 평가 207
- 《열대 자연도》 113, 231, 263-264
  ▶ 기하학적 정밀함과 예술적 효과 268
  ▶ 식생 제국 268
  ▶ 제국적 시각화 268, 271
  ▶ 중농주의자 케네와 정치경제학자 플레이어 방법의 접목 271
- 엔제(Karl Varnhagen Ense) 198
  ▶ 《훔볼트-엔제 서한집》 200
- 예나(Jena) 74
  ▶ 실러(Friedrich von Schiller), 괴테, 훔볼트 형제의 만남 50, 74, 166
- 우르퀴호(Mariano Luis de Urquijo) 국무장관에게 청원 121-122
- 윌리엄 호지스(William Hodges) 107, 111, 260
  ▶ 〖갠지스 강가의 헤이스팅스 총독 부인〗 110-111, 166
- 《자연의 관점》 69, 82, 208, 256-257, 259
  ▶ 自然史와 인류사의 공명 202-203, 283
- 잘뷔르크(Karl Sigmund von Sallwürk) 231
  ▶ 키토에서 제복을 입은 훔볼트의 초상화 172, 231
- 조제프 안톤 코흐(Joseph Anton Koch) 264-266
  ▶ 로마에서의 만남 264
  ▶ 〖슈마드리바흐 폭포〗 풍경화 원본 264
- 지자기(geomagnetism) 18, 253-254, 278-279
- 측정(측량) 17, 77, 112, 120, 122, 128-131, 226-231, 246-247, 249, 254, 267-270, 274, 276, 278-280
  ▶ 가스 성분 측정기 130-131, 269-270
  ▶ 기구 120, 128-131, 140, 226, 229, 231, 276, 279
  ▶ 청도계 131, 274
- 침보라소 산 15, 67, 171-172, 226, 229-232, 262, 266, 268-271, 273-274, 276-277, 279-280
  ▶ 산의 높이 측정 230
- 《코스모스》 18, 68-69, 72-73, 79-82, 107, 109, 176, 199, 208, 232-233, 256-257, 277

▶ 자연의 상관
　(像觀, physiognomy)
　241, 255-256
- 코토팍시 산의 등정 실패 230-231
- 콩고-아이티 노예혁명에 대한 인식 176
- 《쿠바의 정치 에세이》 80, 211, 235, 246
- 키토에서의 훔볼트의 복장 172, 231
- 탐험 10-12, 16-19, 49-55, 61-62, 67-70, 73, 77-81, 83-85, 87-90, 92, 98, 102, 104, 107-114, 116, 119, 121-122, 124-131, 135, 163-165, 187, 195, 200, 207-213, 215-219, 225-226, 228-232, 235, 237-239, 244-246, 249, 252, 260, 262-264, 272-274, 278, 280, 283
　▶ 아메리카 탐험 경로 49
　▶ 오리노코 강 탐험 212
　▶ 전기뱀장어 실험 214-215
- 토머스 제퍼슨
　(Thomas Jefferson)
　대통령을 워싱턴에서 만난 까닭 237
　▶ 4명의 미국 대통령과의 교류 236-239
- 포렐(Philippe von Forell) 남작과의 만남 120
- 포르스터(Georg Forster) 11, 107-110, 120-121, 135, 195, 248, 264, 283
　▶ 《세계 일주 탐험기》 107, 195

▶ 유럽 여행 109
▶ 훔볼트의 탐험에 미친 영향 107, 109
- 프라이베르크 광업 아카데미 120, 236
- 프로이센 광업국에서 근무 112
- 픽처레스크 풍경화 261
　▶ 동판화 제작 17, 18, 261-262, 267
　▶ 훔볼트가 픽처레스크를 선택한 까닭 261
- 한국에서 훔볼트 풍경 67
- 함부르크 상업 아카데미 103
- 헤겔 14, 20, 47, 97, 162-163, 176, 195-203, 251, 259
　▶ 훔볼트의 헤겔 자연철학 비판 198-201
- 헤르더가 훔볼트에 미친 영향 136, 277
- 환생 19, 48, 85, 87-88, 91
- '훔볼트과학'(Humboldtian science) 245
　▶ 예술적 감성 17, 109, 249
　▶ 지리와 지도 제작 16, 17, 174, 232, 249, 256, 262-266, 270
　▶ 측정 17, 77, 112, 120, 122, 128-131, 226-231, 246-247, 249, 254, 267-270, 274, 276, 278-280
- 《훔볼트-엔제 서한집》 200
- 훔볼트 세계사 10, 91-92, 98, 208
- 훔볼트 해류(페루 해류) 226

ㄱ

고등학교 16, 60, 62, 64-65, 67, 97, 155, 244, 282
- 한국 고등학교 교과서 97

공간 18-20, 48, 51-52, 54, 60-63, 69, 79-81, 83-87, 89-90, 95, 116, 127, 133, 148, 151, 161, 200, 232-234, 247, 253-254, 258, 265, 267-268, 270, 276, 278-281, 283
- 근대 공간 85, 278, 280, 283
  ▶ '근대 공간의 발명' 85, 278, 280, 283
  ▶ 서구의 열대 식민화와의 연관성 280
- 수학자 프리드리히 가우스의 공간론 19
- 제국적 시각화 268, 271
  ▶ 괴테의 역사지질학적 풍경화 → 주제어 괴테
  ▶ 훔볼트의 방법 → 주제어 훔볼트
- 칸트의 공간론 278
  ▶ 《순수이성비판》 278
- 해양 공간 52-53, 57, 60, 63, 85-86, 96, 107, 151, 188, 194, 232-234
  ▶ 南洋인가 태평양인가 232-234

과학 10, 17-19, 50, 64-67, 69, 71-72, 75, 79-80, 82-83, 86, 98, 103, 109-112, 115, 118, 129, 131, 159, 185, 187, 189, 202, 214, 220, 227, 237, 243-250, 253, 262, 266-267, 279-283

- 과학史(학자) 66, 80, 82-83, 110, 159, 202, 244-245, 282
- '과학 영웅' 71
- 과학혁명 17, 65-67, 243-244, 282
  ▶ 산업혁명과의 관계에 대한 잘못된 인식 65-66
- 기술과 과학의 관계 64-65
- 사회과학 86, 280
- 자연과학 65, 69, 79, 86, 112, 202, 244, 247-248, 262
  ▶ 'Naturwissenschaft'의 번역 247-248
- 최초로 '과학자'를 영미권에서 사용 244

관방주의 → 독일

광물(학) 15-16, 20, 48, 52, 69, 77, 79, 86, 103-106, 114, 120-121, 123, 125, 132-134, 145, 149, 161, 182, 187, 199, 216, 227, 235-236, 238, 244, 246-247, 272-273, 283

광업(학) 16, 73, 79-80, 86, 102-105, 112, 120, 236, 247
- 광업학교(아카데미) 16, 73, 80, 86, 103-105

괴테 11, 20, 47, 50, 67, 73-75, 78, 105-106, 112, 114-117, 162, 166, 175-176, 195, 200, 214, 231, 248, 250-251, 254, 271-278
- 간악골(間顎骨) 115
- 광물학에 대한 관심 114
- 광학 이론 115

찾아보기 **335**

- 『구세계와 신세계의 頂上』(괴테 원본, 1807) 175, 271
- 『구세계와 신세계의 頂上』(수정본, 1813) 175, 272
- 빙켈만(Johann Joachim Winckelman) 115
- 《색채론》115, 248, 273
- 시칠리아 섬 116
- 《식물의 변태》출간 116
- 역사지질학적 풍경화 175, 271-278
  ▶ 게이뤼삭(Joseph Louis Gay-Lussac)의 열기구를 포함한 이유 175, 269, 276-277
  ▶ 소쉬르(Horace-Bénédict de Saussure)와 훔볼트의 대비 175, 273-274
  ▶ 알베르티(Leon Battista Alberti)가 쓴 《회화론》의 영향 273-274
  ▶ 원본 175, 264-265
  ▶ 수정본 175, 272, 277
- 원형식물(Urpflanze) 115-116
- 이탈리아 여행 115-116, 275
- 자연 탐구 114
- 제국적 시각화 268, 271
- 플라톤적인 사유 116
- 훔볼트에 대한 찬사 75
'구세계' 273
국민 50, 61, 180, 184, 203, 280
  - 국민국가 50, 61, 203, 280
  - 국민 주권 50
기독교 84, 132, 140, 162-163
기술 64-67, 83-84, 86, 103, 105-106, 112, 118, 121, 131, 159, 187, 218, 220, 279

- 뉴턴의 입장 273
- 마르크스주의에서 기술과 과학의 관계 66
- 마르틴 하이데거의 기술 인식 65
- 토머스 쿤의 기술 인식 66
기후학(기상학) 48, 131, 134, 187, 260, 269
근대(성) 14, 17, 19, 47, 50, 52, 60, 68, 71, 83-91, 94, 96, 110, 115, 119, 127-128, 135, 144, 146, 148, 154, 163, 178-179, 186-187, 189, 196, 200-203, 217-218, 234-244, 256, 260, 269, 278-281, 283
  - 근대국가 50, 119, 196
  - 前근대와의 관계 방정식 85
금(金) 132, 246

ㄴ

난학(蘭學) 63, 96-97
남양(南洋) → 공간
낭만주의 17-19, 54-86, 98, 102, 106, 114, 201, 256, 259-260, 262, 266-267, 281, 283
  - 상상력 102, 106
  - 예술 98, 108-109, 114, 117, 150, 179-180, 184, 248-249, 256, 258-260, 262, 266-267, 281
  - 초기 낭만주의 17, 86, 106, 114, 201, 266-267
네덜란드 12, 48, 50, 52-53, 57-58, 63, 96, 108-109, 120-

121, 123-124, 128, 144,
146, 149, 219
- 동인도회사 53, 57, 63
노예 10, 13-14, 51, 57, 61, 75,
79, 98, 127, 139, 144-145,
147-164, 169, 176-177,
179-186, 189-193, 195-
198, 210-212, 222-223,
270, 279
- 노예선 150
- 노예혁명 → 콩고-아이티 노예혁명
- 마룬(maroon) 145-146, 182,
185

ㄷ

덴마크 58
대서양 13, 51, 53, 57, 62, 125-
127, 131, 147, 149-150,
164, 183, 189, 194, 210,
216, 273, 276-278
- 역사 / 세계사 10, 13-15, 17,
19, 51-54, 61-65, 67-
69, 71, 74, 77, 81, 83, 88,
90-98, 108-110, 126, 136,
147, 153-155, 179, 182,
190, 192, 196-199, 202-
203, 208, 244-245
도상해석학 179, 277
- 괴테의 역사지질학적 풍경화에 대한
해석 271-278
독일 17, 47-48, 54, 67, 69-79,
82, 86, 90, 98, 105-106,
109, 114, 120, 127, 130,
150-151, 178, 195-196,

201-203, 215, 231, 234,
245, 247, 250, 256, 265-
267, 271, 277
- 관방주의(cameralism) 102-103
- 대학 11-12, 48, 60, 62, 65, 72,
80, 82, 85-89, 103-104,
114, 120, 178, 183, 190,
196-198, 208, 216, 218,
224, 228, 252
▶ 유체형 교육 87
- 독일史 69
- 독일 제국 73
- 동독 75
- 라인 강 108-109, 265
- 문학 69-70, 73, 76
▶ 문학 비평 68, 70, 76, 80
- 베를린 18, 49-50, 72-73, 78,
101, 104, 112-113, 120,
196, 198, 200, 250, 252-
253, 257, 262
▶ 식물원 112-113
- 서독 75
- 프로이센 11, 50, 73, 78, 98,
101-104, 112-113, 115,
118-120, 177, 198-199,
201-202, 222, 229, 231,
247, 253, 262
동남아시아 51, 53, 60, 62-64, 95-
96, 110, 141, 149, 155,
188, 219
동아시아 64, 88, 97, 233
- 동아시아史 64, 97
- 한자 문명권 88
동물(학) 18, 20, 52, 123, 125,
131-135, 144-145, 149,

161, 182, 185, 187, 199, 213-214, 216, 220, 250, 260, 263, 265, 272, 278
- 갈바니와 볼타 사이의 전기 논쟁 214
동인도 제도 107, 216
디오스코리데스(Dioscorides) 133

ㄹ

라틴아메리카 60, 67, 77, 79-80, 91, 98, 144, 164, 169, 188, 212-213
- '강'의 관점에서 본 지도 212
- 마술적 사실주의 77
러시아 51-52, 54, 66, 73, 93, 103-104
- 시베리아 73
루소(Henri/Le Douanier Rousseau) 133, 157, 160
- 『뱀을 부리는 여자 마술사』(La Charmeuse de Serpents) 157, 168
  ▶ 쿨뢰브르(Couleuvre) 뱀 158

ㅁ

마룬 → 노예
마르크스주의 75
메스티소(Mestizo) 15, 223, 232, 262, 277
멕시코 15-16, 19, 57, 63, 70, 79-81, 104-105, 125, 128, 132, 139, 141-142, 155, 157, 211, 222, 226, 230, 232, 234-236, 238, 246
- 멕시코시티 16, 19, 125, 141-142, 232, 234-236
- '멕시코 쟁탈' 81
멘델스존(Jacob Ludwig Felix Mendelssohn-Bartholdy) 50, 200, 250-254
- 모시스(Moses) 멘델스존 252
- 해양지리에 대한 깊은 관심과 공부 252
- 훔볼트 가문과의 오랜 인연 252
- 훔볼트에게 주택과 실험실을 제공 253
- '훔볼트 칸타타'의 공연 250-252
  ▶ 지구의 암석 생성 원인 250-251
몸 15, 59, 82, 85, 88, 107, 109, 149, 151, 153, 160, 219, 255, 257
- 집합적 몸(body politic) 153
몽고(몽골) 91, 93-95
- 몽원(夢元) 제국 / 대몽(大蒙) 제국 93
무역 → 열대 해양무역
무티스(José Celestino Mutis) 126, 170, 215-225, 227-229, 232
- 누에바그라나다에서의 계몽사상 교육 217
- '보고타의 차' 키닌 발견 219
- 왕립 자연사 탐험대 215-220
  ▶ 화가들의 역할 219-220
- 출생 217
- 칼 린네와의 교류 145
- 훔볼트와의 만남 221

문순득(文淳得) 11, 55-60
- 광저우 체류 56, 59
  ▶ 광저우 십삼행 57, 165
- 류큐 표류 56-57, 59
- 여송 표류 56
- 정약전과의 대화 57
- 《표해시말》 59
문학 47-48, 50, 52, 68-70, 73, 76-77, 80, 84, 106-107, 150, 184, 189, 251, 267
- 독일 문학 → 주제어 독일 → 문학
문화융합(Transculturation) 15, 20, 63, 77-78, 91, 98, 142, 207, 218, 224, 232, 256, 281, 283
- 식민적 문화융합 15, 91, 98, 142, 218, 224, 232, 256, 281, 283
물라토(Mulatto) 15, 164, 176, 180, 224, 232, 277
미국 16, 19, 49-50, 58, 61, 65, 67-68, 81-82, 88, 90, 98, 125, 127, 149-150, 154, 159, 178, 184-186, 190, 192-194, 197, 209, 223, 232, 234, 236-239, 245, 282
- 미국 독립 50, 154, 186, 223, 282
- 미국 혁명 61
- 미국철학학회(American Philosophical Society) 237-238
민속 의약(민속의학, ethnomedicine) 134, 145-146, 187, 189

ㅂ

박물학(博物學) 48
'발견' 51
'발명' → '근대 공간의 발명'
번역 48, 67, 70, 72, 76-77, 80, 82, 92, 96, 135, 244
벨기에 108-109
보두(Voodoo) → 주제어 콩고-아이티 노예혁명 → 보두
브라질 70, 128, 155, 157, 209

ㅅ

사탕수수/설탕 → 플랜테이션
산업 16, 61, 64-65, 67, 103-105, 189, 223, 244
산업혁명 61, 65, 67, 105, 244
삼보(Sambo/Zambo) 15, 224, 232, 278
생도맹그(Saint-Domingue) → 카리브 해
서구 13-14, 19, 50-52, 54-55, 57-58, 60-64, 66, 68-69, 71, 75, 77-78, 80-81, 83-85, 88-93, 95-97, 103, 126-128, 140, 144, 146-149, 151, 153-154, 156, 162-163, 177-179, 181-182, 184, 186-187, 189, 192-193, 197, 200-203, 226, 234, 237, 244, 256, 259-260, 265, 270, 278-280, 282-283
- 서구 정체성(identity) / 근대성(modernity) 69, 282

- 중심주의 52, 66, 91, 93, 97
서양 14, 63, 91, 93-94, 97, 155, 253-255
 - 서양史 97
서인도 제도 107, 124, 132, 180, 192, 216
세계사(지구사) 10, 13, 15, 19, 52-53, 60-65, 67, 83, 91-98, 126, 136, 147, 153-155, 179, 182, 190, 192, 196-199, 202-203, 208, 244-245
 - 훔볼트 세계사 → 훔볼트
세계지리 60-62, 64
수학(자) 19, 76, 111-112, 117-118, 224, 230, 243-244, 247, 250, 253, 279
스미스, 버나드(Bernard Smith) 260
 - 곰브리치(Ernst Hans Josef Gombrich)의 제자 260
 - 《남태평양을 바라보는 유럽의 시각》 260-261
   ▶ 과학, 예술, 탐험의 관계 260
 - 사이드(Edward Said)보다 '오리엔탈리즘'을 먼저 창안 260
 - 훔볼트의 탐험 67, 80, 278
스웨덴 54, 58, 119, 145, 220
스테판(Nancy Stepan) 192
시베리아 → 러시아
식물(학) 14-20, 48, 50, 52-54, 75, 77, 79, 81-82, 97, 108, 110, 112-113, 115-116, 118, 120-121, 123-125, 131-134, 144-145, 149, 158, 161-162, 171, 182, 185-187, 199, 208, 213, 216, 218-220, 225-230, 232, 256, 258-260, 263-266, 268-269, 271-274, 278, 283
 - 식물지리(학) 16-17, 75, 79, 81, 112-113, 171, 208, 226-230, 232, 258-259, 263-266, 271, 273, 278
 - 식물형태학 75
 - 식생(vegetation) 108-109, 116, 258-259, 268-270
식민화 / 식민주의 51, 54, 84, 110, 132, 139-140, 146, 159, 164, 198, 280
 - 식민통치 127, 143-145, 148, 152, 154, 157, 161, 182, 191, 218, 223-224, 236
'신세계' 273
실학(實學) → 조선

ㅇ

아날(Annales) 학파 140
아랍 51, 95, 145
 - 이슬람 91-92
아마존 67, 193, 213, 257, 281
아메리카 11-13, 15-20, 49-51, 53-55, 60, 62, 67-73, 75, 77-81, 84, 87, 90-92, 98, 102, 109, 111-114, 116-117, 121-129, 131-132, 135, 140-146, 149-156, 162, 164, 169, 177, 185, 188, 192, 194, 197-200, 207-218, 220, 222, 224,

226, 229-230, 232, 234-
235, 238-239, 246, 252-
253, 261-264, 266-267,
270-271, 274, 276, 277-
280
- 1492년 이전 아메리카 인구 139-
140
- 천연두 139
  ▶ 세균성 대량 학살의 가마솥 140
아이티 148, 153-154, 179, 193,
195, 197
아프리카 12, 14, 19-20, 51-53,
60, 62, 81, 95, 103, 110,
116, 127, 144-156, 158-
159, 161-163, 181-182,
185-186, 188-189, 191-
192, 196-197, 223, 270
- 세제르(Aimé Césaire) 156
  ▶ 네그리튀드(Négritude) 156
- 아메리카로의 디아스포라 144, 146
- '아프리카 쟁탈' 81
언어(학) 18, 59-60, 68, 75, 78,
90-92, 96, 136, 142, 153,
176-177, 248, 255-256,
258-259
에스파냐 13, 15, 48, 50, 52, 54,
57, 59, 63, 68-70, 73, 78-
81, 84, 90, 105, 121-128,
131-132, 139-144, 146,
149, 153-164, 190, 193-
194, 209-210, 212, 215-
220, 222-223, 229-230,
233-238, 244, 257, 279
- 마드리드 120, 123-124, 126,
141, 210, 220, 232

▶ 왕립식물원 124
- 바야돌리드(Valladolid) 140
- 부르봉(Bourbon) 70
  ▶ 계몽사상 14, 61, 125-126,
    133, 162, 180, 182-183,
    185, 196, 210, 217-218
  ▶ 왕조의 개혁 125
  ▶ 훔볼트와 봉플랑에게 특별 여권
    제공 122
- 부왕령(副王嶺, Virreinato) 141-
  143, 216, 218, 221, 233
- 스퀼라체(Marqués de Esquilache)
  항쟁 126
- 식민지평의회(Consejo de
  Indias) 122-123
- 아우디엔시아(Audiencia) 140
- 영국과의 '7년 전쟁'(1756-1763)
  123
- 왕립 自然史 탐험대 215, 217
- 카를로스(Carlos) 3세 123
- 카를로스 4세 81, 120, 122
- 카스티야 연합왕국 140
- 테네리페 섬 113, 164, 167, 189
- 펠리페 2세 142
  ▶ '무적함대'가 영국에 패배 142
  ▶ 인디아스의 지리적 관계
    (Relaciones geográficas
    de Indias) 142
에콰도르 70, 126, 141, 209-210, 226
- 키토 125, 141-142, 172, 221,
  224-226, 228-232
여행(기) 11, 50, 52, 54, 71-72, 80-
  81, 84, 87, 101, 107-109,
  111-112, 115-116, 128-
  129, 183, 207-209, 211-

213, 215, 235, 253, 275
역사 13-15, 17, 19, 51-54, 61-62, 67-69, 71, 74, 77, 81, 83, 88, 90-98, 108-110, 112, 125-128, 132-134, 136, 139-140, 146-151, 154, 159-160, 163-164, 177, 179-180, 184, 186-187, 189-190, 192-197, 199-203, 215-216, 218, 228, 233-234, 244-245, 252, 255-256, 259, 265-266, 271, 273-277, 282-283
- 역사학 52, 92-93, 97, 110, 163, 195, 201, 203, 228, 255, 277
역사주의 201-203
- 빌헬름 훔볼트의 입장과 역할 202
- 역사주의에서 自然史의 위상 52
- 역사주의의 '폭압'에 대한 저항 203
열대 11-15, 17-20, 50-55, 57, 60-64, 69-73, 80-81, 83-85, 87-90, 96-98, 107-113, 116, 119, 122-126, 128-129, 133, 135, 139, 142, 144, 146-148, 151, 155, 157, 159-160, 164-165, 174, 181, 187-189, 191-194, 199-201, 203, 207-209, 211-213, 215-216, 219-220, 227, 231, 233, 243, 248-249, 252, 255-260, 263-268, 270-272, 275, 277-283
- 서구의 열대 식민화 280

- 서구의 열대 '은폐' 14, 51, 61, 98, 110, 128, 137, 139, 149, 179, 196-198, 201-203, 278, 282
- 열대 생태학(tropical ecology) 188, 213
- 열대성(tropicality) 255
- 열대의학(tropical medicine) 192, 194
- 열대 질병(tropical disease) 159, 191-192
- 열대학(tropical studies) 22
- 용혈수(dragon-tree) 107, 112-113, 167
- 원시림 257
- 자연 52, 54, 62, 64-65, 67-69, 79, 81-83, 86, 90, 102, 104, 108, 112-117, 129, 131-133, 135-136, 161, 174, 181-182, 185, 191-192, 198-202, 208, 217-218, 227, 231, 244, 246-248, 252-253, 255-260, 262-266, 268, 270-271, 274-275, 278-280
- 自然史 207-208, 211, 213, 215-226, 228-232, 235, 237-239, 243-250, 256-268, 271-272, 274-275, 277-283
  ▶ 열대 自然史의 융합적 층위 187-189, 191
  ▶ 탐험 10-12, 16-19, 49-55, 61-62, 67-70, 73, 77-81, 83-85, 87-90,

92, 98, 102, 104, 107-114, 116, 119, 121-122, 124-131, 135, 163-165, 187, 195, 200, 207-213, 215-219, 225-226, 228-232, 235, 237-239, 244-246, 249, 252-253, 260, 262-264, 272-274, 278, 280, 283
- 존재론적 열대와 인식론적 열대의 비교 19, 267-268
- 풍경화 18, 107-108, 111, 254, 256, 258-262, 265-267, 271-273, 275-277, 280
- 해양무역 11, 52-53, 57, 60, 63, 96, 151, 189, 194, 282
  ▶ 열대 해양무역 네트워크 11, 52-53, 57, 63, 96, 189, 282

열대 自然史혁명 20, 98, 243, 281-283
- 선구자들 282
열역학 65-67
영국 14, 50, 52, 54, 58, 67, 71-72, 91, 102, 104, 108-110, 120-121, 123-124, 127-128, 142, 144, 146-149, 190-191, 193-194, 212, 218-219, 237, 239, 245, 261, 272
- 동인도회사 11, 50, 110
- 런던 11, 107-108, 110, 220, 234
- 스코틀랜드 162, 177, 196
- 아프리카협회 110
- 왕립학회(Royal Society) 11, 50, 108, 110, 237
- 제임스 쿡(James Cook) 11, 54, 83-84, 107, 110
- 조셉 뱅크스(Joseph Banks) 50, 54, 110, 187, 220, 283
  ▶ '열대 식물원 네트워크' 110
- 큐(Kew) 식물원 50, 110
예수회 63, 77, 126, 132, 155
예술 16-18, 48, 50, 80, 86-88, 90, 98, 108-109, 114, 117, 150, 179-180, 184, 248-249, 256, 258-260, 262, 266-268, 281
오스트리아 73, 265
외교(관) 16, 49-50, 90, 157, 180
요루바(Yoruba) → 콩고-아이티 노예혁명 → 부두
위버(Karol K. Weaver) 160
- 《18세기 생도맹그의 의료혁명가들》 160
유라시아 93-94, 97
유럽 10-12, 14, 16-19, 49-52, 54, 68, 79, 81-82, 84, 86-89, 91, 95, 97-98, 101, 103-104, 107-111, 114-116, 125-126, 128, 131-133, 135, 140, 142, 145, 148-153, 155, 159, 162, 164, 177-178, 181, 187, 191-198, 207-209, 212, 215, 219, 221, 223, 226-227, 232, 234-236, 243-244, 247, 250-251, 254-256, 258, 260-263, 266-267, 269-270, 273-278, 283

찾아보기 **343**

— 거울에 비친 유럽 135
— 아시아와 아프리카에 의해 지탱 12, 151-152
융합(학) / 통섭 15, 17-18, 20, 47-48, 63, 65, 70, 77-78, 87-91, 97-98, 101, 142, 162, 187-191, 193, 207, 218, 224, 232, 245-246, 249, 253-254, 256, 281, 283
— 융합의 세계로 넘어가기 위한 다섯 가지 문턱 85-91
— 융합형 인물의 양성/배출 87
— 최초로 영미권에서 '융합' (consilience) 용어를 사용 89
은(銀) 63
음악 47, 250, 252-254
의사학(醫史學) / 의학사 94, 160, 190, 194
이베로아메리카史 69
이베리아 반도 127
인구(학) 48, 80, 104, 139-140, 142, 210-211, 221, 235, 238
— 역사인구학 139
인도 95, 110-111, 162
— 갠지스 강 107, 111, 166
인도네시아 116, 275
— 말루쿠 제도 트르나테 섬 116
인도양 51, 53, 62, 164, 189
인류史 20, 50, 66, 79, 94, 97, 115, 133, 135-136, 144, 147, 156, 176, 182, 189, 193, 201-203, 208, 211, 244-245, 248, 277, 282-283

인류세(Anthropocene) 283
인류학 91, 132-134, 146, 148, 177, 187, 190, 192, 197, 233, 260
— 민족학(ethnology) 134, 187
인문학 69-70, 84, 86, 156, 237, 280
— 지리/지질 인문학 70
인종 13, 163, 176-178, 181, 198, 235
— 인종차별주의 176, 198
— 형질인류학 177
일본 54, 63, 82, 88, 95-96, 162
잉카 67, 126-127
— 투팍 아마루(Túpac Amaru) 2세의 항쟁 126

ㅈ

자연과학 → 과학
自然史(natural history) 48
— 18세기 自然史의 복합적 층위 134
— 열대 자연 → 열대
— 열대 自然史 → 열대
— 유용한 효과 135
  ▶ 자연의 아름다움과의 결합 135
— 自然史 탐험 → 열대
자연철학 → 주제어 헤셀
전문화 48
전염병 14, 94, 139, 190-193, 195, 235
— 장기(瘴氣, miasma) 191, 195
정치경제학 48, 79-80, 246, 270-271
제국 15, 19, 51-52, 54, 57, 63, 68, 73, 75, 80, 91, 93-95,

110, 120, 124, 126, 149, 151, 153-154, 190, 192-194, 215-216, 233, 245, 256, 260, 266, 268, 270-271, 277-280
- 제국적 욕망 51, 54, 278
제국주의 75, 110, 149, 151, 153-154, 256, 260
조선 11, 54-55, 58-60, 62-64, 85-86, 90, 95-97, 105, 155, 265, 282
- 소중화(小中華) 60
- 실학(자) 55, 57, 60, 90
- 《직방외기》(職方外紀, 1623) 155
존스홉킨스대학(The Johns Hopkins University) 190
종교 156-158, 161-163, 178, 187, 217, 243
- 기축 종교 162
중국 48, 54, 57-59, 63, 88, 93, 95-96, 103, 155
- 명(明)나라 94
- 중화(中華)주의 93
- 청(淸)나라 97
중상주의(mercantilism) 102
증기기관 65
지구 11, 48, 51-52, 60, 62-63, 69, 78, 89, 94, 96, 122, 129-130, 133, 149, 178, 186, 192, 198, 202-203, 208, 213, 229, 245-246, 248-249, 251-255, 274-275, 283
- 암석의 생성 원인에 관한 논쟁 → 지질학

- 지구물리학 69, 129, 208, 249
- 지구의학(earth medicine) 254-255
  ▶ 몸과 지구의 관계 254-255
지구사 → 세계사
지도(학) 13, 17-18, 51, 53, 58, 61, 64, 69, 95, 128, 142, 147, 169, 178, 227-228, 236-238, 244, 246, 249, 267-271, 275, 279-280
지리(학) 16-17, 48, 51, 59-62, 64, 69-70, 75, 77, 79, 81-82, 84, 88, 90, 95, 108-109, 112-113, 129, 132-133, 142, 147, 151, 159, 164, 171, 178, 189-191, 208, 223, 225-230, 232, 235, 246, 249, 252, 254-255, 258-259, 263-271, 273, 275, 278
- 역사지리(학) 61-62, 95, 151, 164
- 의료지리(학) 159, 191, 254
- 자연지리(학) 62, 108, 129, 132-133, 208
지식권력 48
지식체계 48, 88-89, 128, 243-244
- 문과형 48
- 이과형 48
지질학 17, 48, 69, 79, 86, 103-104, 108, 134, 187, 230-231, 244, 251, 260, 265-266, 271, 273-277, 283
- 수성론(neputism) 대 화성론(plutonism) 251

ㅊ

차(tea) 54, 149, 151, 219, 283
천문학 48, 69, 72, 117, 230, 243, 265
천연두 → 주제어 아메리카 → 천연두
철학 47-48, 65-66, 91-92, 96-98, 114, 132, 135-136, 163, 177, 180, 184, 196-201, 207, 218, 237-238, 243, 247, 252, 255, 259, 261, 266, 277, 279, 282
측정(측량) → 주제어 훔볼트
침보라소 → 훔볼트

ㅋ

카라카스 141-142, 195, 218
카리브 해 10, 14-15, 79, 119, 126, 132, 139, 147-148, 150, 153, 156-157, 161, 181, 183-184, 189, 191-193, 195, 219, 222, 270
 - 바베이도스 섬 191
 - 히스파니올라 섬 181, 195
칼다스(Francisco José de Caldas) 170-171, 223-229, 231-232, 264, 268, 280
 - 누에바그라나다 중심의 세계관 223
 - 무티스의 계몽교육 217-218, 222
 - 식물지리학 16-17, 75, 79, 81, 112-113, 171, 208, 227-228, 230, 232, 258-259, 263-266, 271, 273, 278
 - 친구 아로요(Santiago Arroyo)의 역할 227-228

 - 훔볼트와의 협력 223-229
커피 54, 149, 151, 219, 270, 283
콜롬비아 70, 126, 141, 209-210, 227
 - 보고타 125, 141-142, 216-225, 227-228, 232, 262
콩고(Congo) 10, 13, 15, 70, 98, 127, 139, 147, 149, 153-156, 159, 161-163, 176-177, 179-183, 186, 188, 190, 192-193, 195
 - 강 70, 158, 188, 213, 258
 - 노예 144-145, 147-164, 169, 176-177, 179-186, 189-193, 195-198
 - 콩고(Kongo) 왕국 149
콩고-아이티 노예혁명 139, 147, 153-156, 159, 161-162, 176, 179-180, 182-183, 186, 190, 192-193, 195
 - 마카야(Macaya) 153, 160-161, 183
 - 막캉달(François Mackandal) 161, 181-183
 - 보두 156-163, 182, 185-186
   ▶ 식물적 우주 14, 17, 158, 162, 182, 186
   ▶ 요루바 156
   ▶ 우주론 185
 - 생도맹그 140, 147-149, 153, 156, 158-161, 163-164, 180-186, 189-193, 195-196
 - 아이티 148, 153-154, 179, 193, 195, 197
 - 약제조무사(infirmière) 160

- 약초치료사(herboriste) 160
- 오스피탈리에르(hospitalière) 160-161, 189
- 카페르라타(caperlata/kaperlata) 160-161, 189
- 쿨뢰브르(Couleuvre) 뱀 158
- 프랑스혁명과의 상호작용 14, 60, 182-186
- 헤겔의 은폐 139
- 황열 → 주제어 황열

콰시무캄바(Kwasimukamba) / 그라만 콰시(Graman Quacy 또는 Quassi, Quasi) 144-146, 167, 181
- 블레이크(William Blake)의 판화 146
- 수리남의 노예 144
- 콰시에 대한 기록 146

쿠바 15, 70, 79-80, 141, 153, 157, 193, 210-212, 235-236, 246
- 사탕수수 플랜테이션 145, 147-148, 151, 168, 192, 211
- 아바나 19, 143, 148, 164, 168, 177, 193, 210-212, 232, 236, 257
  ▶ 무역 142, 145, 147-151, 157, 159-160, 164, 177, 180, 183, 185-186, 189, 192-194, 210-212, 216, 233, 235, 246, 270, 282-283
  ▶ 인구 235

큐(Kew) 식물원 → 영국
크리오요(Criollo, 크레올) 24, 68, 77, 125, 127, 153, 158, 211, 217-218, 220-224, 232, 262, 264, 268, 277
- 정치적 독립 의지 221

ㅌ

탐험(가) 11-12, 16-19, 49-55, 61-62, 67-70, 73, 77-81, 83-85, 87-90, 92, 98, 102, 104, 107-114, 116, 119, 121-122, 124-131, 135, 163-165, 187, 195, 200, 207-213, 215-219, 225-226, 228-232, 235, 237-239, 244-246, 249, 252-253, 260, 262-264, 272-274, 278, 280, 283
- 열대 탐험 → 열대
- 훔볼트 탐험 → 훔볼트 → 탐험

태평양 → 공간
통섭 → 융합

ㅍ

파나마 운하 125, 192, 194
- 루스벨트(Theodore Roosevelt) 194

페르넬(Jean Fernel) 254
페루 70, 105, 121, 132, 141, 209, 219, 226
- 리마(Lima) 19, 125, 141-142, 218, 221, 226, 232, 275
- 쿠스코(Cusco) 19, 141, 143
- 포토시(Potosi) 105, 236

포르투갈 50, 52, 58-59, 84, 121, 123, 127-128, 142, 149, 155, 212, 233, 244
풍경화 17-18, 107-108, 111, 254, 256, 258-259, 260-262, 265-267, 271-273, 275-277, 280
- 낭만주의 풍경화가들의 自然史 공부 266
- 숭고함 259, 261
- 아름다움 259, 261
- 픽처레스크(Picturesque) 259, 261
프랑스 12-14, 16, 48-52, 54, 58, 61, 68-73, 76-78, 81, 90, 96, 103, 108-111, 118-121, 123-124, 127-129, 133, 140, 146-149, 153-155, 157-160, 177, 179-186, 190, 193-194, 196, 207, 211, 213, 215, 218-219, 222-223, 234-235, 245, 247, 254, 259, 263, 272, 275-276, 282
- 계몽사상 14, 61, 180, 182-183, 185, 196, 218
- 나폴레옹 50, 72-73, 111, 117-120, 124, 163, 179-180, 190, 194, 262
  ▶ 《이집트총서》 118
  ▶ 이집트학사원(Institut Egyptien) 117-119
  ▶ 훔볼트와 봉플랑의 지원을 거부 117-118
- 루브르 박물관 179, 181
- 루이 14세 157

▶ 흑인법전(Code Noir) 157
- 마르세유 119
- 보르도 49, 183, 239
- 파리 12, 49-50, 68-69, 72-73, 77-79, 81, 90, 97, 103, 105, 108-109, 111-112, 114, 117-120, 157, 159, 163, 179-180, 184-185, 190, 193, 198-200, 230, 232, 235, 238-239, 252, 256, 262-263, 268, 276
  ▶ 파리식물원(Jardin des Plantes) 97, 118, 157
프랑스혁명 12, 14, 50, 61, 103, 108-109, 111, 154-155, 179-180, 182, 184-186, 196, 223, 259, 282
- '자유, 평등, 우애' 185
- 콩고-아이티 노예혁명과의 상관성 → 카리브 해
- 혁명에 대한 상반된 해석 196
  ▶ 헤겔 좌파 하버마스(Jürgen Habermas) 196, 203
  ▶ 헤겔 우파 리터(Joachim Ritter) 196, 252
프로이센 → 독일
플랜테이션(Plantation) 10, 13-14, 51, 60-61, 145, 147-154, 156-157, 160-161, 168, 180-182, 186, 191-193, 211, 270
- 공장형 농업 147-149, 154
- 노동 분업 148
- 사탕수수/설탕 145-148, 151, 160, 168, 181, 183, 185,

192, 211-212, 219, 270
필리핀 57, 124-125, 141, 233

ㅎ

한국(대한민국) 10, 12, 15, 47-48,
　　50-52, 60, 62, 64, 67, 69-
　　70, 76-77, 80, 82-92, 94-
　　98, 103, 105, 110, 155,
　　159, 179, 190, 203, 244-
　　245, 247, 260, 276, 280,
　　282
- 고등학교 교과서 62, 64-65, 67,
　　97, 155, 244, 282
　　▶《동아시아사》64, 97
　　▶《세계사》60-61, 64-65, 67,
　　　97, 155, 244
　　▶《세계지리》60-61
- 대학(시스템) 12, 48, 60, 62, 87-
　　88, 103
- 미래세대 12, 64, 88, 91, 98
해양 10-11, 52-53, 57, 60, 63,
　　85-86, 96, 107, 151, 186-
　　187, 189, 194, 232-234,
　　251-252, 282
- 군사력 52, 118
- 해양력 52, 189
- 해양무역 → 열대 해양무역
헤겔 139, 162-163, 176, 195-203
- 《법철학 강요》196, 199
- 세계사 인식 196-200
　　▶《역사철학 강의》196, 200
- 아프리카 인식 197
- 예술철학 259
- 자연철학 198-199
　　▶ 셸링과의 대비 198-199
- 정신과 자연의 관계 200
- 《정신현상학》196, 199
- 좌파/우파 → 프랑스혁명
- 지중해 145, 197
- 콩고-아이티 노예혁명에 대한 은폐
　　14, 51, 61, 98, 139, 149,
　　179, 196
　　▶《미네르바》195, 197
- 프랑스혁명에 대한 인식 196
헤르더(Johann Gottfried Herder)
　　20, 135-136, 195, 201,
　　266, 277
- 《인류의 역사철학에 관한 이념》
　　(1784-1791) 136, 266
- 프로이센 역사주의의 선구자 201
- 훔볼트에 미친 영향 → 주제어
　　훔볼트 → 헤르더
'헤센-그로스만 명제' 66
혁명 → 해당하는 각각의 혁명
황열(yellow fever) 14, 98, 139,
　　187, 190-195
- 들라포르트(François Delaporte)
　　194
　　▶ 열대의학의 정립에서 황열의 위상
- 생도맹그에서 창궐 190, 192
- 아커크네히트(Erwin H.
　　Ackerknecht) 190-191
　　▶《가장 중요한 전염병들의 역사와
　　　지리》190
- 프랑스 군인의 떼죽음 193
흑사병(black death) 94

16세기 127-128, 131, 133, 140,
　　146, 164, 216, 222, 233-

234, 244, 254, 256
- '과학들'에 대한 폄하 343
17세기 17, 65-66, 123, 127-128, 141, 155, 187, 222, 243-245, 256, 261, 265, 282
- '총체적 위기' 244-245
18세기 10, 51-54, 61, 65-66, 83-86, 90, 94, 96-97, 101, 103-105, 115, 126, 128, 132-136, 141-143, 149, 151, 159-160, 162, 180, 184, 187, 191, 210, 219, 243, 247, 282
- '열대 신세계의 발견' 52, 84
19세기 47, 51, 57, 61-62, 64-65, 69, 78-79, 83-86, 94-95, 127-128, 151, 177, 185, 187, 201-202, 229, 234, 247, 251, 256, 263, 267, 280, 282

인명 찾아보기

ㄱ

가우스(Karl Friedrich Gauss) 19, 76-77, 250, 253, 279
갈바니(Luigi Aloisio Galvani) 131, 214
게이뤼삭 → 주제어 괴테 → 역사지질학적 풍경화
고에츠만(William H. Goetzmann) 245
 - 《탐험과 제국》 245
곤고라(Antonio Caballero y Góngora) 216
곰브리치 → 주제어 스미스(Bernard Smith)
괴테 → 주제어 괴테
김호동 92-93

ㄴ

노발리스(Novalis, 본명 Friedrich von Hardenberg) 106
 - 《푸른 꽃》 106
녹스(Robert Knox) 177
뉴턴 66, 110, 115, 218, 224, 243-244, 254, 273

ㄷ

다비드(Jacques Louis David) 179
다윈 → 주제어 훔볼트
두란(José M. Gómez Durán) 220
듀보이스(William Edward Burghardt DuBois) 150
 - 《니그로》 150
드 고비노(Joseph Arthur de Gobineau) 177
드 보통(Alain de Botton) 84
드 생-메리(Médéric Louis Élie Moreau de Saint-Méry) 158, 184
 - 《프랑스령 생도맹그 섬에 대한 지형학적, 물리적, 시민적, 정치적, 역사적인 기술》(Description topographique, physique, civile, politique et historique de la partie française de l'isle Saint-Domingue) 158-159
드 생피에르(Henri Bernardin de Saint-Pierre) 118
드 소쉬르(Horace-Bénédict de Saussure) 273
드 토크빌(Alexis de Tocqueville) 184

ㄹ

라부아지에(Antoine-Laurent de Lavoisier) 111

찾아보기 **351**

라시드 앗 딘(Rashīd al-Dīn) 92
 - 《연대기의 집성(또는 집사(集史)》 92
라 콩다민(Charles Marie de La Condamine) 77, 213, 219, 225, 230
라페루즈(Jean-François de Galaup, comte de Lapérouse) 54
라플라스(Pierre-Simon Laplace) 111, 230
레이날(Guillaume Thomas Raynal) 180-181, 210
 - 《동인도와 서인도 제도의 철학적·정치적 역사》 180
렐슈타프(Ludwig Rellstab) 250-251
로베스피에르(Maximilien Robespierre) 179
루베르튀르(Toussaint L'Ouverture) 156, 180, 183
루소 → 주제어 루소
루스벨트 → 주제어 파나마운하
루이 14세 → 주제어 프랑스
룹케(Nicolaas A. Rupke) 178
르 롸 라뒤리(Emmanuel Le Roy Ladurie) 140
리오(Manuel del Rio) 121
리터(Carl Ritter) 252
 - 《자연과 인류의 역사에 관한 지리학》 252
린네(Carl Linnaeus) 52-54, 82, 135, 145, 165, 187, 218-220, 263-264, 283
 - 〈自然史학자들이 알아야 할 탐험 설명서〉 219

■

마굴리스(Lynn Magulis) 185
 - 공생 진화 185
마르케스(Gabriel García Márquez) 77
마시(George Perkins Marsh) 67
말라스피나(Alessandro Malaspina) 54, 84, 125-126, 220, 230
 ▶ 부르봉개혁에 대한 비판 125-126
매디슨(James Madison) 16, 237-239
매클렐란(James McClellan) 3세 159
맥길리브레이(William MacGillivray) 71
맥닐(William H. McNeill) 190
 - 《전염병의 세계사》 190
맥닐(James R. McNeill) 190
 - 《모기 제국》 190
먼로(James Monroe) 239
멈퍼드(Lewis Mumford) 162
모즐리(Benjamin Moseley) 191
 - 《열대 질병에 대한 논저, 군사 작전과 서인도제도의 풍토》 191
무티스 → 주제어 무티스
문순득 → 주제어 문순득
미뇰로(Walter D. Mignolo) 144
미첼(Timothy F. Mitchell) 266
 - 《독일 풍경화의 예술과 과학, 1770-1840》 266
미첼(W. J. T. Mitchell) 256
 - 《비평 탐구》(Critical Inquiry) 256
민츠(Sidney Mintz) 148

■

발레리(Paul Valéry) 203

발마(Jacques Balmat) 274
뱅크스 → 주제어 영국
버크(Edmund Burke) 261
버터필드(Herbert Butterfield) 244
 -《근대과학의 기원》 244
베르너 → 주제어 훔볼트 → 베르너
베르크하우스 → 주제어 훔볼트 →
　　　베르크하우스
베일린(Bernard Bailyn) 127
 -《대서양의 역사》 127
베토벤 47, 250
벨레(Jean-Baptiste Belley) 14,
　　　169, 179-181
보댕(Nicolas Baudin) 119, 121
보라(Woodrow Borah) 139
볼리바르 177, 209, 232
볼타(Alessandro Volta) 214-215,
　　　269
봉플랑 → 주제어 훔볼트 → 봉플랑
부갱빌(Louis Antoine de Bougainville)
　　　54, 77, 84, 111
블루멘바흐(Johann Friedrich
　　　Blumenbach) 177
빙켈만(Johann Joachim
　　　Winckelman) 115-116
 - 고대 그리스 건축에 대한 탐구 116
 - 시칠리아 여행 116
뷔퐁(Georges-Louis Leclerc de
　　　Buffon) 11, 132-135, 187,
　　　248, 275, 283
 -《自然史》 133, 135, 275, 283
브라운(Janet Browne) 80-81
 -《찰스 다윈》 80
브룬스(Karl Christian Bruhns) 72
브리소(Jacques Pierre Brissot) 184

 - 흑인우애협회(Société des amis
　　　des Noirs) 184
블레이크 → 주제어 콰시무캄바 →
　　　블레이크
비오(Jean-Baptiste Biot) 276
빌데노프 → 주제어 훔볼트 → 빌데노프
빙켈만 → 주제어 괴테

ㅅ

사이드(Edward W. Said) 260
 -《오리엔탈리즘》 260
샤이너(Larry E. Shiner) 259
 -《순수예술의 발명》 259
샤토브리앙(François-René de
　　　Chateaubriand) 248
세제르 → 주제어 아프리카 → 세제르
생틸레르(Étienne Geoffroy Saint-
　　　Hilaire) 111
셸링(Friedrich Wilhelm Joseph
　　　Schelling) 106, 198-199,
　　　201, 266
소잉카(Wole Soyinka) 189
 -《왜 아프리카인가》 189
쇤베르거(Lorenz Adolf Schönberger)
　　　268
쇼펜하우어 201-203
 - 헤겔에 대한 비판 201
슈베르트 250
슐레겔(Caroline Schlegel) 106
슐레겔(Karl Wilhelm Friedrich
　　　Schlegel) 201
스미스 → 주제어 스미스
스테드만(John Gabriel Stedman)
　　　12, 146, 151-152

- 《수리남에서 봉기했던 흑인들을 진압하기 위해 보낸 5년간의 이야기》 146
실러 → 주제어 훔볼트 → 예나

ㅇ

아란고(Francisco de Arango y Parreño) 212
 - 훔볼트와의 교류 212
아르토(Charles Arthaud) 159
아르헨홀츠(Johann Wilhelm Archenholz) 195
 - 《미네르바》 195, 197
아마루 → 주제어 잉카
아커크네히트 → 주제어 황열
아코스타(José de Acosta) 132-133
 - 《서인도제도의 自然史와 도덕의 역사》 132
알레니(Julio Aleni) 155
알베르티(Leon Battista Alberti) 273, 276
 - 《회화론》 273
애덤스(John Quincy Adams) 16, 239
에르트(George Dionysius Ehret) 220
에코(Umberto Eco) 259
 - 《美의 역사》 259
 - 《醜의 역사》 259
에퀴아노(Olaudah Equiano) 149
 - 《흥미로운 이야기》 150
엔제 → 주제어 훔볼트
엘리아데(Mirechea Eliade) 158,
163, 203
오르테가(Casimiro Gómez Ortega) 124
오비에도(Gonzalo Fernández de Oviedo y Valdés) 132-133
 - 《서인도제도의 일반사 및 自然史》 132
오스테르함멜(Jürgen Osterhammel) 203
요사(Mario Vargas Llosa) 77
우르퀴호 → 주제어 훔볼트 → 우르퀴호
월리스(Alfred Russel Wallace) 116, 187, 283
윌슨(Edward Wilson) 89-90, 220
음비티(John Mbiti) 161
이븐 바투타(Ibn Battuta) 61, 92
이븐 시나(Ibn Sina) 92
이븐 칼둔(또는 할둔, Ibn Khaldun) 92

ㅈ

정두원(鄭斗源) 155
제리코(Théodore Géricault) 181
 - 〔메두사호의 뗏목〕 181
C.L.R. 제임스(James) 193
 - 《블랙 자코뱅》 147, 193
제임슨(Robert Jameson) 104
 - '베르너 自然史학회' 104
제퍼슨 → 주제어 훔볼트 → 토머스 제퍼슨 대통령
존스(William Jones) 92
지로데(Anne-Louis Girodet de Roussy-Trioson) 179-181
 - 〔해방 노예 장-바티스트 벨레〕

(Portrait de Jean-Baptiste Belley) 14, 169

ㅊ

최갑수 93, 97

ㅋ

카르노(Sadi Carnot) 65
카를로스 3세 → 주제어 에스파냐 → 카를로스 3세
카를로스 4세 → 주제어 에스파냐 → 카를로스 4세
칸트 → 주제어 공간 → 칸트의 공간론
칼다스 → 주제어 칼다스
캐넌(Susan Faye Cannon) 245-246
커틴(Philip D. Curtin) 52, 233
 -《경제인류학으로 본 세계 무역의 역사》 233
케네(François Quesnay) 271
 -《경제표》 271
켈만(Daniel Kehlman) 76-77
 -《세계를 재다》 76-77
켐프(Martin Kemp) 276
 -《보이는 것과 보이지 않는 것》 276
코르타사르(Julio Cortázar) 77
코르테스(Hernán Cortés) 139, 231
코메르송(Philibert Commerçon) 54
코스그로브(Denis Cosgrove) 267
코체부(Otto von Kotzebue) 54
콘라드(Joseph Conrad) 70, 258
 -《암흑의 심장》 70, 258
콜베르(Jean-Baptiste Colbert) 123, 157
쿠아레(Alexandre Koyré) 243
쿡 → 주제어 영국
쿤(Thomas Kuhn) 66, 244
 -《과학혁명의 구조》 66, 244
킹(James King) 107
퀴비에(Georges Cuvier) 50, 72, 78, 111

ㅌ

토드(Larry Todd) 252
툰베리(Carl Peter Thunberg) 53
툴민(Steven Toulmin) 282
 -《코스모폴리스》 282
튀르팽(Pierre Jean François Turpin) 268
트레브라(Friedrich Wilhelm Heinrich von Trebra) 105
트루요(Michel-Rolph Trouillot) 197
 -《과거 침묵시키기》 197

ㅍ

파카르(Michel Paccard) 274
페인(Thomas Paine) 186
포렐 → 주제어 훔볼트 → 포렐
포르스터 → 주제어 훔볼트 → 포르스터
포이어바흐(Ludwig Feuerbach) 187, 255
 -《종교의 본질에 대하여》 187
푸르크루아(Antoine François Fourcroy) 112
푸리에(Jean-Baptiste Joseph Fourier) 118

푸엔테스(Carlos Fuentes) 77
푸코(Michel Foucault) 96
 ─ 自然史 96
  ▶《말과 사물》 96
프라이스(Uvedale Price) 261
 ─《숭고함, 아름다움과 비교되는 픽처레스크 에세이》 261
프랫(Mary Louise Pratt) 80-81, 266-267
 ─《제국의 시선》 80, 266
프랭클린(Benjamin Franklin) 237
플레이페어(William Playfair) 271
 ─《상업과 정치 아틀라스》 271
 ─《통계 작성 표준 지침서》 271
플리니우스(Plinius) 133
피히테(Johann Gottlieb Fichte) 201

ㅎ

하버마스 → 주제어 프랑스혁명
 ─ 공론장 184, 203
하비(Willam Harvey) 243, 271
 ─ 혈액순환설 271
하이네(Henrich Heine) 150
 ─〈노예선〉 150
하이데거 65-66, 90
헤렌(Arnold Heeren) 151
헤르더 → 주제어 헤르더
헤이니츠(Friedrich Anton von Heynitz) 102-104
헤이스팅스(Warren Hastings) 110-111, 166
헤켈(Ernst Haeckel) 68
헨더슨(Lawrence Joseph Henderson) 65

호지스 → 주제어 훔볼트
홀(Rupert A. Hall) 244
 ─《과학혁명, 1500-1800: 과학적 태도의 근대성》 244
빌헬름 폰 훔볼트 → 주제어 훔볼트
알렉산더 게오르크(Georg) 폰 훔볼트 101
알렉산더 폰 훔볼트 → 주제어 훔볼트
화이트헤드(Alfred North Whitehead) 243, 280
 ─《과학과 근대세계》 280
  ▶ 발명 방법의 발명 280
  ▶ '천재의 세기' 243
휴란트 형제(Christian & Conrad Heuland) 121
휴얼(William Whewell) 66, 89
 ─《종교의 自然史》 162
히포크라테스 191, 254
 ─《물, 공기, 대지에 대해》 191